マンション 大規模修繕 モデル事例集

知っておきたい 基礎知識とお金の話

CONTENTS

3 …… 巻頭企画

27 …… マンション大規模修繕の基礎知識

51 …… マンション大規模修繕工事とお金の話

71 …… モデル事例

101 …… マンション大規模修繕に役立つ製品・工法紹介

積算資料 ポケット版シリーズ

共用部分修繕の工事単価
積算資料ポケット版 マンション修繕編 2023/2024

2023.07発刊

■隔年1冊発刊
建築工事研究会 編
■A5判　約450頁
■定価2,937円（本体2,670円＋税）

◆特集◆
脱炭素時代のマンション省エネ改修への取り組み
マンション外壁改修のこれから

マンション共用部分修繕に関する工事単価について、長期修繕計画標準様式の修繕工事項目に基づき掲載。

特集は「脱炭素時代のマンション省エネ改修への取り組み」と、「マンション外壁改修のこれから」。

見積実例では、大規模修繕と同時に耐震改修、エレベーターの新設を行った事例や、サッシ改修、給排水更新などの工事実例に加えて、調査・診断実例も掲載。

新築住宅の工種別工事単価
積算資料ポケット版 住宅建築編 2024年度版

2024.04発刊

年間購読料（税込、送料サービス）
3,080円

■年1冊（4月）発刊
建築工事研究会 編
■A5判　約750頁
■定価3,080円（本体2,800円＋税）

◆特集◆
木造住宅の建築費用の15年間推移とその背景
住宅地盤対策

新築住宅の最新の工事費や材料費を工種別に掲載。

特集は、「木造住宅の建築費用の15年間推移とその背景」。巻頭企画として「住宅地盤対策」を掲載。設計見積実例では、中庭を中心としたコートハウスや長期優良住宅の実例を詳細な見積書とともに掲載。また、深刻化する人手不足への対策に参考となる各地域工務店の人材育成や働き方改革の取り組みなども紹介しており、事業運営に役立つ内容となっている。

住宅の部位別工事単価
積算資料ポケット版 リフォーム編 2025

2024.10発刊

年間購読料（税込、送料サービス）
3,080円

■年1冊（10月）発刊
建築工事研究会 編
■A5判　約720頁
■定価3,080円（本体2,800円＋税）

◆特集◆
木造住宅耐震化のススメ
地震対策と沈下修正方法/遮熱塗料

戸建・マンション専有部分のリフォーム工事費を部位別に掲載。

特集は、「木造住宅耐震化のススメ」。2024年元旦に発生した能登半島地震、また同年8月に宮崎県で発生した地震を受け、初めて南海トラフ地震臨時情報が発表されるなど、大地震に対する危機感は高まっており、既存住宅の耐震化は、何よりも優先されるべきリフォームといえる。

そこで、耐震化の基本に立ち返り、耐震診断のポイントや耐震改修の実例を紹介。巻頭企画でも「地震対策と沈下修正方法」に関する製品や工法を紹介している。

その他、毎号好評の「設計・見積り実例」や「見積りの算出例」など、最新の価格情報とともにリフォームに役立つ情報が満載となっている。

● お申し込み・お問い合わせは ●

経済調査会出版物管理業務委託先
KSC・ジャパン（株）
0120-217-106　FAX 03-6868-0901
詳細・無料体験版・ご購入はこちら！
Bookけんせつ Plaza 検索

巻頭企画

4……マンション政策の動向について

14……マンションの2つの老いは怖くない
大規模修繕をしっかりと進めよう

20……資産価値と生活価値向上のための
大規模修繕

マンション政策の動向について

国土交通省 住宅局 参事官（マンション・賃貸住宅担当）付

マンションの現状と課題

我が国におけるマンションストックは約７００万戸に上り、試算では約1，５００万人、すなわち1割を超える国民が居住するなど、都市部を中心に主要な居住形態となっています。一方で、このうち築40年以上のマンションが約１３７万戸となっており、20年後には3・4倍の約４６４万戸まで増加していくことが見込まれています。加えて、令和5年度マンション総合調査によると、築40年以上のマンションでは、世帯主の半数以上が70歳以上となっているなど、建物と居住者の「2つの老い」が進行しており、区分所有者の非居住化（賃貸化・空き室化）や所在等不明区分所有者の発生、管理組合役員の担い手不足、修繕積立金の不足、マンション建替えに係る合意形成の困難化などさまざまな課題が顕在化しつつあります（**図1**）。

こうした課題に対応するため、法務省の法制審議会区分所有法制部会（以下「法制審議会」という）では、区分所有法制の抜本的な見直しに向けた検討が行われ、２０２４年2月に「区分所有法制の見直しに関する要綱」（以下「要綱」という）がとりまとめられ、法務大臣に答申されたところです。また、「2つの老い」が急速に進行するなか、マンションの管理や再生の円滑化を強力に進めていくためには、区分所有法制の見直しのみならず、マンション政策の観点からも、改正区分所有法の実効性の確保や適切な管理水準への誘導、合意形成の促進、事業の安定性の確保などの施策を一体となって講じていくことが必要になります。このような考えから、国土交通省においても法制審議会と並行して、２０２２年10月に「今後のマンション政策のあり方に関する検討会」（以下「検討会」という）を設置し、マンションの管理・修繕、再生の幅広いテーマにおいて課題の整理および今後の施策の方向性について議論を行ってきました。全9回の議論を踏まえ、２０２３年8月に、マンション政策全般に係る大綱としてとりまとめを行っており、今後はとりまとめに示された方向性に沿って、施策の具体化に向けた検討を進めていくこととしています。

その端緒として、２０２３年10月に設置された「標準管理規約の見直し及び管理計画認定制度のあり方に関するワーキンググループ」（以下「管理規約ＷＧ」という）および「外部専門家等の活用のあり方に関するワーキンググループ」（以下「外部専門家ＷＧ」という）の2つのＷＧを中心に、現在進行形でとりまとめを踏まえた検討を進めているところです。

区分所有法制の見直しの動向

「2つの老い」の進行に伴い増加が懸念される所在等不明区分所有者は、決議において反対者として扱われることから、区分所有建

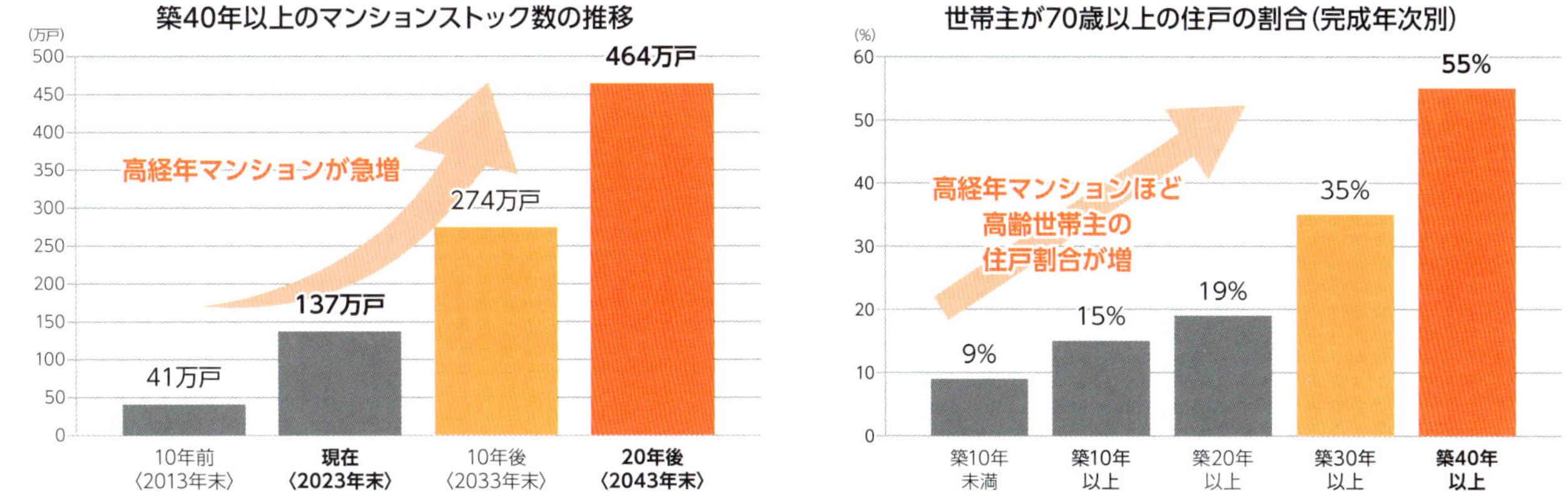

※ 建築着工統計等を基に推計した分譲マンションストック戸数及び国土交通省が把握している除却戸数を基に推計。

（出典）令和5年度マンション総合調査

図1　マンションを巡る「2つの老い」の進行

■ 法制審議会第196回会議（令和4年9月12日開催）

諮問第124号

老朽化した区分所有建物の増加等の近年の社会情勢に鑑み、区分所有建物の**管理の円滑化**及び建替えの実施を始めとする区分所有建物の**再生の円滑化**を図るとともに、今後想定される大規模な災害に備え、**大規模な災害により重大な被害を受けた区分所有建物の再生の円滑化**を図る等の観点から、区分所有法制の見直しを行う必要があると思われるので、その要綱を示されたい。

区分所有建物の管理の円滑化

- 集会の決議を円滑化するための仕組み
- 区分所有建物の管理に特化した財産管理制度
- 専有部分の管理を円滑化するための仕組み
- 共用部分の変更決議を円滑化するための仕組み

など

区分所有建物の再生の円滑化

- 建替えを円滑化するための仕組み
- 区分所有関係の解消・再生のための新たな仕組み
- 団地の再生を円滑化するための仕組み

など

被災区分所有建物の再生の円滑化

- 建替え・建物敷地売却決議等の多数決要件の緩和
- 大規模一部滅失時の決議可能期間の延長

など

図2　区分所有法制の見直しに関する要綱の概要

物の管理不全化、再生の困難化に繋がることが想定されています。法制審議会では、区分所有建物の管理や再生の円滑化等を図るため、所在等不明区分所有者への対応を含む、区分所有法の抜本的な見直しに向けた議論が行われました。

(1) 区分所有建物の管理の円滑化

マンションの管理は、区分所有者で構成される管理組合において合意形成を図りながら進めていくことが必要となる一方で、集団で建物を管理するという性質上、責任の所在が曖昧になりやすい傾向にあります。今回示された要綱（図2）では、区分所有者一人ひとりが適正にマンションを管理する責務があるということを示すため、区分所有法において、管理に関する区分所有者の責務規定を設けることが提案されました。今後の見直しに伴い区分所有者の管理に関する意識が高まることが期待されます。また、適正管理に関する責務の創設も踏まえ、所在等不明区分所有者をはじめとする賛否を明らかにしない区分所有者により円滑な管理が阻害されないよう、所在等不明区分所有者を決議の分母から除外する仕組みや出席者の多数決による決議を可能とする仕組みの創設についても提案されています。

さらに、管理不全等の専有部分や共用部分に関する財産管理制度の創設、共用部分の変更決議の多数決要件（四分の三）の緩和（共用部分の設置・保存に瑕疵があることにより他人の権利を侵害するおそれがある場合等には三分の二に引下げ）についても提案されています。

⑵区分所有建物の再生の円滑化

現行の区分所有法における区分所有建物の再生の仕組みは建替え決議のみであり、建物と敷地の一括売却や建物取壊し等を行うためには全員同意を行う必要がありました。一方で、マンション建替えにおける区分所有者の負担額の増加や人口減少の進行等により、立地によっては売却や取壊しにより、区分所有建物を手放すケースも増えてくることが想定されます。今回示された要綱では、建替え以外の区分所有建物の再生・解消の新たな仕組みとして、建物・敷地の一括売却や建物取壊し、建物更新等の新たな手法について、

現行法

区分所有者及び議決権の
5分の4
以上

客観的要件

①耐震性不足
地震に対する安全性に係る建築基準法又はこれに基づく命令若しくは条例の規定に準ずるものとして政省令等によって定める基準に適合していないこと

②火災安全性不足
火災に対する安全性に係る建築基準法又はこれに基づく命令若しくは条例の規定に準ずるものとして政省令等によって定める基準に適合していないこと

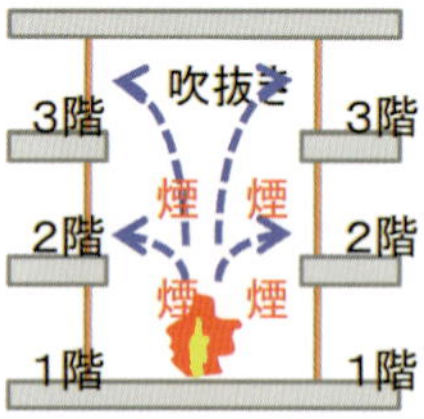

③外壁等剥落のおそれ
外壁、外装材その他これらに類する建物の部分が剥離し、落下することにより周辺に危害を生ずるおそれがあるものとして政省令等によって定める基準に該当すること

④配管設備腐食等
給水、排水その他の配管設備の損傷、腐食その他の劣化により著しく衛生上有害となるおそれがあるものとして政省令等によって定める基準に該当すること

⑤バリアフリー基準不適合
高齢者、障害者等の移動等の円滑化の促進に関する法律に規定する建築物移動等円滑化基準に準ずるものとして政省令等によって定める基準に適合していないこと

改正後

区分所有者及び議決権の
4分の3
以上

図3　区分所有法における建替えの決議要件の緩和

管理・修繕に関する現状・課題、施策の方向性

① マンションの長寿命化の推進

- 建替えの困難性を踏まえると、全てのマンションで建替えを行うことは非現実的。マンションの寿命を意識した上で、長寿命化を進める観点からの意思決定を行う環境の整備が必要。

➡「マンション長寿命化促進税制」の周知を通じ、意識啓発を図る。
➡マンションの寿命を見据えた超長期の修繕計画について検討を行う。 等

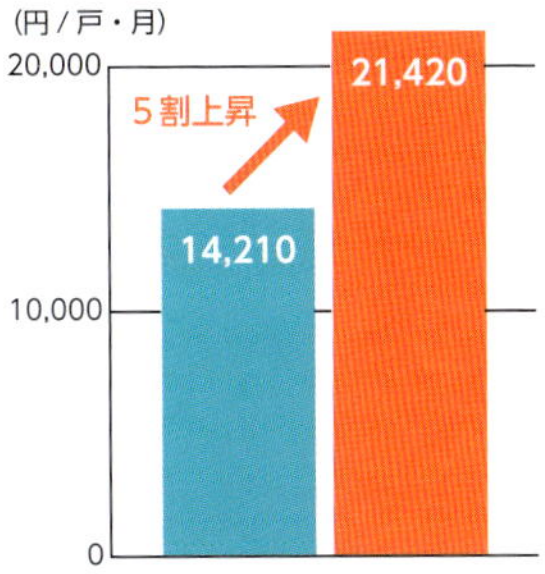

必要な修繕積立金の水準の上昇

② 適切な修繕工事等の実施

- 「段階増額積立方式」で大幅な積立金の引上げが必要な場合、予定通り引上げできないおそれ。

➡適切な修繕積立金の引上げ幅等について検討を行う。 等

- 管理組合がよりよい設計コンサルタントを選択することが困難となっている。

➡適切な設計コンサルタントを判別しやすくする仕組みについて検討を行う。 等

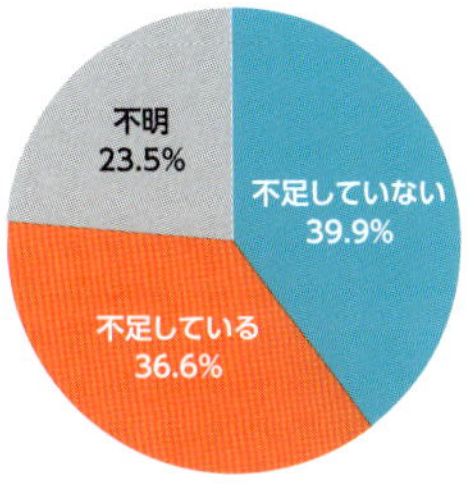

修繕積立金の積立状況

- マンションはいずれは寿命が到来し、周辺への悪影響を防止する観点から、区分所有者の責任と負担によって除却が必要となる場合があるが、管理組合において、解体費用等の確保に係る議論が行われていない。

➡解体費用の相場の把握とともに、管理組合による解体費用の確保のあり方について検討を行う。 等

③ 管理不全マンションへの対応

- 区分所有者等の所在が十分に把握できず、総会開催や管理費等の徴収に支障が発生。

➡区分所有者名簿等の更新の仕組みについて検討を行う。 等

- 管理不全マンションに対して助言・指導・勧告を行っても、合意形成ができず是正に至らないおそれ。

➡地方公共団体の権限の強化について検討を行う。 等

④ 管理組合役員の担い手不足への対応

- 管理会社が管理者となる形式の外部専門家の活用が増加しつつあるが、留意事項等が不明確。

➡実態把握を進め、留意事項等をまとめたガイドラインの整備等を行う。 等

⑤ 定期借地権マンションの今日的評価

- 定期借地契約の終了後に、継続して建物を使用したい場合等の具体的な対応が不明確。

➡契約期間終了後の具体的な対応等について、実務上必要とされるノウハウの整理を行う。 等

⑥ 大規模マンション特有の課題への対応

- 大規模マンションでは取扱う金額（管理費、修繕積立金）に見合った監査体制となっていない。

➡大規模マンションにおける監査のあり方について、専門家の活用を念頭に検討を行う。 等

建替え等に関する現状・課題、施策の方向性

① 円滑な建替え事業等に向けた環境整備

- 建替え後のマンションの住戸面積基準（原則、50㎡以上など）が、区分所有者の費用負担の増加につながるなど、建替えの推進にあたっての隘路となっている場合がある。

➡世帯人数の変化や地方公共団体の意見等も踏まえ、面積基準の引下げや必要性等について検討を行う。 等

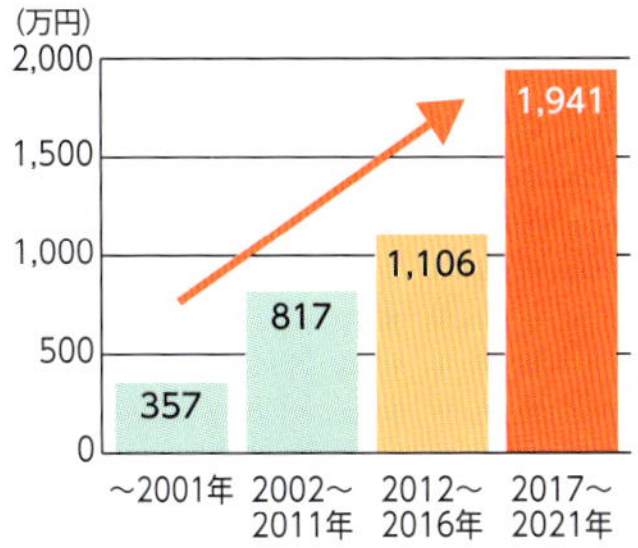

建替えにおける区分所有者の平均負担額

- 既存不適格の場合、形態規制（容積率や日影規制など）が制約となって、事業性や合意形成の確保が困難となっている場合がある。

➡地方公共団体が行う独自の緩和事例等を収集、横展開を図る。 等

- 団地型マンションの再生に向けてこれまで講じてきた施策の活用状況等について検証が必要。

➡これまでの施策の活用状況、現行の規制や各種ガイドライン・マニュアルの内容を踏まえた行政の運用実態、事業者の建替えニーズ等の把握を進める。 等

② 多様なニーズに対応した事業手法

- 余剰容積率の減少や仮移転に伴う引越し負担の重さから、非現地での住み替えを行うニーズが増えるとの指摘あり。

➡非現地に住み替えを行う区分所有者の負担軽減に向けた検討を行う。 等

- 隣接地や底地の権利者が事業に協力が得られない場合、建替え事業が進捗しない場合がある。

➡隣接地や底地の権利者が建替え事業に参加しやすい方策について検討を行う。 等

- 法制審議会で検討している区分所有建物の再生、区分所有関係の解消に関する新たな仕組みに対応した事業手続きがなく、安定的な事業遂行の支障となるおそれ。

➡必要な事業手続きの整備に向けた検討を行う。 等

③ 自主建替えの円滑化

- デベロッパー等が参加しない建替えの実施にあたり、管理組合や区分所有者が主体性をもって事業を実施するためのノウハウが未整理。

➡自主建替えにおける実態把握や金融支援、専門家活用のあり方に関する検討を踏まえ、マニュアルの整備等を進める。 等

今後の対応

- 検討方針が明らかになった事項については、今後、標準管理規約や管理計画認定基準、ガイドラインの見直しなど、施策の具体化に向けた検討を開始。
- とりまとめについて、関係者（マンション居住者、管理業者、修繕工事会社及び設計コンサルタントの従業員、マンション管理士などの専門家、地方公共団体の職員等）の関心を呼び起こす視点から、国土交通省HPで公開した上で、広く意見募集を行う。

図4　今後のマンション政策のあり方に関する検討会 とりまとめの概要

現行の建替え決議と同様に五分の四の多数決で実施できる仕組みが提案されています（図3）。中でも建物更新は一般に一棟リノベーションとも呼ばれるもので、新たなマンションの再生手法として注目を集めており、こうした多様な手法を活用したマンションの再生等の推進が期待されます。

　また、建替え等の円滑化の観点から、建替え決議を行うための五分の四の多数決要件の緩和や建替え決議が行われた場合の賃貸借等の扱いについても議論がありました。現行の区分所有法では、反対する区分所有者に対しては売渡請求を活用することで、事業を進めることが可能となっている一方で、賃借人に対しては建替え決議の効力は及ばないため、賃借人が建替えに反対している場合には、たとえ全区分所有者が建替えに賛成していたとしても建替え工事を行うことができない仕組みとなっています。こうした状況を踏まえ、要綱では、建替え決議等がされた場合に金銭補償により賃貸借等を終了させる制度の創設とともに、特に再生・解消を進める必要があると考えられる区分所有建物（耐震性の不足、火災に対する安全性の不足、外壁等の剥落により周辺に危害を生ずるおそれがある等）について建替え決議等の多数決要件を四分の三まで緩和することについて提案されています。

　要綱では、ここで述べた区分所有建物の管理や再生の円滑化以外にも団地再生の円滑化や被災した区分所有建物の再生等についてもとりまとめられており、今後具体的に制度の見直しが行われる予定です。

今後のマンション政策のあり方に関する検討会

　こうした法務省における区分所有法制の見直しと並行して、国土交通省においてもマンション政策の見直しを図るため、マンションの管理・修繕、再生に関する幅広いテーマについて議論を行い、2023年8月にマンション政策の大綱として今後の方向性をとりまとめたところです（図4）。

(1)管理・修繕に関する現状・課題、施策の方向性

　マンションの管理・修繕に関する観点では、マンションの長寿命化を重要な柱として位置付けています。

　建築後相当の年数を経たマンションでは、改修をするのか建替えをするのか、建替えを行うとしてもそれは何年後なのかなど、区分所有者ごとに考えが大きく異なることが想定されます。

　こうした考え方の相違により、合意形成等ができなくなると管理不全化、老朽化が進行し、長寿命化、再生のいずれも難しくなっていくことになります。そのため、具体的にいつまでマンションを使うつもりで管理するのか、まずは区分所有者間で意思統一を図り、管理を進めていくことが重要となります。こうした観点から、検討会のとりまとめでは、区分所有者が意思決定しやすい環境を整備するためマンションの寿命を見据えた、超長期の修繕計画のあり方について検討を進めていくこととしています。

　また、長寿命化を進めていくためには、計画に基づく適時適切な修繕工事を行うことが重要となりますが、現状、工事に必要となる修繕積立金が十分に確保されているマンションは多くありません。令和5年度マンション総合調査によると、「現在の修繕積立金の残高が計画に対して不足していない」と回答したマンションの割合は約4割に留まっています（図5）。さらに、修繕積立金の確保は、大きく「均等積立方式」と「段階増額積立方式」のいずれかで行われていますが、近年分譲されるマンションのほとんどは段階増額積立方式を採用しています。段階増額積立方式で、計画期間の後半に大幅な引上げを予定している場合、実際に修繕積立金の引上げを行うことができず、将来的に修繕積立金が不足する可能性も考えられます。そのため、適切な長期修繕計画の作成およびそれに基づく修繕積立金の確保を進めるとともに、段階増額積立方式における修繕積立金の確保方策について検討を進めていくこととしており、後述の管理規約WGにて具体の検討を進め、2024年3月にとりまとめを行ったところです。

(2)建替え等に関する現状・課題、施策の方向性

　マンションの長寿命化を進めることは重要ですが、築後相当の年数が経過し、老朽化の進行や居住ニーズの低下等により、寿命を迎えたマンションにおいては、建替

えや売却等により再生・解消を図っていくことが必要となります。区分所有法の見直しでは、マンション等の再生・解消を円滑化するため、多数決要件の緩和や賃貸借等の取扱いの見直し、新たな再生等の仕組みの創設等の検討が進められており、こうした見直しも踏まえ、マンション政策の観点からも再生・解消の円滑化を図る必要があります。

①区分所有建物の再生、区分所有関係の解消に関する事業手続きの整備

マンション建替円滑化法では、事業の安定性等を確保するため、建替え決議後の事業手続きを定め

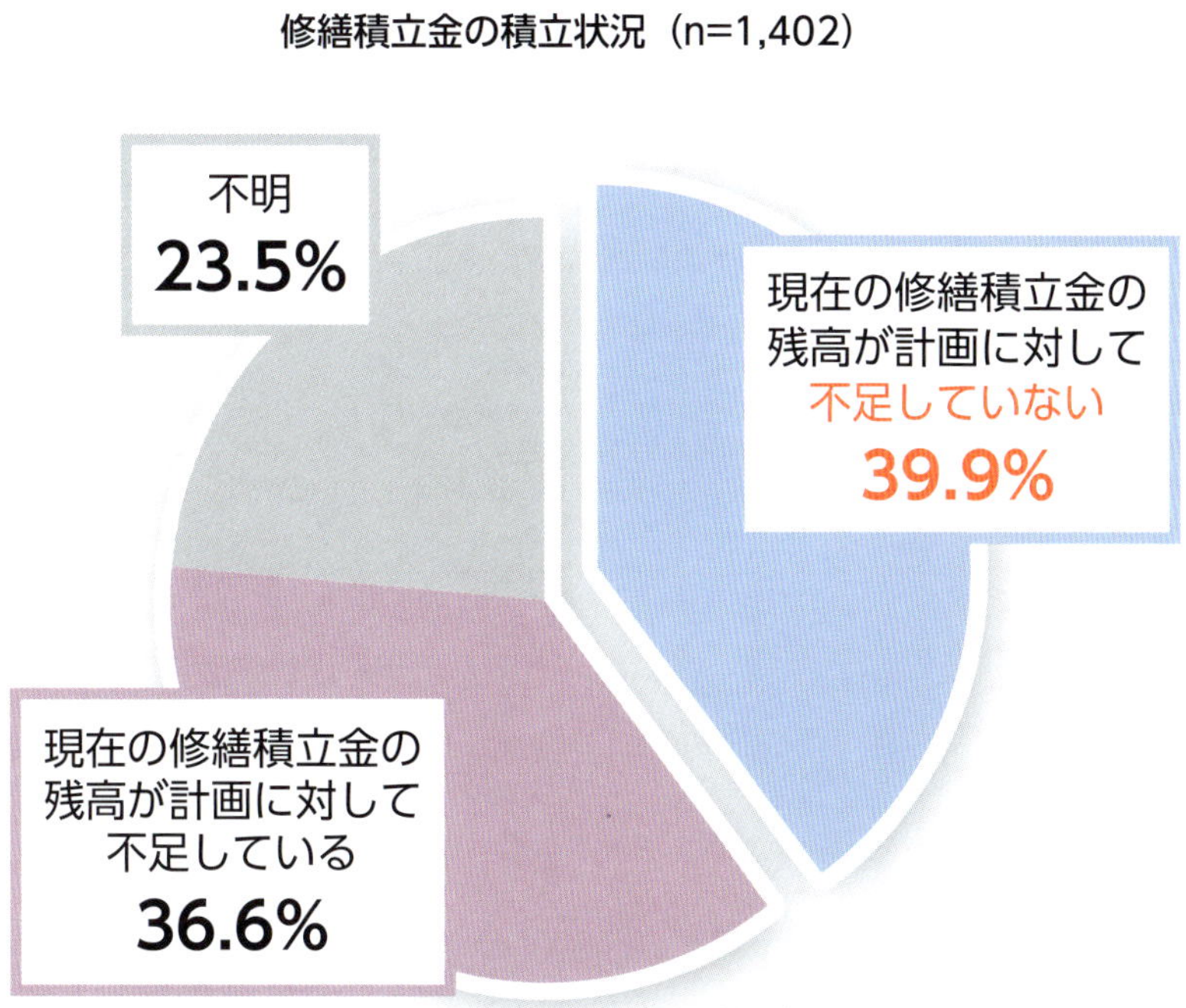

（出典）令和5年度マンション総合調査

図5　修繕積立金の積立状況

	マンション建替え	検討中の新たな仕組み
区分所有法（法務省）	**建替え決議**（区分所有者及び議決権の4／5以上の賛成）	**新たな決議**（建物敷地売却決議、建物取壊し決議、建物更新（一棟リノベーション）決議等を多数決で可能とする）
マンション建替円滑化法（国土交通省）	**建替組合設立 ➡ 行政認可**（建替合意者及び議決権の3／4以上の賛成） **権利変換計画作成 ➡ 行政認可**（建替組合員及び議決権の4／5以上の賛成） **建替組合による除却、建替え**	**法定化された事業手続きがない**（多数決による「決議」以降の全手続を全員同意で行う必要）

図6　新たな仕組みに対応した事業手続きの整備

ています（図6）。この事業手続きは、近年実施されるほとんどの建替え事業で活用されており、事業を安定的に進めるための重要な役割を担っています。区分所有法の見直しで創設が検討される「建物敷地売却」や「建物取壊し」、「建物更新」などの仕組みも活用し、多様な手法によるマンションの再生・解消を進めていくためにも、事業手続きの創設を検討していくことが必要と考えられます。そのため、検討会のとりまとめにおいても、区分所有法の見直しにおいて検討されている新たな仕組みに対応した事業手続きの整備について検討を進めていくこととしています。

②社会情勢の変化に対応した最低住戸面積基準の検討

現行のマンション建替円滑化法に基づきマンション建替えを行う場合、再建後のマンションにおける各住戸の面積は原則50㎡以上とすることが求められます。住戸面積基準は、マンション建替えによる良好な居住環境の確保を目的に、一定の世帯人数を想定して定められています。しかし、マンションにおける平均世帯人数は減少傾向にあるなど法制定時から社会状況の変化が見られるとともに、区分所有者の費用負担が著しく増加してしまうケースもあるなど、当該基準が建替え事業の推進にあたって隘路となっているとの意見もあります。中には、建替え前のマンションの住戸面積が50㎡に満たず、建替えにあたって本基準に適合させることが困難なことから、マンション敷地売却事業によって建替えを実施するようなケースも出てきているところです。こうしたことから、住戸面積基準が現状に照らして適切な水準となっているか検証を行った上で、適切な住戸面積基準のあり方について検討を進めていくこととしています。

③隣接地等を取り込む建替えの円滑化

マンション建替え事業では、事業性を向上させるため、より大きなマンションに建替え、多くの保留床を確保することが必要となります。一方で、建替え前のマンションの大型化等による余剰容積率の減少や日影規制をはじめとする建築規制等のさまざまな要因により、保留床の確保ができず事業化の難しいマンションが多くあることが指摘されています。こうした状況への対応として、隣接地を取得し敷地規模を拡大し建替えを行うことは有効な手法であると考えられますが、現行のマンション建替円滑化法では、マンションの隣接地の所有者等は、権利変換により、再建後のマンションの住戸を取得することができないため、建替えに参加しにくい仕組みとなっているとの指摘もあります。こうしたことから、隣接地の所有者など区分所有者以外の者が建替え事業に参画しやすくする仕組みについて検討を進めていくこととしています。

とりまとめを踏まえた具体的施策の検討

検討会のとりまとめにおいては、これまで述べたもの以外にも、制度的措置に関する検討を進めていくものから普及啓発等をより強力に進めていくものまで幅広くとりまとめています。その中でも、検討会において今後の方針を明らかにし、早期に検討を開始すべき事項については、2023年10月より検討会の下に設置した2つのワーキンググループにおいて議論を進め、2024年3月にとりまとめを行ったところです。

(1)標準管理規約の見直し及び管理計画認定制度のあり方に関するWGについて

①マンション標準管理規約の見直し

マンション標準管理規約については、所在等不明区分所有者への対応をはじめとした、検討会での議論や社会情勢の変化を踏まえ、早期に措置する必要があるとされた項目を中心とした見直しの検討を行い、2024年6月に改正を行いました。

主な内容としては、区分所有者としての責務を果たすという観点から、所在等不明の区分所有者を発生させないための名簿の作成および更新の仕組みや、所在等が判明しない区分所有者の探索を行った場合に、その探索に要した費用を当該区分所有者に請求できる規定の追加を行いました。また、区分所有者およびマンションの購入予定者が修繕積立金等のマンションの管理に関する情報を適切に把握できるよう、修繕積立金の変更予定等の情報開示についても位置

- 令和4年4月より、マンション管理適正化推進計画を作成した地方公共団体※において、一定の基準を満たすマンションの管理計画の認定が可能となる「管理計画認定制度」が開始。
  ※市区。町村部は都道府県。
- 令和6年9月30日時点における認定実績は1,253件（国土交通省が把握しているもの）。

※申請の流れの一例（事前確認をマンション管理センターに依頼するケース）

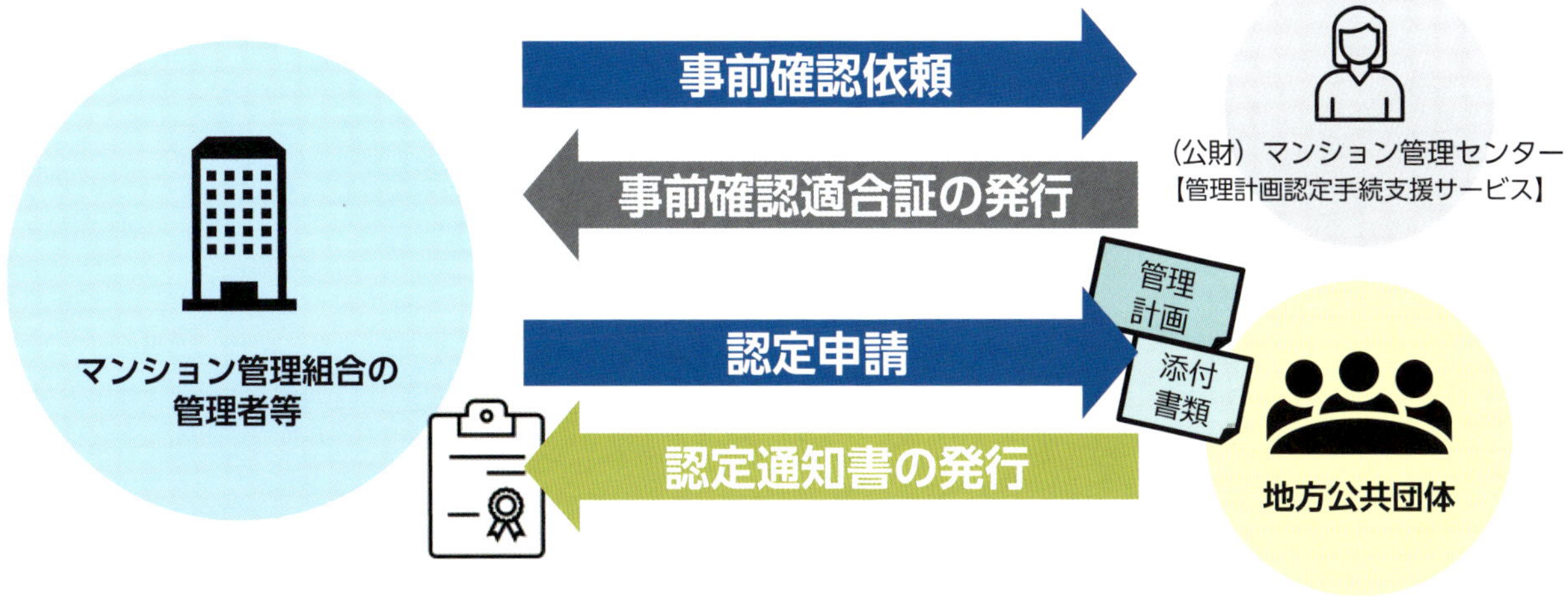

主な認定基準

（1）修繕その他管理の方法
- 長期修繕計画の計画期間が一定以上あること　等

（2）修繕その他の管理に係る資金計画
- 修繕積立金の平均額が著しく低額でないこと　等

※修繕積立金ガイドラインで示す水準以上

（3）管理組合の運営状況
- 総会を定期的に開催していること　等

（4）その他
- 地方公共団体独自の基準に適合していること　等

管理計画認定制度のメリット

メリット1：マンション管理の適正化
- 管理計画認定制度を通じ、管理組合による管理の適正化に向けた自主的な取り組みが推進される

メリット2：マンション市場における適切な評価
- 認定を受けたマンションが市場で高く評価されることが期待される

メリット3：認定マンションに関する金融支援
- 住宅金融支援機構の【フラット35】及びマンション共用部分リフォーム融資の金利引下げが実施される
- 住宅金融支援機構が発行するマンションすまい・る債の利率上乗せが実施される

メリット4：固定資産税額の減額
- 認定を受けたマンションが一定の要件を満たす場合に固定資産税額が減額される

図7　マンションの管理計画認定制度の概要

づけを行いました。さらに、EV用充電設備や宅配ボックスを設置する際の決議要件の明確化等、社会情勢の変化を踏まえた改正も行いました。

この他、要綱を踏まえ、標準管理規約において見直すべき項目の案を第6回管理規約WG（2024年3月）で示したところであり、新たな制度に対応した標準管理規約についても引き続き検討を進めてまいります。

②今後の管理計画認定制度のあり方について

管理計画認定制度は、2022年4月の制度開始以降、2024年9月末までの認定実績は1，253件となっており、堅調に増加しています（図7）。一方で、検討会においては、特に修繕積立金の安定的な確保やマンションの防災対策の推進に関する観点から、今後の認定基準の見直しも含めた検討も必要ではないかとの指摘もあったことから、管理規約WGでは、今後の認定基準の見直しの方向性等に関して議論を行いました。

修繕積立金の安定的な確保の観点からは、これまで認定基準として定めていた長期修繕計画の計画期間全体での修繕積立金の総額に関する基準に加えて、修繕積立金の積立方式に関する基準の検討を行いました。近年多く採用される段階増額積立方式では、築年数の経過に応じて必要な修繕積立金が増加する一方で、区分所有者の高齢化等により費用負担が困難化し、適切な積立が難しくなることが懸念されます。こうしたことから、とりまとめにおいては早期に均等積立方式に誘導することを目的とし、段階増額積立方式における適切な引き上げ幅の考え方を示しています（図8）。

また、マンションの防災対策の推進の観点からは大規模な自然災害等が発生した場合に備え、平時から管理組合や区分所有者において取組を進めるべき防災対策の例として、「防災マニュアルの作成・周知」、「防災訓練の実施」、「防災情報の収集・周知」、「防災用名簿の作成」、「防災物資等の備蓄」、「防災組織の結成」の6項目の取組を示しています。

今回、とりまとめた方向性については、広く周知を行い、活用状況や実効性の把握を進めつつ、将来的に認定基準への反映について検討を行うこととしています。

⑵外部専門家等の活用のあり方に関するWGについて

一般的に、分譲マンションでは、管理組合の業務を執行するために、区分所有者で構成される理事会が設置されていますが、近年、理事会役員の担い手不足等を背景として、マンションの管理業務を受託している管理会社に、管理者の役割を担わせる「外部管理者方式」も見られるようになっています（図9）。

外部管理者方式については、区分所有者の負担軽減につながるとの声がある一方で、管理者となった管理会社が、自社や関連会社に修繕工事等を優先的に発注した結果、管理組合の費用負担が増大する、いわゆる利益相反の懸念があるとの指摘もあります。

そのため、国土交通省においては、適切な管理者権限のあり方や外部専門家である監事の設置・権限のあり方など、外部管理者方式における留意事項を整理したガイドラインを策定することとし、2023年10月より外部専門家WGを開催し、2024年6月に策定・公表しました。

外部管理者方式の導入を検討される際などに、本ガイドラインを参考としていただき、適正な業務運営を図っていただけるよう、広く周知を行ってまいります。

今後のマンション政策

マンションを適切に管理する責任は、当然のことながら区分所有者から構成される管理組合にあります。一方で、マンションの規模や意思決定の特殊性から、管理組合による適切な管理を促していくためにも、地域におけるマンション政策を担う地方公共団体とも連携し、マンション政策の厚みを増していくことが必要です。こうした中、およそ20年ぶりに区分所有法の見直しが行われるなど、マンションの管理や再生に係る基本ルールの見直しに伴い、管理適正化・再生円滑化のより一層の推進が期待されています。国土交通省では、引き続き、関係省庁、関係団体等と連携して、将来世代に優良なマンションストックを引き継いでいくことができるような政策を進めてまいります。

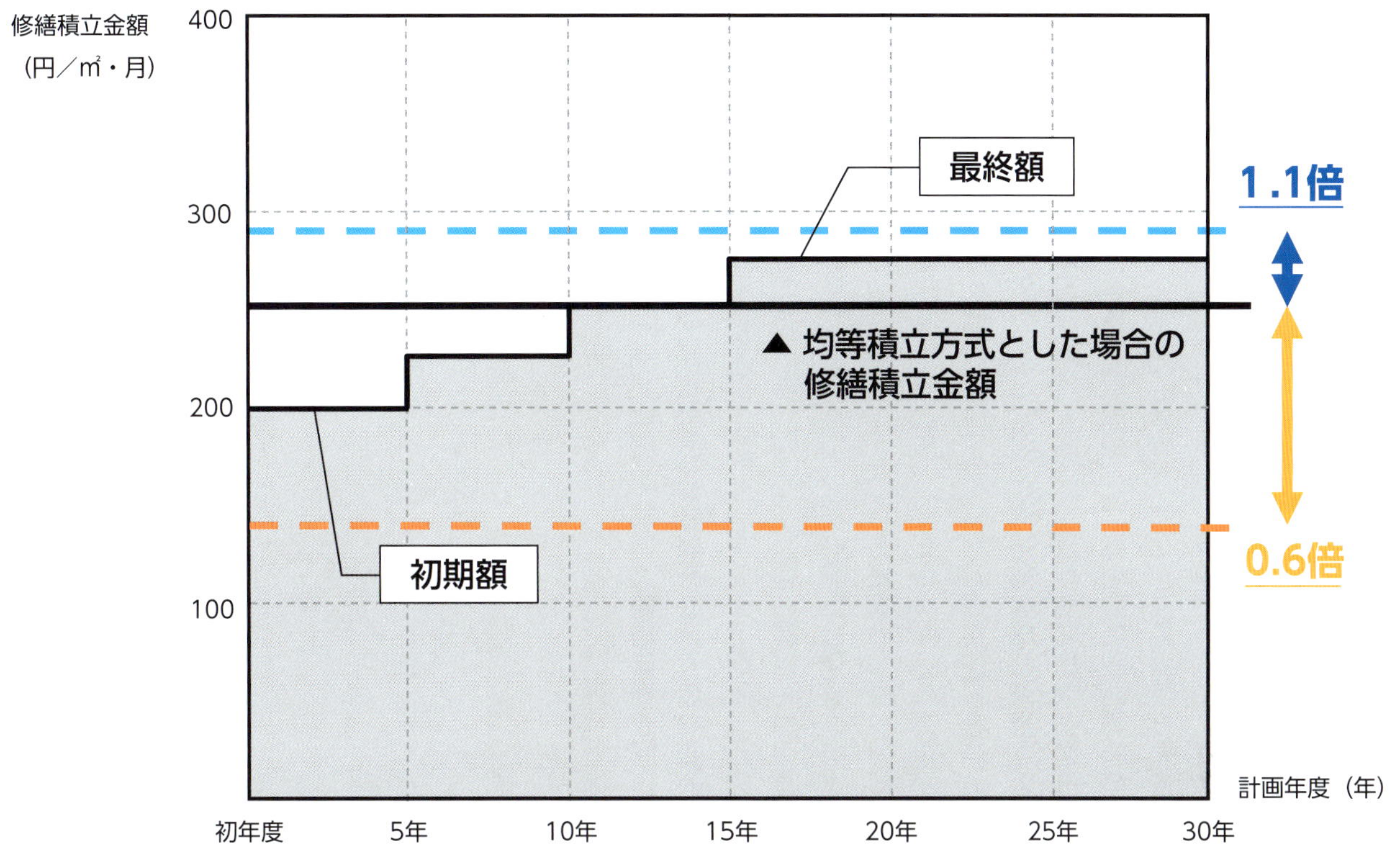

※上記は、段階増額積立方式において、計画初年度から５年ごとに３回の引上げを行う場合を一例として図示したものであり、具体的な引上げ計画は、個々のマンションに応じて異なる。

図8　段階増額積立方式における適切な引上げの考え方（イメージ）

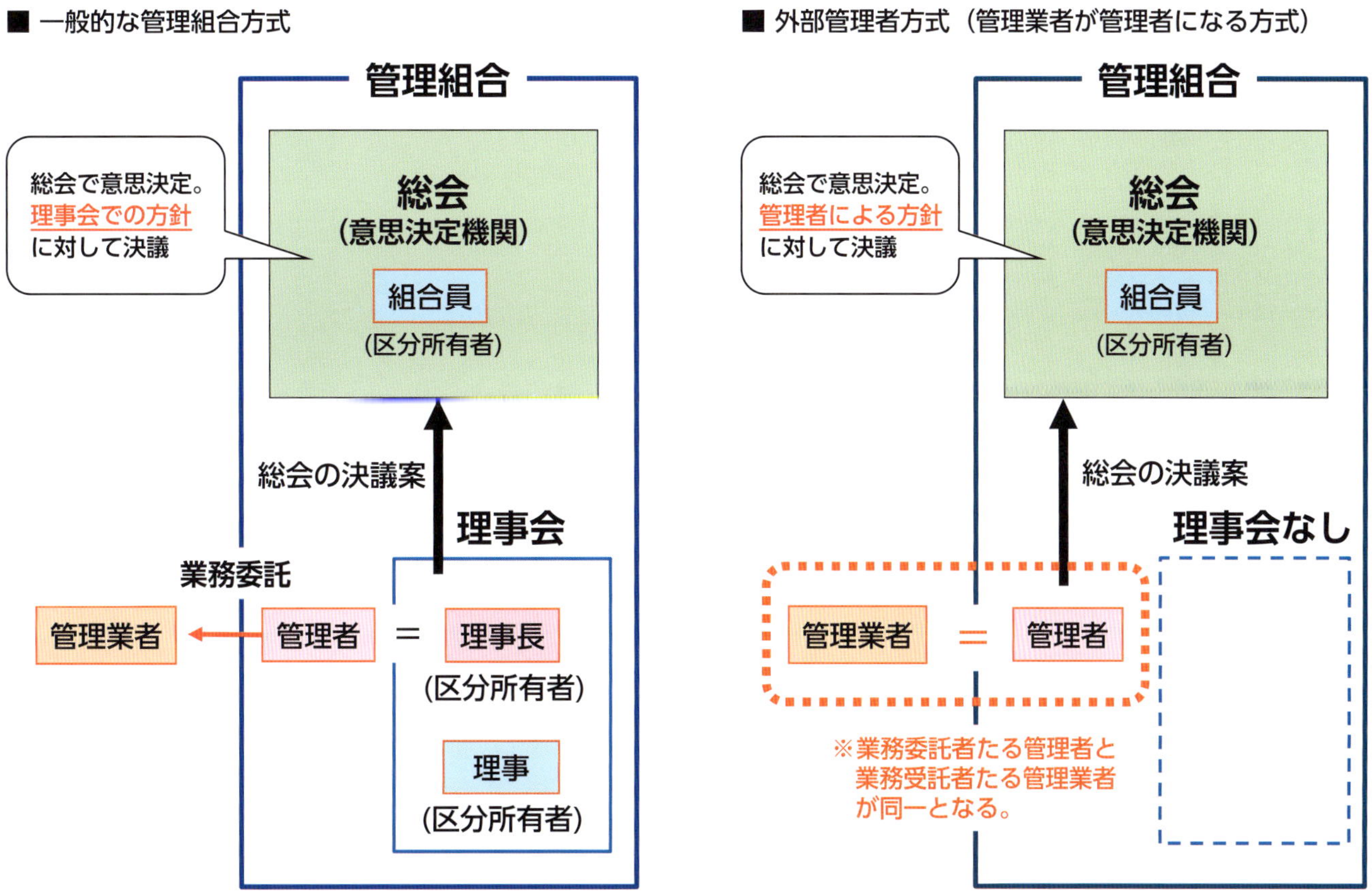

図9　一般的な管理組合方式と外部管理者方式のイメージ比較

マンションの2つの老いは怖くない

大規模修繕をしっかりと進めよう

横浜市立大学 国際教養学部 教授 齊藤 広子

はじめに

築年数の経ったマンションが増えてきました。これらのマンションは、建物の老朽化と所有者・居住者の高齢化という「2つの老い」を抱えていると言われています。ですが、今や築40年では老朽化マンションとは言えません。築50年以上経っても、とても魅力的なマンションがいっぱいあるからです。ここでは、築年数が経っても素敵なマンションにするための取り組み、特に皆さんにとって関心が高く、不安も多い、大規模修繕について考えていきましょう。

大規模修繕とは?

大規模修繕と聞いて、大規模に壊れているので修繕するの!?欠陥マンションだったの?なんていう人はいないと思いますが、大規模修繕とは何を修繕するのか、何が必要なのかについて確認しておきましょう。

どこかが壊れている場合に行う修繕は経常修繕といいます。それとは別に建物を適正に長持ちさせるためには計画的に修繕を行うことが必要となります。これを計画修繕といいます。マンションでは共用部分の修繕は区分所有者全員が協力し、その費用を負担します。皆で納得し、費用負担するには、あらかじめ、いつ、どのような修繕をどの程度の費用を掛けて行うのかの目標像を共有し、そのために必要な費用を積み立て修繕に備える必要があります。ゆえに長期修繕計画を立案し、それを根拠とした修繕積立金の金額を設定し、各区分所有者が負担、管理組合として計画修繕に備え、費用を月々積み立てることになります。

長期修繕計画は、その内容を定期的に見直すことが必要です。それは計画どおりに建物が傷むとは限らず、そんなに修繕を急がなくてもよい場合、また、逆に計画よりも急いで修繕を行った方がよい場合もあるからです。計画内容の見直しのために、建物の傷み具合を診断する、建物の劣化診断を行うことになります。

建物の適正な計画修繕の時期とは、その建物の建てられた状態、その後の経過等によって異なってきます。目安としては、5~7年で鉄部の塗装、12~15年で外壁の塗装や屋上防水のやり直し、築20年を過ぎると、設備関係の工事等が必要です。外壁や屋上、設備の修繕等を大規模修繕と呼びます。

大規模修繕を進めるための7つのポイント

大規模修繕はどのように進めていけばよいでしょうか。そのポイントを学びましょう。

ポイント1

必要な費用は?

大規模修繕には、多額な費用が必要となります。必要になってから急に多額の費用を集めるなんて無理ですよね。そこで、毎月コツコツと費用を積み立てておくのが修繕積立金です。しかし、「修繕積立金が足りない！」というマンションが多くなっています（図1）。そこで、基本としては足りなくならないように積み立てることが大事であり、それでも積立金が足りない場合は積立金を値上げすることや一時金を集める必要が出てきます。これはなかなか合意形成が難しいので、できるだけ値上げをせず修繕ができる体制を取るために、均等積立方式で積み立てて行くことが大事なポイントです。

　さて、均等積立方式とは何でしょうか。確認しておきましょう。

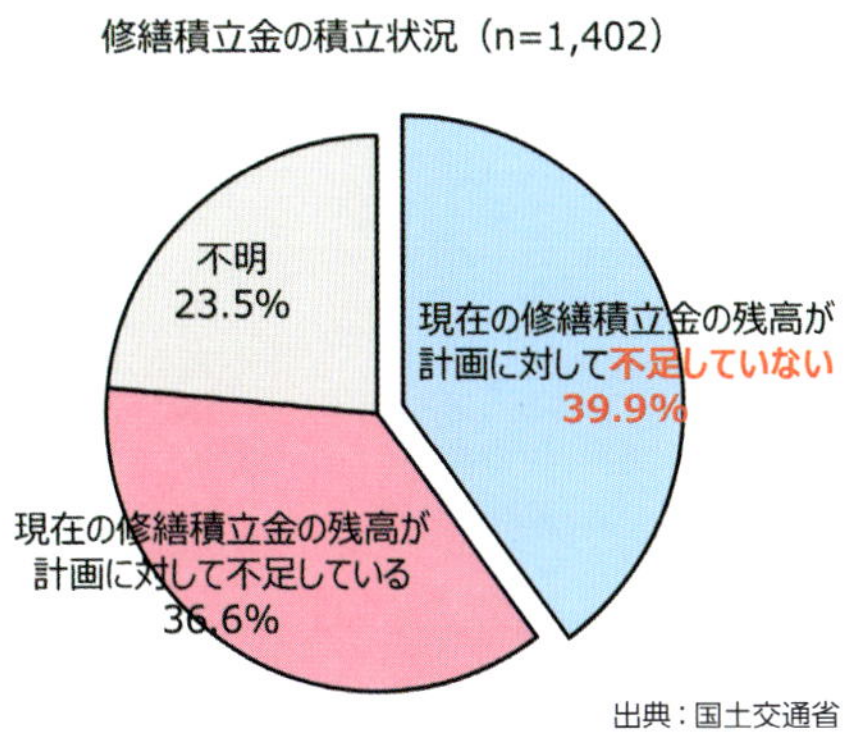

図1　修繕積立金の積立状況

○ 段階積立方式の場合、増額決議に失敗すると長期修繕計画通りに修繕積立金が集まらず不足する可能性がある。
○ 均等積立方式は都度合意形成が不要となり、安定的に修繕積立金を確保できる。

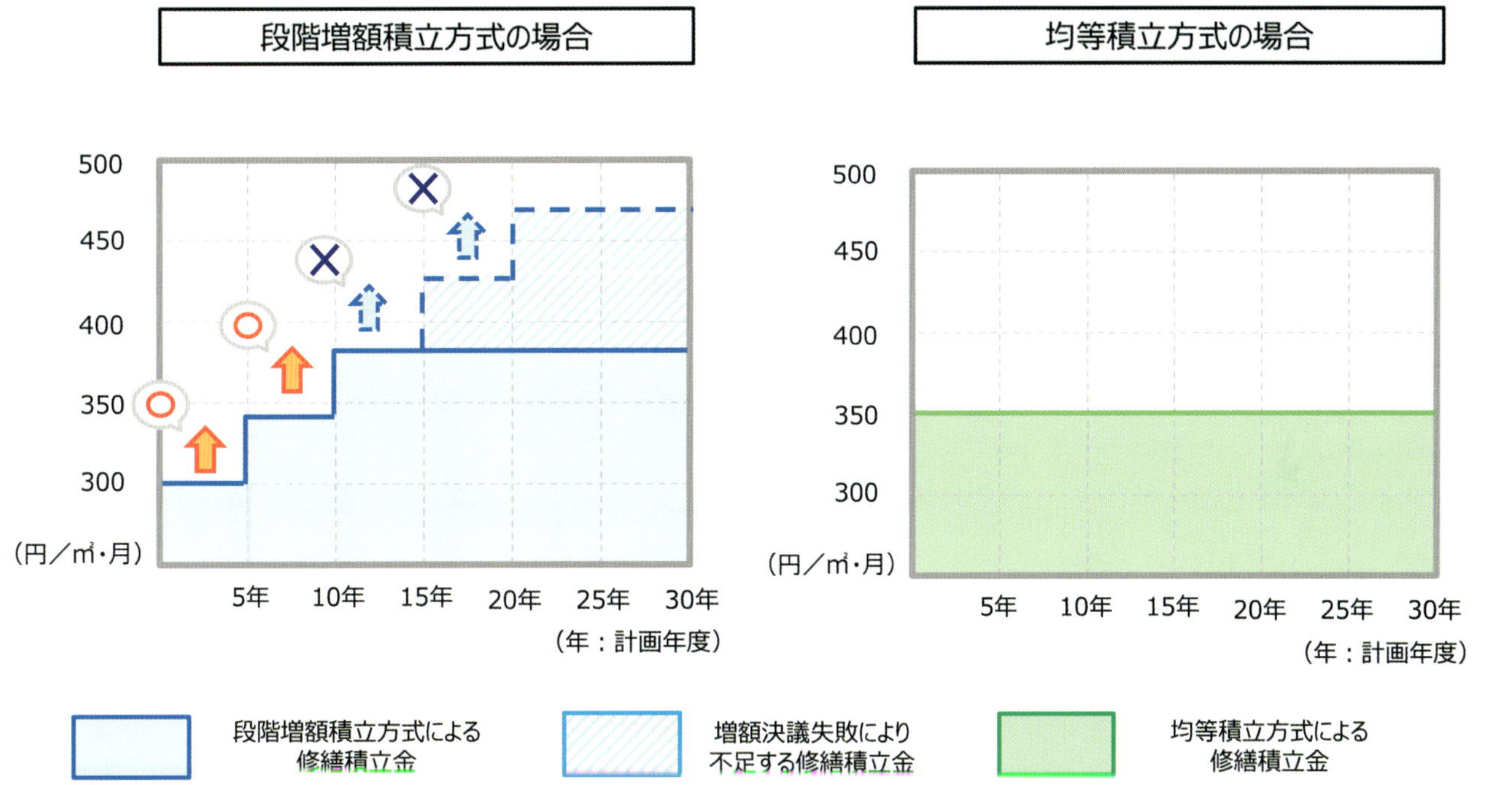

出典：国土交通省

図2　均等積立方式と段階増額積立方式

長期修繕計画書に基づいて、必要な費用を積み立てますが、積み立てる方法には、計画期間中の積立額を均等とする「均等積立方式」と、当初の積立額を抑えて計画期間中に段階的に増額していく「段階増額積立方式」があります（図2）。しかし、「段階増額」、つまり何度も値上げをしていくことは実際には難しいため、ぜひ、均等積立方式を採用していただきたいと思います。それでも、建設費など高騰から値上げが必要となるかもしれません。まずは、適切な計画修繕を実施するために、適切な長期修繕計画書とそれに基づいた均等積立方式での費用積み立て、そしてその状態を常に区分所有者の方々が理解できるようにしておきましょう。

　仮に、物価上昇などの要因でどうしても費用が足りない場合、一時金を集めるのが難しければ、お金を借りる方法もあります。住宅金融支援機構の共用部分のリフォームローン等です。借りたらもちろん返していく必要がありますので、やはり、修繕積立金の値上げにつながってしまいます。自分たちのマンションを老朽化させないため、区分所有者の方々に理解を十分理解していただき、必要な時に必要な修繕ができる体制を整えていくことが大事です。

ポイント2 どんな工事をするの?

初めての大規模修繕の場合、まず着手するのは外壁の塗装や屋上防水などになりますが、回を重ねていくと給排水管の取り換え工事など設備の工事等も必要になってきます。さらには、築年数が経ったマンションでは、「耐震性が心配だな」「最上階が暑くて暑くて」「冬は寒く、夏は暑い」など、耐震性や省エネ対策が充分でないだけでなく、集合ポストが使いにくい、宅配ボックスが欲しい、オートロックにしたいなどの社会が求める水準からの陳腐化に対応した工事の必要性も高くなってきます。いわゆる改修工事です。こうした改修を実施することで、マンションを若返らせる=「老い」にしないことができます(図3・4)。

改修工事ではあれもこれもしたくなりますが、そうすると費用が嵩んでしまいますので、区分所有者の意向を聞きながらやりたいことに優先順位をつけ、マンションを老朽化させないという長期的な視点に立った判断が必要です。玄関ドアを変えたあるマンションでは、毎日新しくなった玄関ドアを見るたびに気持ちがウキウキするという声が聞かれました。

ポイント3 合意形成をどう進めるの?

大規模な工事を進めるにあたって、総会での決議が必要になります。工事を進めるには工事内容の検討、金額の見積り、工事実施方法、業者・施工者の選定が必要になります。通常の大規模修繕の決議は普通決議、つまり過半数の賛成を得て行いますが、大規模な改良工事を伴う場合は、特別決議として4分の3以上の賛成が必要になります。4分の3の賛成が大変だからと修繕のみの繰り返しでは、社会的な水準からみれば陳腐化していってしまうため、時代にあった社会的水準にマンションをグレードアップさせながらマンションを維持管理することが大事です。

そこで、住民の関心を高める努力が必要になります。例えば、玄関ドアや外壁の色を決める際に住民の意向を聞くことも大事です。投票やアンケートを実施し、関心を高めます。工事の実施には、区分所有者、居住者の協力がいるため、こうした取り組みも必要です。実際に実物を見て投票できるとイメージが湧きますので、大規模修繕に向けてだんだん気分が盛り上がっていきます。さらに、説明会の開催です。平日や休日など時間を変えて、ターゲットとする対象者を想定して行っているところもあります。例えば、マンションの

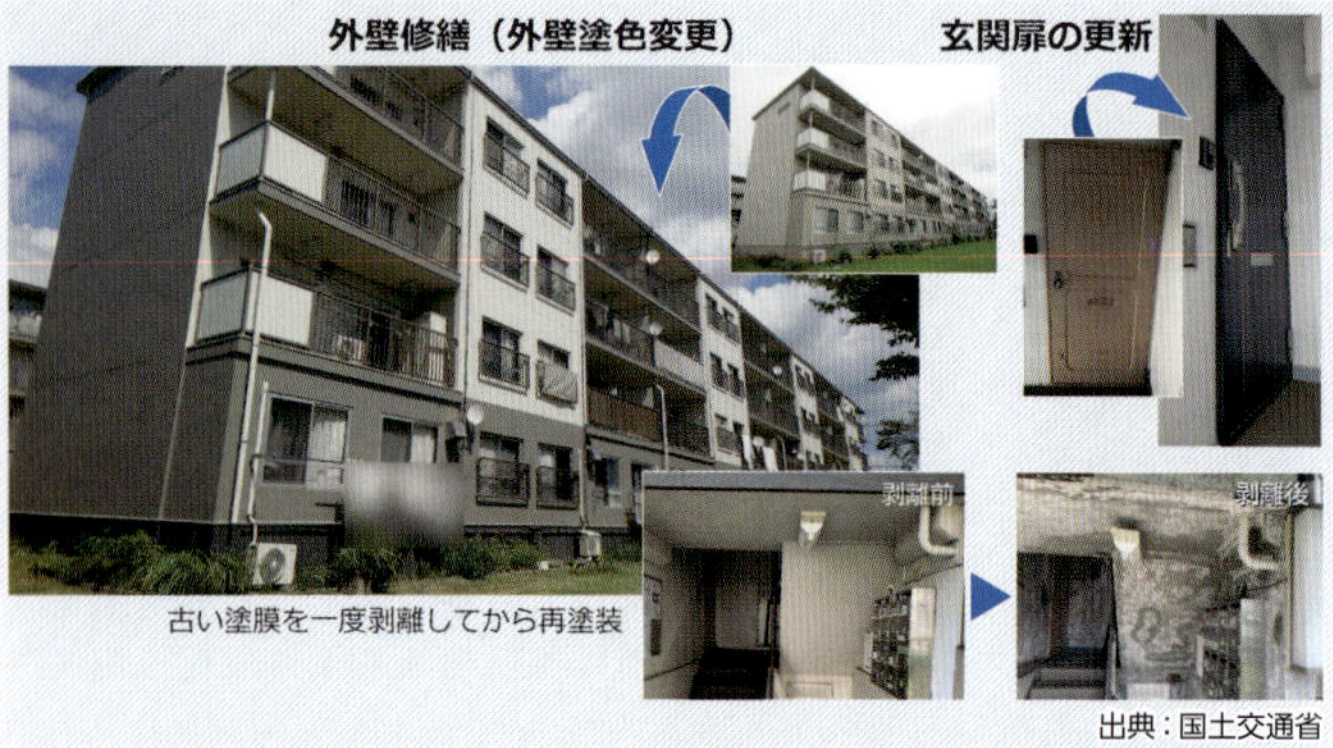

図3 大規模修繕工事に併せて実施した工事の施工例①外壁修繕・玄関扉の更新

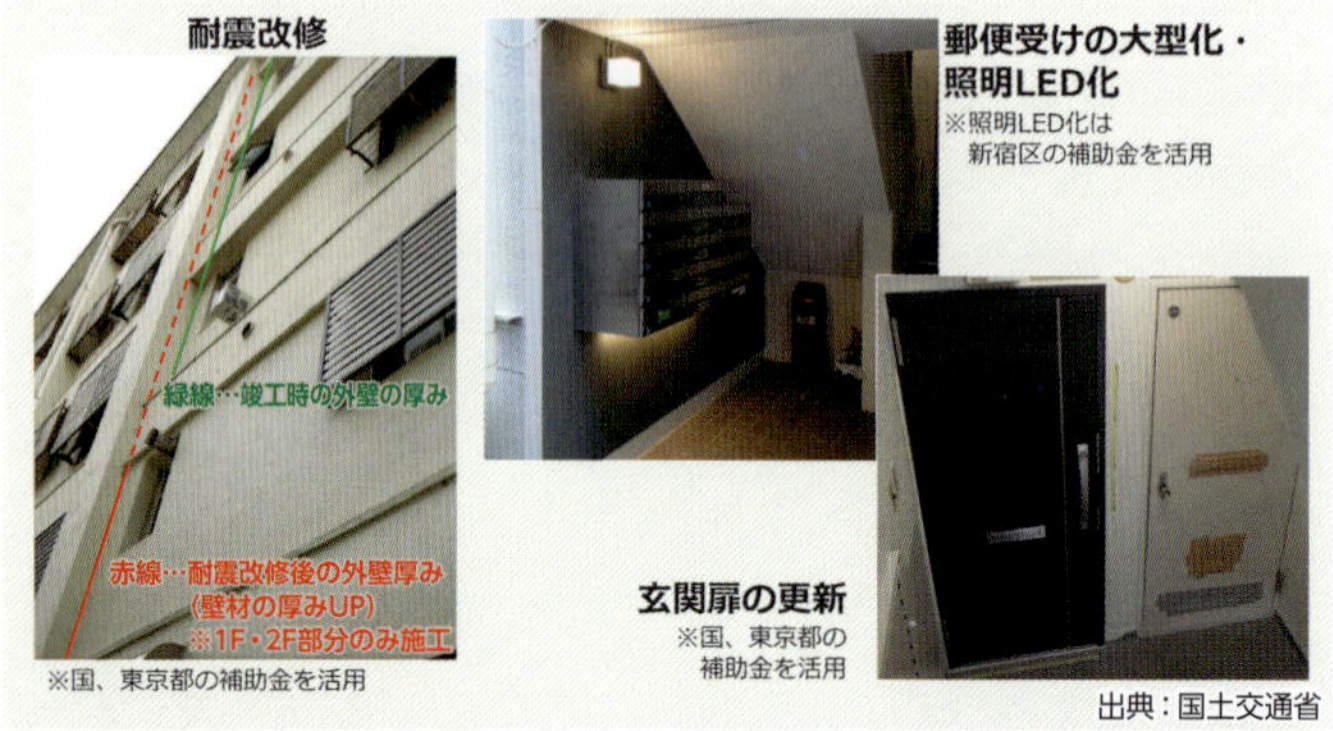

図4 大規模修繕工事に併せて実施した工事の施工例②耐震工事、ポストの取り換え

3回目の大規模修繕を9年かけて3期に分けて実施した事例
1期:雨漏りと給水設備の劣化への対応として給水設備の更新と屋上防水、屋上外断熱
2期:専有部分と共用部分の排水管の更新、耐震補強
3期:外壁塗装や鉄部の塗装、玄関扉の更新、郵便受けを大型に、階段室照明のLED化

表1 3回目の大規模修繕の内容の事例

テナントの方向け、子供向けの説明会です。テナントの人の関心は商売にどんな影響が出るかなどでしょうからそこを重点的に説明したり、また、子供にはこんなことしたら危ないよということを一方的に説明するだけではなく、クイズ形式にしてやり取りをしながら分かりやすく説明するなど、工夫を凝らした事例もありました（図5）。素敵な取り組みですね。また、外国人の居住者向けに外国語での案内をしたという事例や高齢者向けには大きな文字で案内をした（図6）など、区分所有者、居住者、マンション利用者にとって不安は何か、心配事はどんなことかを考慮した説明会を行うとより理解も深まるでしょう。

　さらに、利用者の関心と大規模修繕の満足度を高めるために、皆様の目に付きやすいところに情報掲示板を設置して当日の作業内容を具体的に掲示し、利用者の注意点などを掲示して積極的に情報発信に取り組む事例もありました（図7）。

　このように、区分所有者、居住者に情報を開示することを心掛けているマンションも多くあります。

　こうした取り組みを理事会だけでするのは荷が重く、毎年役員が交代するといったこともあり、大規模修繕のための修繕委員会をつくり取り組む事例も多くなっています。修繕委員会には、区分所有者の中から建築の専門家や理事経験者に参加してもらう事例もあります。

図5　管理組合員等の合意形成・広報周知①こども向け説明会の実施

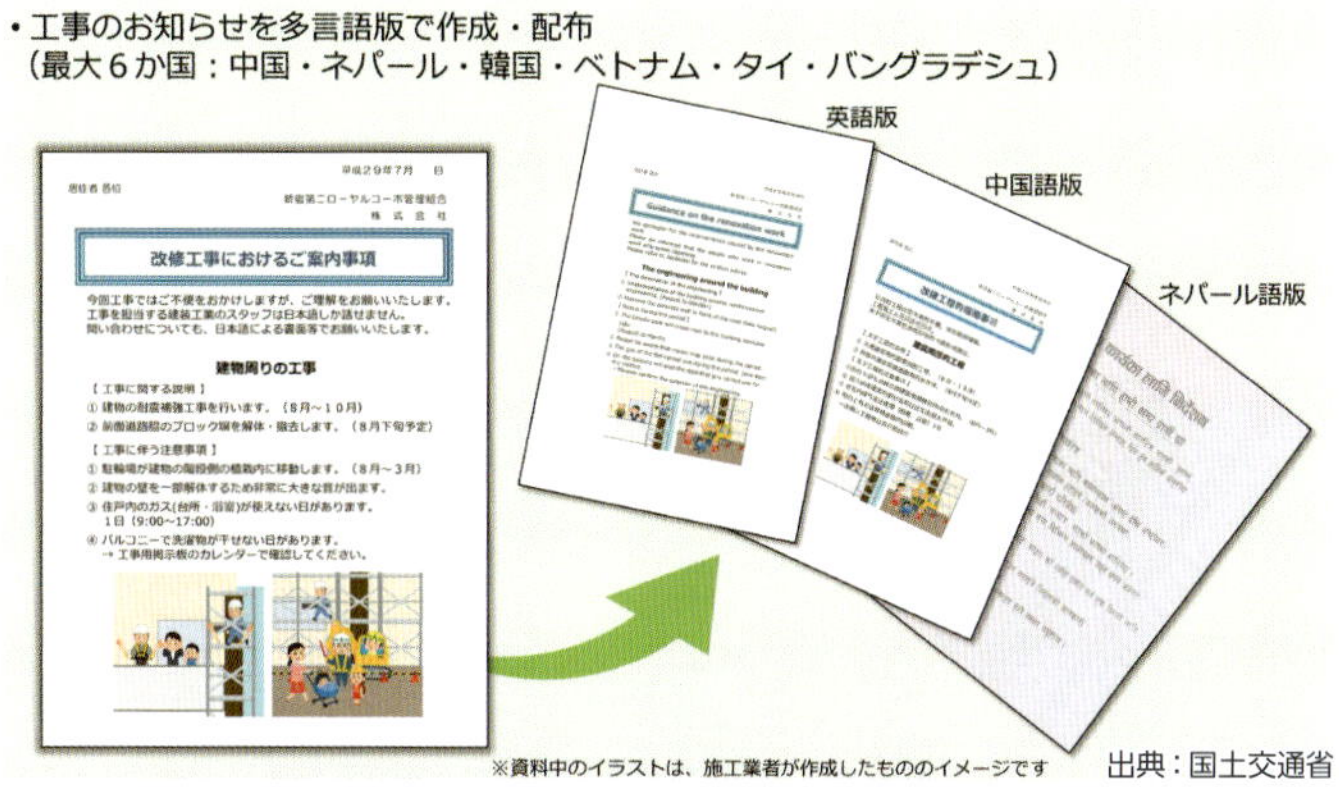

図6　管理組合員等の合意形成・広報周知②多言語版による工事告知

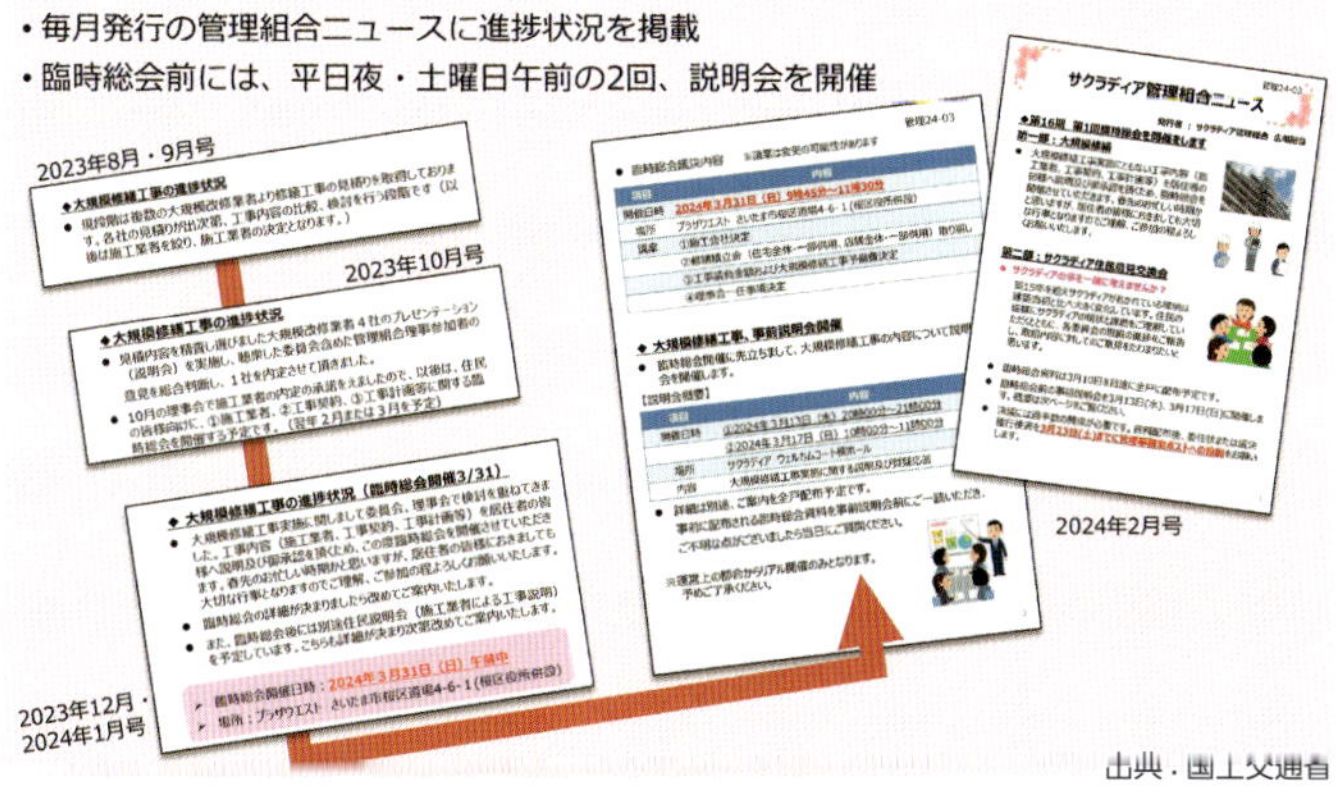

図7　管理組合員等の合意形成・広報周知③管理組合ニュースへの展開等

　合意形成で最も大事なことは、区分所有者、居住者、マンション利用者の皆様に関心を持ってもらうこと、そのためにはぜひ、情報の見える化を積極的に行いましょう。

ポイント4

公平に業者の選定をするにはどうすればいいの？

　不適切コンサルタントや裏金をもらう施工会社などはもってのほかですが、大きなお金が動くだけに、区分所有者の方から疑いの目で見られたら悲しいですよね。そのために、どんな努力をする必要があるのでしょうか。

　工事の進め方には大きく分けて、設計監理方式と責任施工方式があります。責任施工方式は、管理組合と施工会社とが工事設計から施工までを一括して契約する方式です。設計監理方式は、工事設計を施工会社から切り離して設計事務所などの専門家に委託し、そのうえで、施工会社が契約どおりに工事を実施しているかどうかの監督をしてもらう方式です。

　一般的には、区分所有者の皆様は工事のことをよく分かっていない人が多いと思われます。そのため、管理組合に代わり工事を建築の専門家（設計事務所等）がチェックしてくれる設計監理方式で進めることがあります。この場合、工事の設計と監理をする設計事務所等を公募によって選びます。公募で手を挙げてくれた中でどのように選ぶのか。

例えば、設計事務所等が信頼できるかどうか（例えば、リピートの仕事が多いか等）の実績を調べた事例や近所のマンションでの実績を重視した事例があります。さらに、設計監理をする人を決めたうえで、施工会社の設定には一切関与させない事例、リベートを一切受け取らないという誓約書を取り交わした事例などもあります。施工会社の選定も、自分たちのマンションに即した条件を明確にすることが重要です。タワーマンションならばゴンドラで仕事をした実績がある、駅に近いマンションならば、何かあって電車を止めることになってはいけないので駅近くで仕事をした実績がある、マンションの修繕工事の実績が豊富にあるなどです。そして、事業者を公募で募り、担当者によるプレゼンテーションをしてもらい、選定していきます。自分たちのマンションにあった条件を明確にし、その中での決定のプロセスの見える化は大事です。自分のマンションのことをよく考えてくれる会社、経験が豊かで現場で判断できる人が担当者になってくれる会社を選んだという声もあります。

ポイント5 日常的な管理組合の運営って関係ある？

コミュニティを大切に　修繕履歴を

工事を円滑に進めるには、区分所有者と居住者の理解が必要です。その基本として、所有者が誰か分かるように区分所有者名簿の作成と実際に住んでいる居住者の協力も不可欠ですので、居住者名簿も必要です。

さらに、人々の理解を促すためには、コミュニティの形成も大事です。そのマンションに合ったイベント等を行い、人々のコミュニティが形成されれば、災害時にも大いに役立ちます。

こうした日常的な運営で管理組合の基本的な体制を整えておくことが大切です。そして、修繕履歴をしっかりと保存しておくようにしましょう。皆さんのマンションのカルテになります。マンションが生まれた時の状態、その後の維持管理や日々の修繕の状況とあわせて大規模修繕の情報も保管しておきましょう。

ポイント6 専門家の活用って？

専門家のアドバイスを適切に受けることも大事です。過日お伺いしたマンションでは、修繕をどのように進めるかのアドバイスをマンション管理士から受けておられました。マンション管理士とは、区分所有者や管理組合にマンション管理についての助言、指導その他の援助を行う人です（表2）。「マンションの管理の適正化の推進に関する法律（マンション管理適正化法）」（2000年）により生まれた新しい国家資格です。

何から始めればよいのかの説明をお願いし、業者選定の仕方を教えてもらうなどです。第三者の専門家が入ることで、自分のマンションのことが客観的に見られることもあり、かつ他のマンションのやり方なども学ぶこともできます。

ポイント7 誰に相談すればいいの？　役所に行っても意味ある？

誰に相談すればよいのか不安な人もいると思います。そういった方はまずは行政に相談してみましょう。行政にマンション相談の窓口があれば、ぜひ活用していただければと思います。そのほかにもマンション管理センターなどもあります。行政には、マンション管理士等の専門家の無料相談や、無料派遣制度を用意しているところも多くあります（図8）。また、耐震診断や耐震補強、そのほかの省

- マンション管理士とは、マンション管理士試験に合格し、マンション管理士として登録を受け、マンション管理士の名称を用いて、専門的知識をもって、管理組合の運営その他マンションの管理に関し、管理組合の管理者等又はマンションの区分所有者等の相談に応じ、助言、指導その他の援助を行うことを業務とする専門家
- 管理規約、使用細則、長期修繕計画等の素案の作成、区分所有者間のトラブル解決に向けての予備的交渉、大規模修繕工事の計画・実施、居住者の義務違反、管理費の滞納等へのアドバイス、第三者管理者（外部管理者）方式で管理者に、管理組合の理事や顧問になど

表2　マンション管理士

写真1.2.3　築約50年のマンション

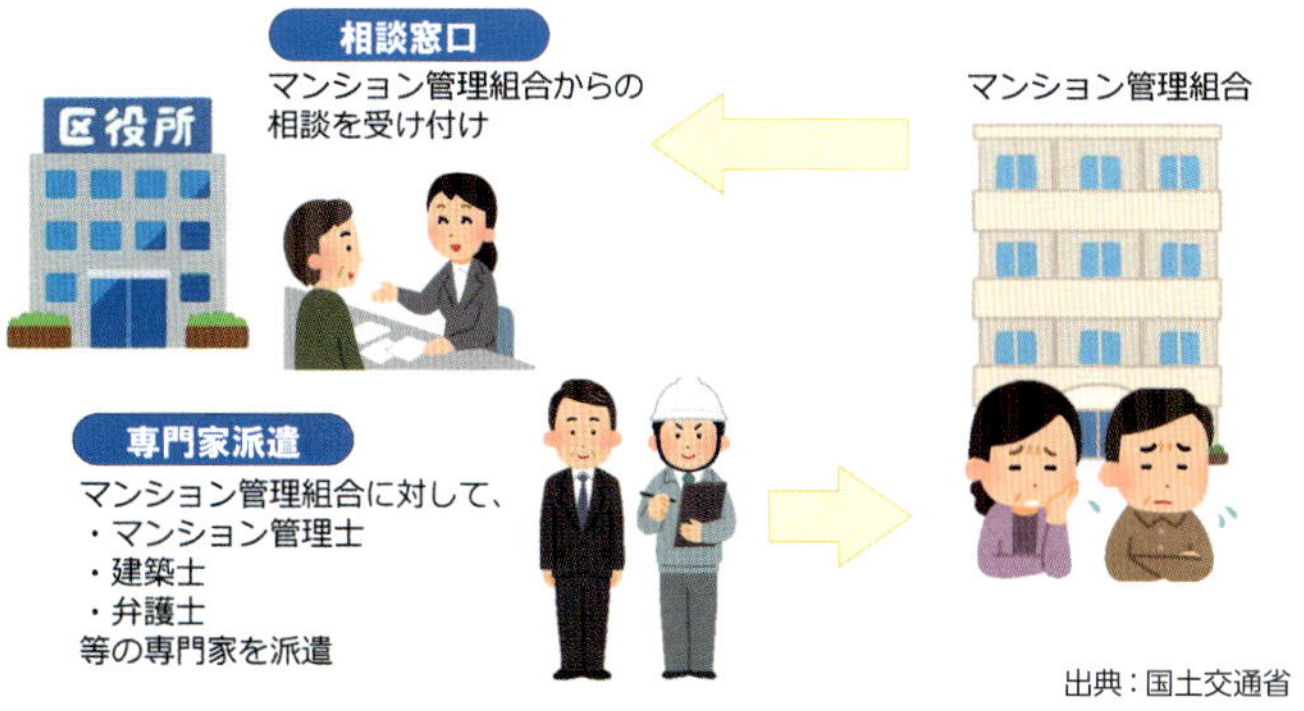

図8　専門家の派遣制度

エネ対策などの補助制度を持っている自治体もありますので、ぜひ相談し、活用するとよいでしょう。

さいごに

築50年以上でも素敵なマンションはいっぱいあります。それは、大規模修繕にしっかりと取り組み、計画的な修繕をきちんとしていることで、建物としてのハードの価値を上げ、大規模修繕を通じての人々のハート♥をつなぐ取り組みをされている場合です。

そしてもうひとつ素敵なマンションに欠かせないのは、長期のビジョンを持っていることです。今、素敵なマンションであることも大事ですが、未来を創る、未来につなげる視点も大事です。未来が描けないと、若い世代には魅力がないですよね。老いぼれたマンションにならないように取り組んでいきましょう。

そのためには日常から適正な管理組合の運営とコミュニティを大事にしましょう。大規模修繕という大きな取り組みには、マンションの皆様の力を合わせることが大事になります。その基本が日常的な運営とコミュニティです。人規模修繕を通じて、ますます皆さんのマンションを魅力的にするための体制をしっかり整えていきましょう。

◇◇◇

本原稿は、2024年10月6日国土交通省主催　マンション管理適正化シンポジウム「どうする？マンションの大規模修繕工事」を参考にしております。関係者の皆様に感謝いたします。

また、国土交通省ウェブサイト「マンション管理適正化シンポジウム（下記二次元コードから）」で当日の内容をご覧いただけます。

資産価値向上のための大規模修繕

建物診断設計事業協同組合理事長　山口　実

資産価値と大規模修繕の関係について、私が著作や講演会で述べてきたことをベースに、改めて整理しながら考えてみたいと思います。時々、「資産価値を向上させる大規模修繕を！」というようなキャッチコピーを見掛けます。しかし「本当に大規模修繕で資産が向上するのだろうか？」と思っている人は多いのではないでしょうか。そもそも、資産価値とはなんなのでしょうか。最近、定義が不明確のままで、資産価値や投資という言葉が語られていることが多くなったように感じます。そこで、資産価値と大規模修繕について、改めて考えてみたいと思います。

　それにしても、新築マンションの高騰が止まらないようです。２０２１年４月に分譲されたあるマンションの最高価格を聞いて驚きました。６２６・９３㎡で67億６，０００万円、坪単価はなんと３，５６４万円です。マンション１棟ではなく、１住戸の金額です。耳を疑うような金額です。このような超高額物件は、マンション全体からすれば特殊な部類になるのでしょうが、一般的なマンション価格の上昇も止まりません。不動産経済研究所が２０２４年初頭に発表した２０２３年の平均価格が、東京23区の前年比39・４％上昇の１億１，４８３万円になり、ついに１億円を超えました。平均ですから、特別な物件の話ではありません。「億ション」が高額マンションの表現である「オクション」ではなくなったということでしょうか。

　新築のこの現象に引きずられて、中古マンションの価格も上昇しています。㈱東京カンテイのデータによれば、特に上昇率が高い東京都心６区（千代田・港・中央・新宿・渋谷・文京）の中古マンションの２０２４年価格は、２０１８年の約１・５倍まで上昇しています。２０１８年に７，３５４万円だった70㎡換算価格が、２０２４年では１億１，１３８万円まで高騰しています。この現象はバブルなのか、特殊なインフレなのか、一時的なのか、これからも続くのか気になるところですが、一つの社会現象として、マンションの投資がブームになり、ネットやメディアでは資産価値という言葉が躍っています。マンションが、当たり前のように資産として語られています。

　一方、「限界マンション」という言葉に代表されるように、諸々の問題を抱えているマンションの話題も尽きません。漏水マンション、荒れる総会、居住者の高齢化、空家の増加、全般的な管理不全、管理費・積立金不足、管理会社撤退等々、マンションをめぐるネガティブな情報も多く伝えられています。「10万円でも売れないマンション」という例がメディアで取り上げられたこともありますが、67億６，０００万円と10万円、この極端な二極化に戸惑います。しかし冷静に考えてみると、それらの話は極端な話であって、ほとんどの人は贅沢ではなくても、安全で、そこそこ快適で便利な生活をしたいからマンションを購入したはずです。超高額でもなければ超限界でもなく、普通に暮らせるマンションを求めているはずです。現実的には二極化ではなく、超高額マンションと超限界マンションの間にあり、「それなりに暮らせるマンション」が圧倒的多数です。では、どうしたら「それなりの暮らし」を守り、資産価値を守れるのかを考えてみましょう。

マンションの資産価値と生活価値

(1)「耐久消費財」から「資産」へ

マンションが当たり前のように投資の対象になっています。それは、マンションが資産として、不動産として考えてよいと認知されてきた証なのでしょう。かつては、「マンション30年寿命説」が横行していました。つい、20～30年ほど前のことです。それなりの識者が、なんの根拠もなしに堂々と「マンションの寿命は30年」と述べていました。おそらく、住宅の建て替え年数が30年程度であったことや木造住宅の法定耐用年数が22年であることが影響したのでしょう。「住宅」の寿命は純粋に物理的劣化によるものより、むしろ相続等の土地の事情、人間の事情によることのほうが多いと思われますが、そのことを無視して「マンション30年寿命説」が流布されていました。「住宅」を「マンション」に置き換えていたと思われます。マンションは鉄筋コンクリート造であり、鉄筋コンクリート造では、地震や極端な欠陥建築物を除けば、自然崩壊したものは皆無です。鉄筋コンクリート造のマンションは、基本的に長寿命です。我々の寿命より長寿命です。

「マンション30年寿命説」のように、マンションを耐久消費財として考える風潮は今でもありますが、マンションを不動産・資産としてとらえることが徐々にですが、多くなってきました。そこには、新築されるマンションの質の高さがあります。また、それらの技術的な進化だけでなく、貴重な土地を有効に使用したいという社会的ニーズに沿う供給が増えたことも見逃せません。マンションは、資産になったのです。ただし、その最低限度の条件としては、長寿命であることが求められます。

(2)資産価値とは「売れる価値」と「貸せる価値」のこと

では、改めて資産価値とは何かを考えてみましょう。資産価値というとあやふやな感じがしますが、資産価値は極めて具体的なものです。それは、数値であり、金額です。資産価値は「売れる価値」と「貸せる価値」の2つのことを示した数値で表します。「売れる価値」は「換金価値」「販売価格」「売却価格」などと呼ばれる場合もあります。ここでは「換金売買価値」とします。「専有面積○○㎡　間取り3LDK　○○線○○駅徒歩○分　販売価格○○○○万円」という表示でお馴染みの販売価格のことです。

一方、もう一つの資産価値は「貸せる価値」です。「その部屋を貸

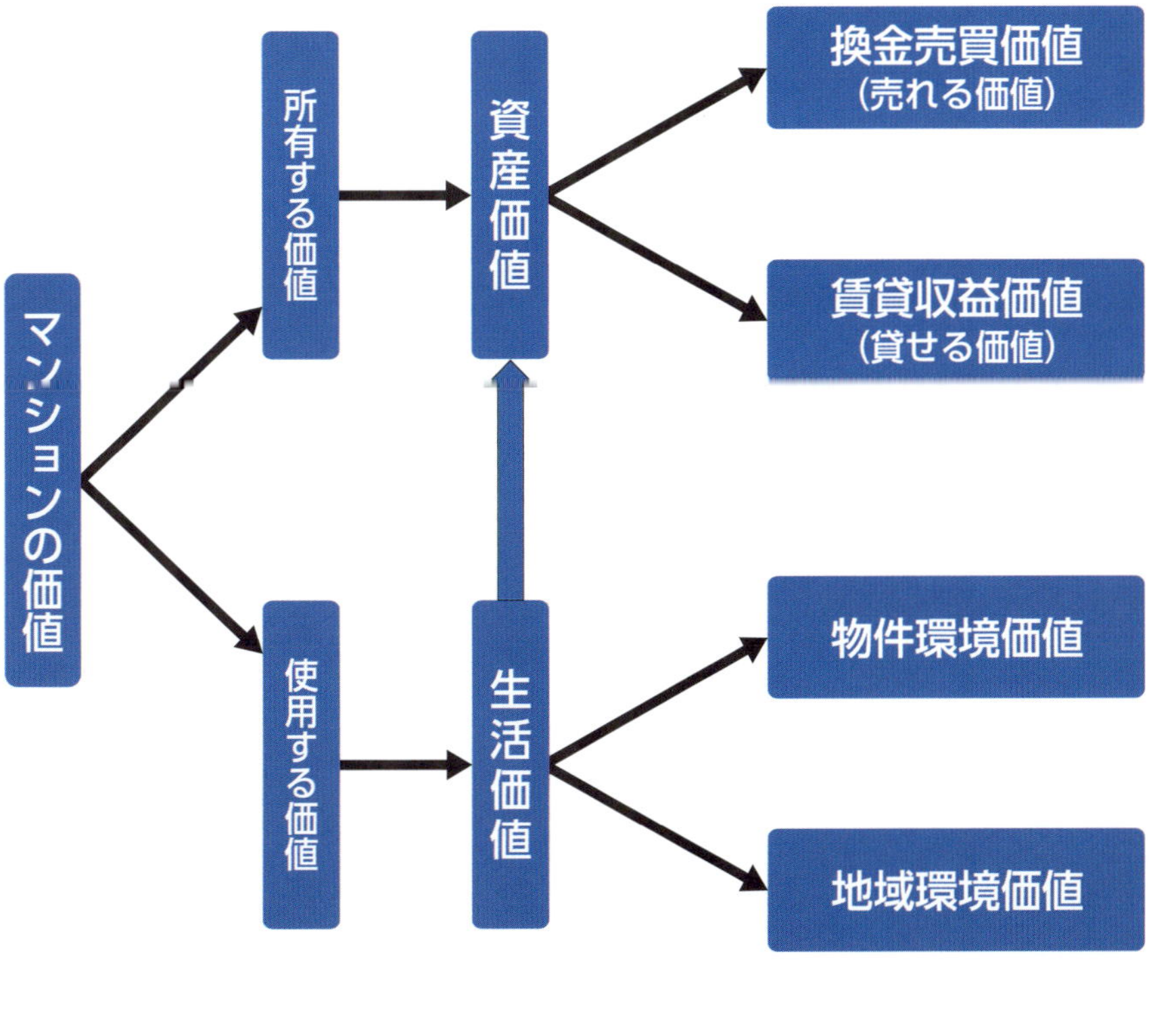

図1　マンションの価値

した場合の家賃」のことです。「賃貸収入価値」「家賃収入価値」などと呼ばれます。この数字がもう一つの資産価値です。ここでは「賃貸収益価値」とします。

(3) 生活価値とは「そこで生活する価値」のこと

資産価値について考えるとき、私は、以前から「生活価値」という概念を導入して整理してきました。これは、「そこで生活する価値」もしくは、「生活できる価値」のことです。極端に言えば、たとえ資産価値0円でも、そこで暮らせれば生活価値は存在します。他人にどう見えようが「住めば都」です。ただし、生活価値は、安全なのか、便利なのか、快適なのか等の生活の内容が問われ、比較されます。生活する価値こそマンションの本来の使用価値であり、生活価値がなければ資産価値はありません。資産価値のベースは生活価値であり、生活価値を分析することが資産価値向上に求められることです。

そのマンションの生活価値は、私は、以下の2つによって構成されると考えます。

それは、

① 地域環境価値：マンションが存在する地域の総合的環境による生活の価値のこと

② 物件環境価値：マンションの敷地・建物および付属施設の性能や保全の状況等その物件固有の環境による価値のこと

「地域環境価値」「物件環境価値」と耳慣れない用語を使いましたが、生活価値とは、これら二つの価値、すなわちマンションが存在する地域とマンション（物件）自体の環境価値によって成り立つことを示しています。

(4) 生活価値を数値化したものが資産価値

そこで、どのようなことが生活価値に求められるかを考えてみます。**表1**は、国土交通省「令和5年度マンション総合調査」の「マンション購入の際に考慮した項目」を参考に作成したもので、マンションを購入するときにどのようなことを考慮して物件を購入したかというアンケート結果（複数回答可）です。それを、「地域環境価値」と「物件環境価値」のどちらの項目なのかを表中の「○」で示しました。

「マンションの資産価値は立地

表1　マンション購入の際に考慮した項目（国土交通省「令和5年度マンション総合調査」）
（※地域環境・物件環境対応表（右）は筆者作成）　※複数回答可

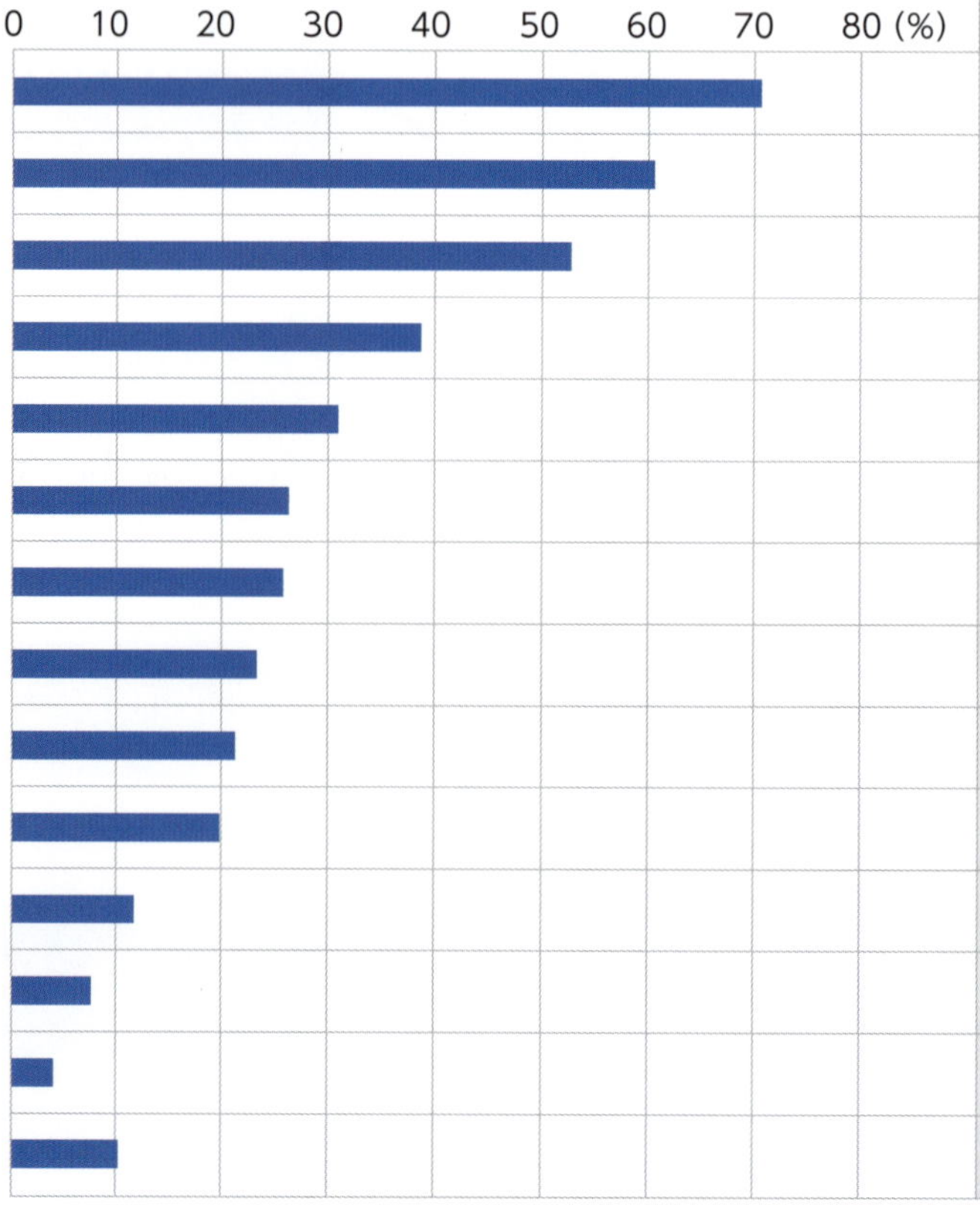

項目	地域環境	物件環境
1. 駅からの距離など交通利便性	○	
2. 間取り		○
3. 日常の買い物環境	○	
4. 周辺の医療福祉教育等の公共公益施設の立地状況	○	
5. 眺望	○	○
6. 築年数		○
7. 周辺の自然環境	○	
8. 建物の耐震性能		○
9. 建物の防犯性能		○
10. 専有部分内の設備		○
11. 共用部分の維持管理状況		○
12. 共用施設・サービスの充実		○
13. 地域やマンション内のコミュニティ活動	○	○
14. その他		

が9割」といわれています。東京などの大都市では、「駅近物件」がとにかく人気で、「徒歩10分の壁」といわれるように、この調査でも第一位は「駅からの距離など交通利便性」です。これは、地域環境であり、同じように「日常の買い物環境」「周辺の公共公益施設」「自然環境」が上位を占めます。つまり、マンションを購入するときは、地域環境を、街を優先的に買っていることになります。さらに、間取りや築年数、耐震、防犯、専有部分の設備、共用部分の維持管理等の物件環境を考慮して購入します。当然のことですが、マンションは地域や物件の生活価値を比較検討して購入されています。個々の生活価値は数値化しにくいのですが、そのトータルな価値を数値化したのが資産価値＝「売れる価値」であり、「貸せる価値」です。資産価値は生活価値の表現形態といえます。

生活価値向上と保全行為

⑴ マンション競争の時代

資産価値向上のポイントは、生活価値の内容にありますが、**表1**で上位を占める、地域環境や眺望を向上させることは事実上不可能です。しかし、耐震性能、防犯性能、専有部分の設備、共用部分の維持管理等については、区分所有者の意思、意識が反映され、向上も可能な項目です。とりわけ、建物の美観や性能を維持するための「共用部分の維持管理状況」が問われるでしょう。ところが、**表1**で購入時に「共用部分の維持管理状況」を考慮したのが12％に留まっている状況にあります。購入後に、何らかの維持管理上の問題点に気づき後悔した話を過去に多く聞かされてきましたが、事前に情報を得られる方法が、ほぼなかったのも事実でしょう。そこで、国土交通省では、令和4年から「管理計画認定制度」を開始し、既存マンションの管理状況等について評価認定することによって、今後、管理の適正化の向上と市場の適切な評価ができることを目指しています。

また、同じような制度ですが、（一社）マンション管理業協会では「マンション管理適正評価制度」を開始しました。これは、個々のマンションの修繕積立金の収支、劣化対策、管理規約等々の管理状況を開示するもので、それを等級区分でランク付けしており、インターネットで公開されています。

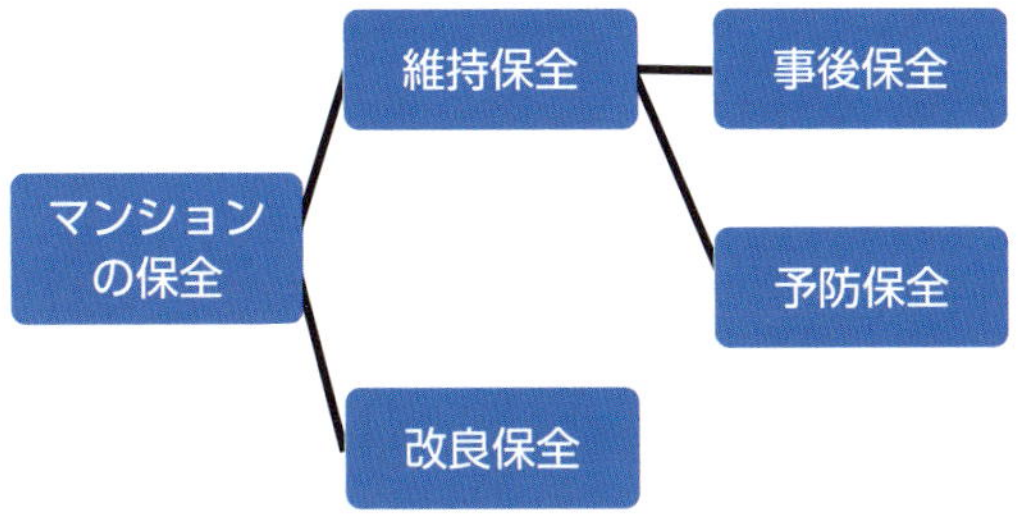

※弊著『図解マンション給排水の知識101』より

図2 マンションの保全

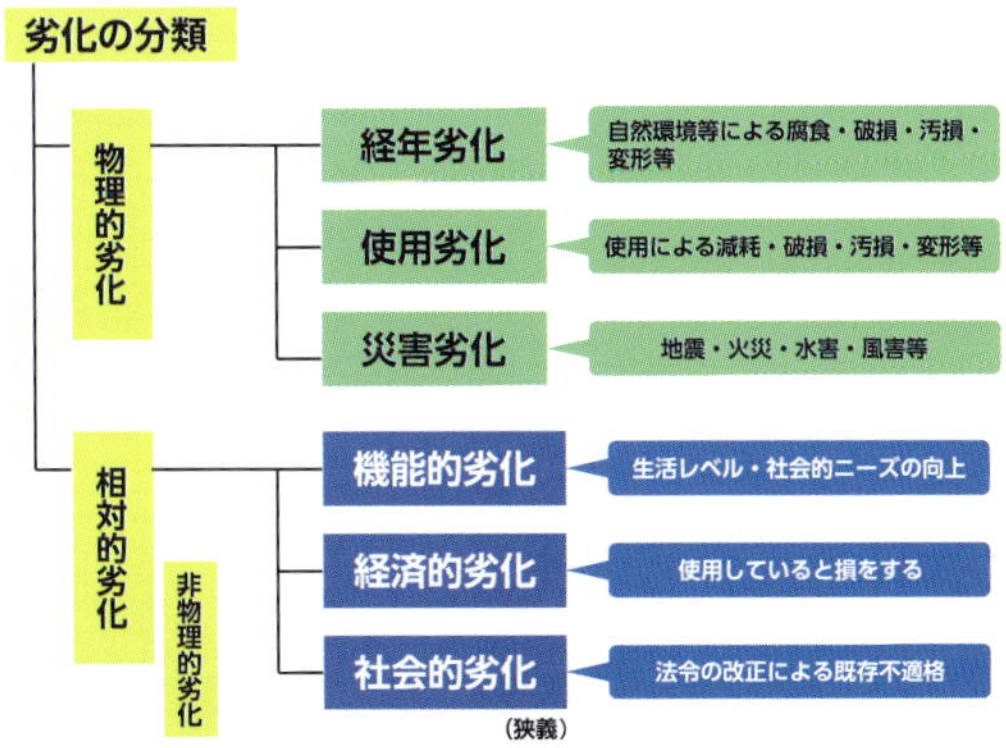

※弊著『図解マンション給排水の知識101』より

図3 劣化の分類

いずれの場合も、まだ開始されてから年月が短いので、市場にどれだけ反映されるのかは未知数ですが、この2つの制度でも特に問われているのが「維持管理状況」です。これからますます進むマンションの大量ストック時代では、「古くても価値がある」マンションの決め手は維持管理にあります。「マンションは管理を買え」という時代です。そこでは、生活価値の違いが問われ、競争と差別化が進むのでしょう。「住みやすい」マンションであることが評価の対象になり、生活価値が問われてきます。これが、マンション競争の時代のポイントでしょう。

⑵ 相対的劣化

生活価値が、特に維持管理状況が問われるのは、何故でしょうか。それは、マンションは劣化するからです。つまり、生活価値は、知らず知らず劣化していきます。汚れたり、漏水したり、断水したり、壁にひびが入ったりします。それらの現象によって、生活が不便・不快になったり、危険になったりします。つまり、マンションは経年劣化しますので、その劣化に対応していくことが大切なことであり、計画修繕等による維持保全が求められます。

　ところで、劣化には、汚れや漏水のような「物理的劣化」だけではなく「非物理的劣化」があることが以前より語られてきました。例えば、新築のマンションに引っ越しした友達を訪ねたときに「ステキ!」と感じてしまうのは、自分が住んでいるマンションと比べて見劣りを感じてしまうからです。物理的には問題ないのに、自分の生活環境が「古臭い」と思ってしまうからです。ですから、「相対的劣化」「社会的劣化」などと呼ぶこともあります。これは、社会の求めていることが進化し、次々と新しいものが供給されて比較してしまうからです。社会が求める生活価値は、法令の改正や技術的進化などにより日々向上していきます。逆説的に言えば、マンションの生活価値は、相対的に劣化していくということです。

生活価値向上を目指す大規模修繕工事

　マンション保全の方法には、維持保全の事後保全と予防保全があります。さらに相対的劣化に対応するためには、「改良保全」という概念を考えることができます。これは、変化する社会ニーズにあわせて改良しようというもので、建築時の性能（初期性能）より進化した性能を付与するものです。相対的劣化に対応していくには、改良保全により生活価値を向上させていくことが大切になります。それは、着実に長寿命化につながり、資産化に貢献するでしょう。

　一般に、**図4**のように、劣化した状況を新築時の初期性能の水準まで回復することを「修繕（狭義）」、それ以上に相対的向上に対応していくことを「改良」といい、修繕＋改良を「改修」と定義することができます。

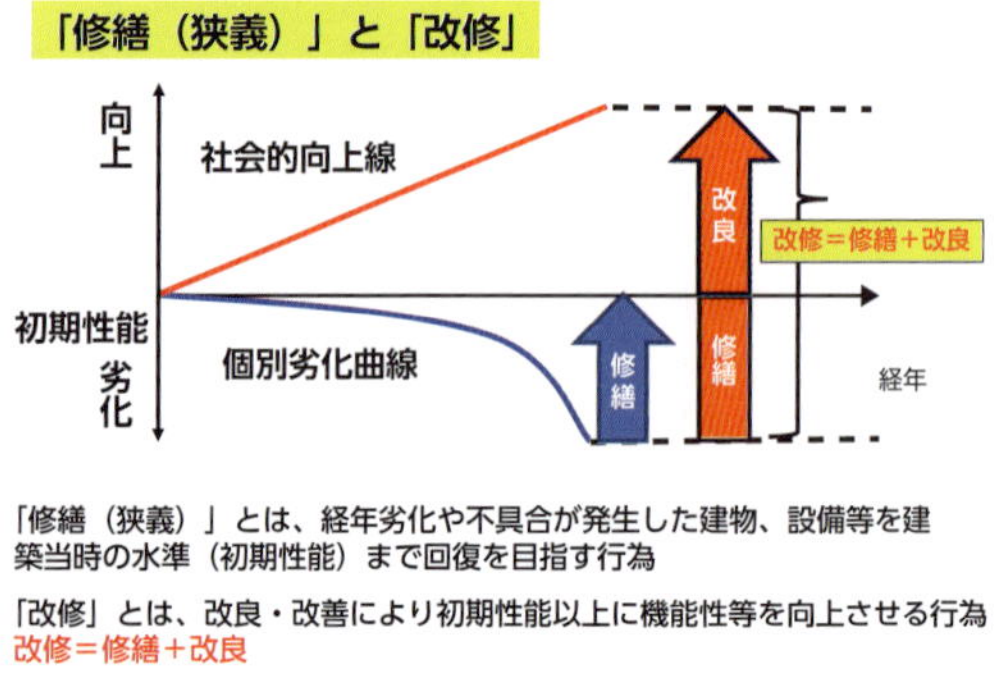

「修繕（狭義）」とは、経年劣化や不具合が発生した建物、設備等を建築当時の水準（初期性能）まで回復を目指す行為
「改修」とは、改良・改善により初期性能以上に機能性等を向上させる行為
改修＝修繕＋改良

図4　「修繕」と「改修」

(1)改良保全そのⅠ
「屋根防水」の例
〜省エネ・環境対応〜

　ここで、大規模修繕工事における屋根防水の例で考えてみましょう。防水機能という基本性能に、時代の進化によって断熱性能や遮熱性能を付与することによって、省エネや快適性等を向上させ、あわせて地球環境対応の向上を図り、生活価値を上げるような改良を施すことが増えています。さらに、太陽パネルの設置等屋上の有効利用や設備改修等も施します。これらは、マンションの長寿命化に貢献できるでしょう。

屋根防水の例では、

防水工事（基本性能）＋断熱・遮熱工事（改良保全）＝
断熱防水改修工事

となります。

(2)改良保全そのⅡ
「外壁複合改修工法」の例
〜「部分」から「全体」へ〜

　外壁修繕工事は、大規模修繕工事の中心テーマの一つです。爆裂欠損、ひび割れ、タイルの浮きなどの下地補修や目地の不具合等々が大規模修繕工事で重要な工事として扱われてきました。その多くは、補修です。エポキシ樹脂注入であり、アンカーピンニング、タイル張替えが主流でしょう。これは、いずれも「補修」であり、部分的な初期性能回復を目指すものです。

　生活価値を向上させる外壁の改良工事の例としては、「外壁複合改修工法（ピンネット工法）」があります。『JAMS建築保全標準・同解説（日本建築学会　2021年2月25日）』には、「陶磁器質タイル仕上げの補修・改修工法」の解説に、「アンカーピンニング部分・全面エポキシ樹脂注入工法や陶磁器質タイルの部分・全面張替え工法は、エポキシ樹脂やポリマーセメントモルタルの接着に頼る不確実さが拭えないため、初期性能までの回復にとどまる。」とあり、初期性能より安全性の信頼が高い改良保全の方法として「外壁複合改修工法」を紹介しています（**図5・6**）。

　これは、補修工事から改良工事への視点の変化であり、補修箇所のみを工事の対象とする「部分」から、壁全体を対象とする「全体」への変革です。注入やピンニングによる補修はその部分だけに工事

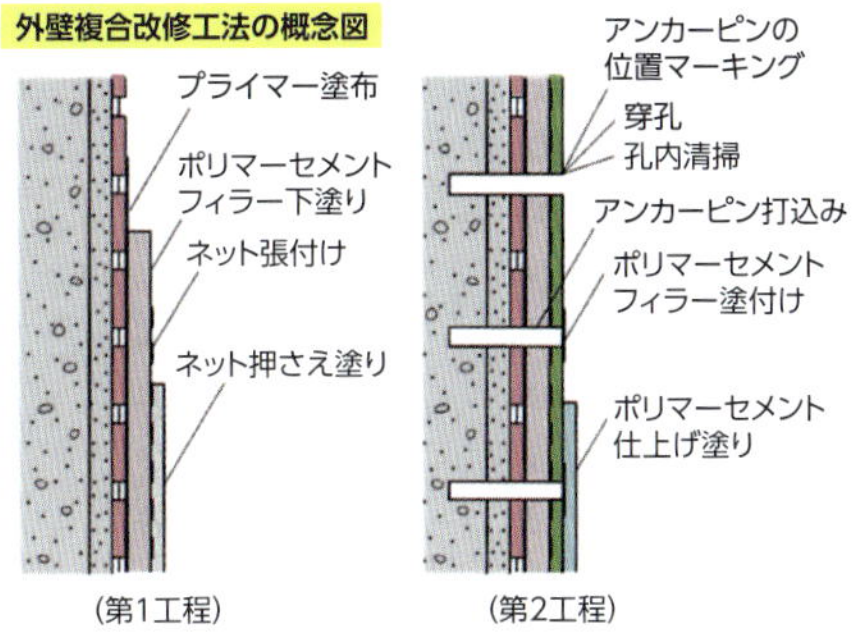

※一般社団法人外壁複合改修工法協議会 ホームページより

図6 外壁複合改修工法

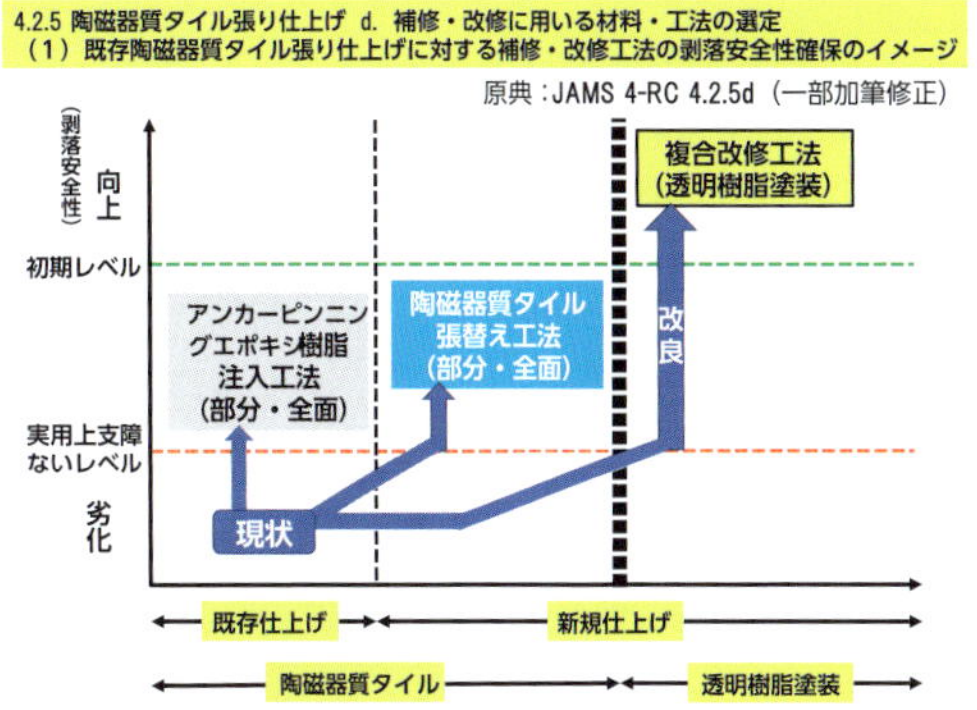

図5 外壁複合工法の剥落安全性確保のイメージ（日本建築学会）

を行いますが、その他の部分は基本的に補修しません。つまり、部分補修であり、他の部分の剥落等のリスクは少なくなっていません。タイルの部分張替えも、診断した結果に基づき部分的に張替えを行うものですから、他の部位のリスク軽減にはなっていません。マンションを資産と考えた場合には、健全な生活価値が相当長い期間保証されていることが求められます。それには、「部分」ではなく「全体」で捉えることが必要です。

(3)改良保全そのⅢ 「給排水管更新工事」の例

～大幅な長寿命化策～

「部分」から「全体」ということでは、漏水箇所を修理するなど、給排水設備は「部分」的対応が多く、事後保全に該当するケースが日常的であり、一般的でしょう。ですが、修繕した箇所以外の事故リスクは軽減しません。むしろ、どこかで事故が発生したのですから、その他箇所の漏水等のリスクは高くなっていると考えられます。それは、生活価値の低下につながります。最近の給排水設備改修工事は、専有部分内の配管を含めて「全体」的に更新するケースが多いのですが、これは、マンション全体のリスク軽減により生活価値を向上させ、大幅に長寿命化を図る改良保全であり、「部分」から「全体」の典型的な事例です。

では、給排水設備更新工事によって、何が改善され、生活価値の向上になるのでしょうか。主な項目を表2に記します。

(4)改良保全そのⅣ 「省エネ対策」

～住宅の暑さ対策はもはや必須事項～

2024年は35℃以上の猛暑日が長く続き、私たちは、今までにない暑い夏を経験しました。その暑さに対する対策は、もはや急務と言えるでしょう。先に示した屋根防水は、「省エネ基準」が新築年度で異なっていますので、それを確認して、屋根防水を計画するときには、断熱防水＋遮熱を強化することを検討すべきでしょう。これは、もはや生活には欠かせない必須事項と考えていいのではないでしょうか。

また、窓サッシ、玄関ドア等開口部の改善も効果が大きいので、有効な手段であり、国土交通省や地方自治体で補助金が設定されて

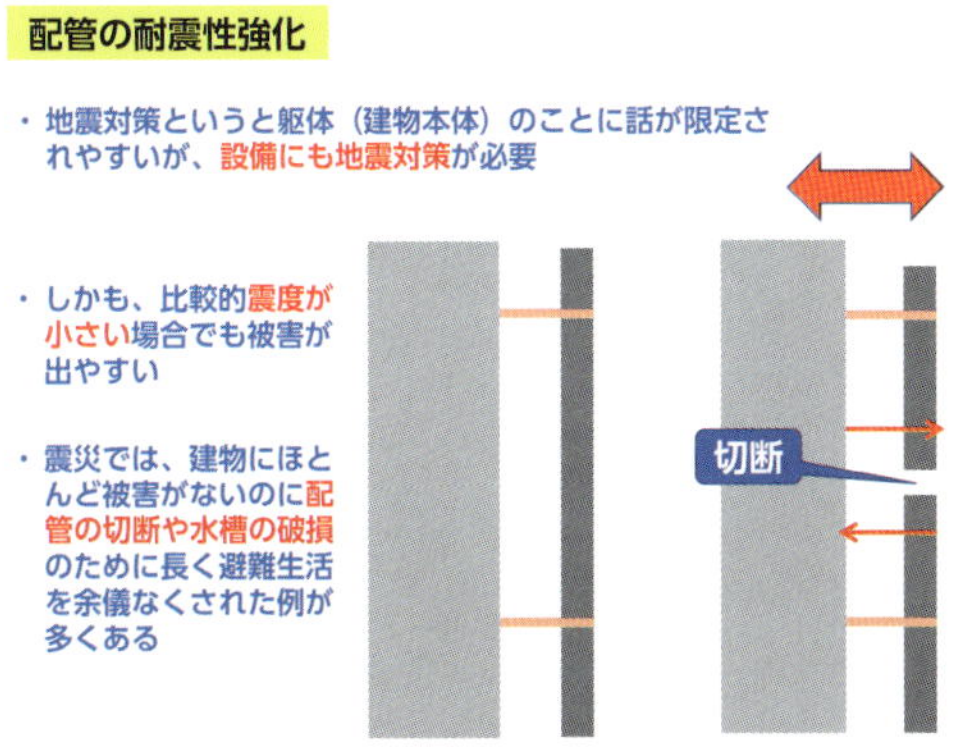

図7 給排水設備更新工事：耐震性の強化

表2 給排水設備更新による改善項目

給排水設備更新工事による改善項目
① 最新の高耐久な配管材料によって、配管の長寿命化が図れる
② 漏水、断水、排水不良等の事故発生とそれによるトラブルが極端に軽減化される
③ 耐震性、耐火性、快適性等を強化できる
④ 以上の改善によりランニングコストが軽減化され、心配事も減る
⑤ その他

いることもあるので合わせて検討してみたいところです。

(5)改良保全そのV
水害対策も必須事項

　2024年の夏を賑わせたのは、全国的で連続的な猛暑に関することと並んで、水害のニュースでしょう。「線状降水帯」とか「ゲリラ豪雨」という言葉が連日語られ、川のようになった道路で自動車が立ち往生する光景に見慣れてしまったことにゾッとします。

　2019年に千葉、神奈川、東京を直撃した台風による被害で、タワマンをはじめマンションへの浸水、停電が発生したことが話題になりました。水害は地域の整備状況によるところが大きいですが、マンションとしても、**表3**のような最低限度の対策をしたいものです。

表3　マンションにおける水害対策の例

マンションにおける水害対策の例
① 必要箇所に止水板を設置して、外部からの浸水を阻止する
② 地下や1階の低い箇所に変電室や電気関係の制御盤・配電盤等がある場合は、高い場所に移設する等の対策を行う
③ 敷地埋設管の雨水枡や配管に不具合がないか調査して改善する
④ 万が一、冠水や停電になった場合に備えた準備をする
⑤ その他

(6)その他の改良保全

　大規模修繕で改良したい事項は多くあります。特に、高経年マンションほど多くなるのが一般的です。ところが、予算（積立金・借入）は限られていますから、より区分所有者の方々の選択は慎重にしなくてはならないでしょう。そのとき、「何が自分達の生活を豊かにしてくれるのか」という基軸で判断したいです。同時に、不要な工事は行わないという選択も求められるでしょう。生活価値の向上こそ大規模修繕の目的であるべきです。

　ここで、最近、先に示した以外で、検討・実施された大規模修繕での改良事例を**表4**に示します。

　まだまだ改良保全の方法は多くありますが、大規模修繕を行うときには、「資産価値」というあいまいな言葉ではなく、「生活価値」の向上という視点で、それぞれのマンションの事情を考慮して検討してみてください。

表4　その他の改良保全事例

その他の改良保全事例
① 使用率が低下した駐車場を撤去する
② 段差の解消やスロープの設置、防滑強化の床に改善する
③ 防犯・セキュリティを強化する
④ 専有部分内で起きる転倒等の身体的非常事態を外部に報せる方法を検討する
⑤ イニシャルコストだけでなく、ランニングコストを軽減する工事仕様を検討する
⑥ 専有部分内給湯管からの漏水事故増加に対応する全戸給湯管更新工事を検討する
⑦ 次世代や次々世代に魅力あるマンションにする

（参考文献）
○山口 実 著『図解マンション給排水の知識101（2005年12月発刊）』経済調査会
○山口 実 著『マンション修繕費用04前期版（2003年11月発刊）』から『大規模修繕工事の概要』
○山口 実 著『積算資料ポケット版マンション修繕編2006前期（2005年11月発刊）』から『マンション再生とそのメニュー作り』
○後藤 一仁 著『東京で家を買うなら（2014年12月発刊）』自由国民社
○牧野 和弘 著『なぜマンションは高騰しているのか（2024年3月発刊）』祥伝社
○朝日新聞取材班 著『朽ちるマンション老いる住民（2023年1月発刊）』朝日新聞出版
○榊 淳司 著『マンション格差（2016年9月発刊）』講談社

マンション大規模修繕の
基礎知識

28……大規模修繕
32……給排水設備改修
38……耐震改修
42……超高層改修
46……省エネ改修

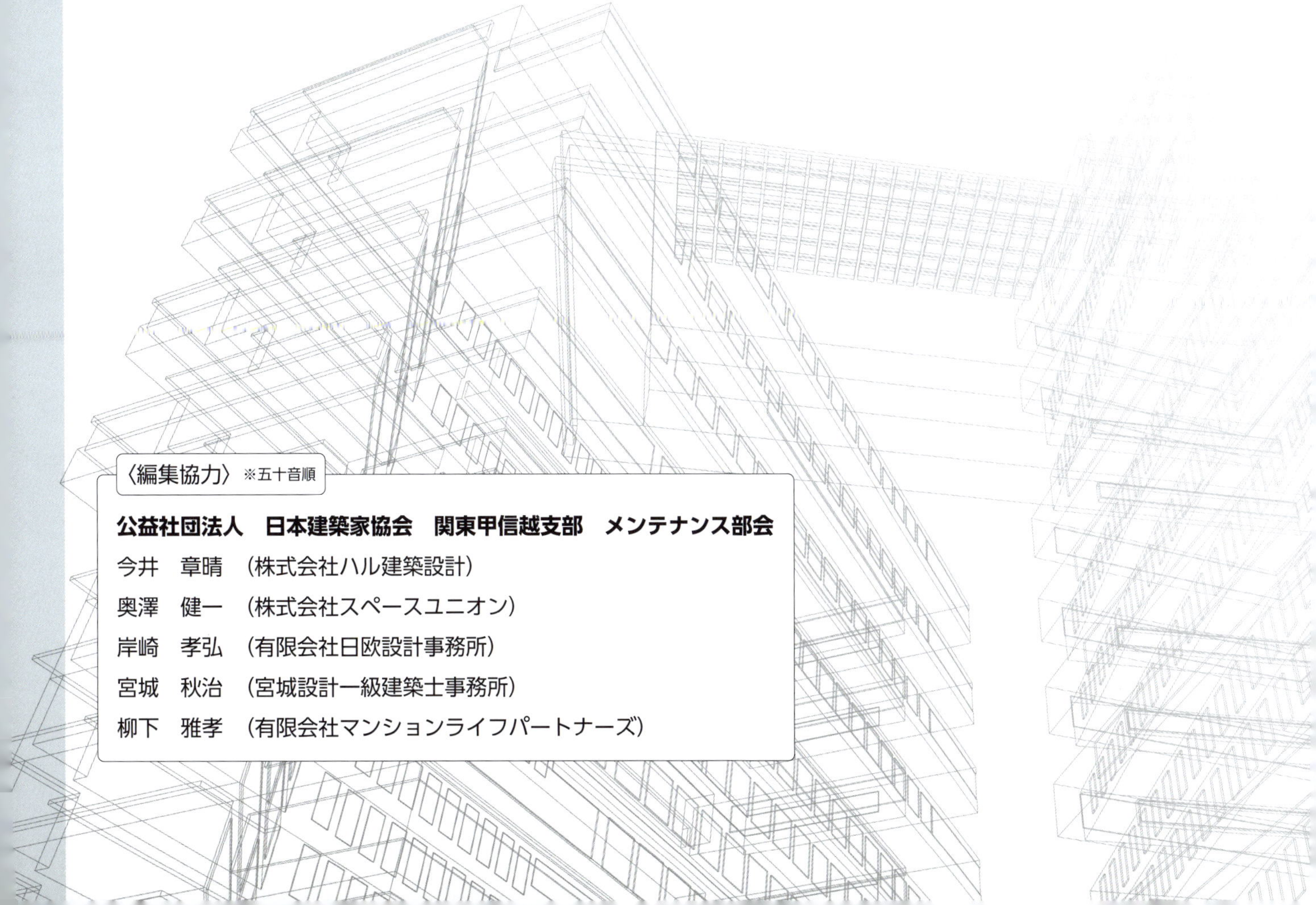

〈編集協力〉※五十音順

公益社団法人　日本建築家協会　関東甲信越支部　メンテナンス部会

今井　章晴　（株式会社ハル建築設計）
奥澤　健一　（株式会社スペースユニオン）
岸崎　孝弘　（有限会社日欧設計事務所）
宮城　秋治　（宮城設計一級建築士事務所）
柳下　雅孝　（有限会社マンションライフパートナーズ）

マンションとは

初めての東京オリンピックの2年前にあたる1962年に「建物の区分所有等に関する法律」（区分所有法）が制定されます。それまでの民法では一つのものに一つの所有権があるのが原則だったので、当時すでに分譲が始まっていたマンションを法律が後追いで定義した格好になりました（**写真1**）。

写真1　昭和30年代後半の第一次マンションブームの頃に建てられたヴィンテージ分譲マンション

区分所有者が所有する「専有部分」と全員で共有する「共用部分」が明確に示されたのです。マンションという言葉が法律に初めて現れたのは2000年の「マンション管理の適正化の推進に関する法律」（マンション管理適正化法）です。マンションの定義は「二以上の区分所有者が存する建物で人の居住の用に供する専有部分のあるもの」などになりますが、一般的には、3階建て以上の分譲共同住宅で鉄筋コンクリート造、鉄骨鉄筋コンクリート造、鉄骨造のものです。2023年末時点で全国におよそ704万戸あり、約1,500万人が暮らしているといわれています。

都心の中央区と千代田区では世帯数に対するマンション戸数が80％を超えているほどに、マンション住まいがごく当たり前のようになりました（**図1**）。

管理組合の役目

マンションが誕生するのと同時に構成されるのが管理組合です。区分所有者の全員で建物などの管理を行わなくてはなりません。管

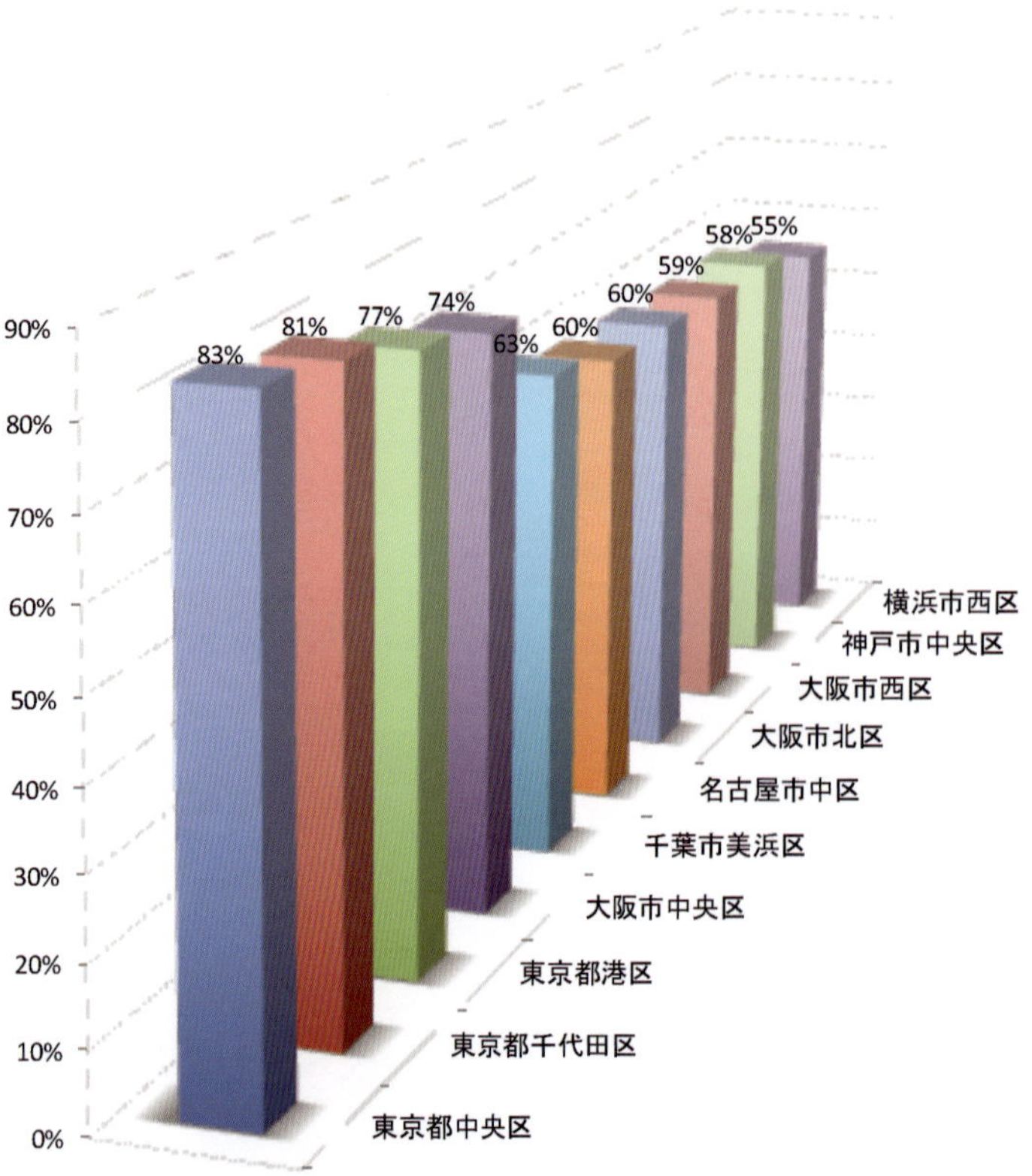

図1　行政区別マンション化率

「東京カンテイ　プレスリリース／全国主要行政区2023年マンション化率」より

理組合の意思決定は「総会」において多数決で決まります。決算や予算などの一般的な議事については2分の1以上の「普通決議」で決まりますが、規約の変更や共用部分の変更などの重要な議事は4分の3以上の「特別多数決議」が必要です。マンションの大規模修繕で形状または効用が著しく変更されなければ2分の1以上、増築や用途変更など伴う場合は4分の3以上の賛成が必要となります。総会で選ばれた理事によって理事会が構成され、管理運営を担っていきます。互選によって理事長や副理事長、会計担当、広報担当、施設担当、防災担当などの役職が割り振られます。大規模修繕となると発意から工事まで3年くらいはかかる事業なので、ぜひとも理事会の諮問機関として修繕委員会などの実行組織をつくるようにしてください。任期は最低でも工事が終わるまで、できれば工事が終わっても継続していけると理想的です。工事後の1年目、2年目、5年目といった定期点検で立ち会えれば管理組合の権利を強く主張できます（図2）。

3つの劣化

マンションにおける維持管理の目的は、安全、安心で快適な居住環境を確保することです。このため経年劣化を適切に判断し修繕して保全することで安全性を確保するとともに資産価値を守り、社会的な要請や居住者のニーズにも応えていかなくてはなりません。経年劣化は3つの視点で捉えることができます。

①物理的劣化

コンクリートのひび割れや中性化、給水管や排水管の腐食などの物理的な経年劣化をいいます。一般的には経年劣化とは物理的劣化のことを意味しています。放置しておくと水漏れやコンクリートの落下など、重大な事故につながってしまいます。早期に見つければ修繕や改修によって物理的に修復が可能な劣化ともいえます。

②社会的劣化

外観のデザインや設備の性能が時代遅れとなり陳腐化してしまったり、法令が改正されることにより既存不適格になるなど、社会の変化や居住者のニーズなどマンションを取り巻く状況が変わることで相対的に劣化することをいいます。既存不適格の建物は今のままの使用を原則的には認められていますが、耐震基準や消防法など居住者の生命に関わる事項は新しい

- **管理組合の執行部として「理事会」を設置し、必要に応じて専門委員会を設置する**
- **管理会社は「管理業務」を委託された会社**
- **管理組合の主要な資金は「管理費」「修繕積立金」**

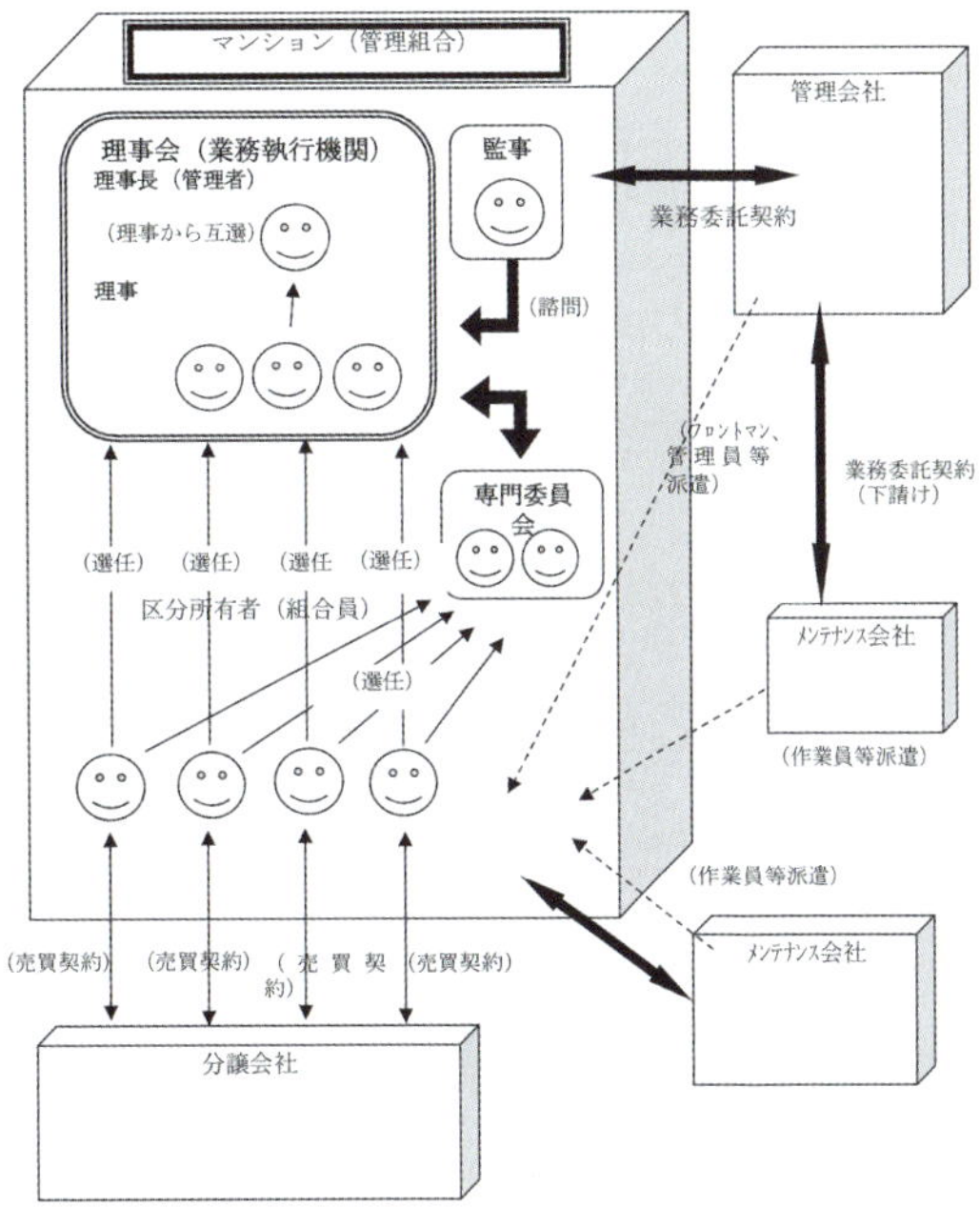

図2　管理組合の組織体制

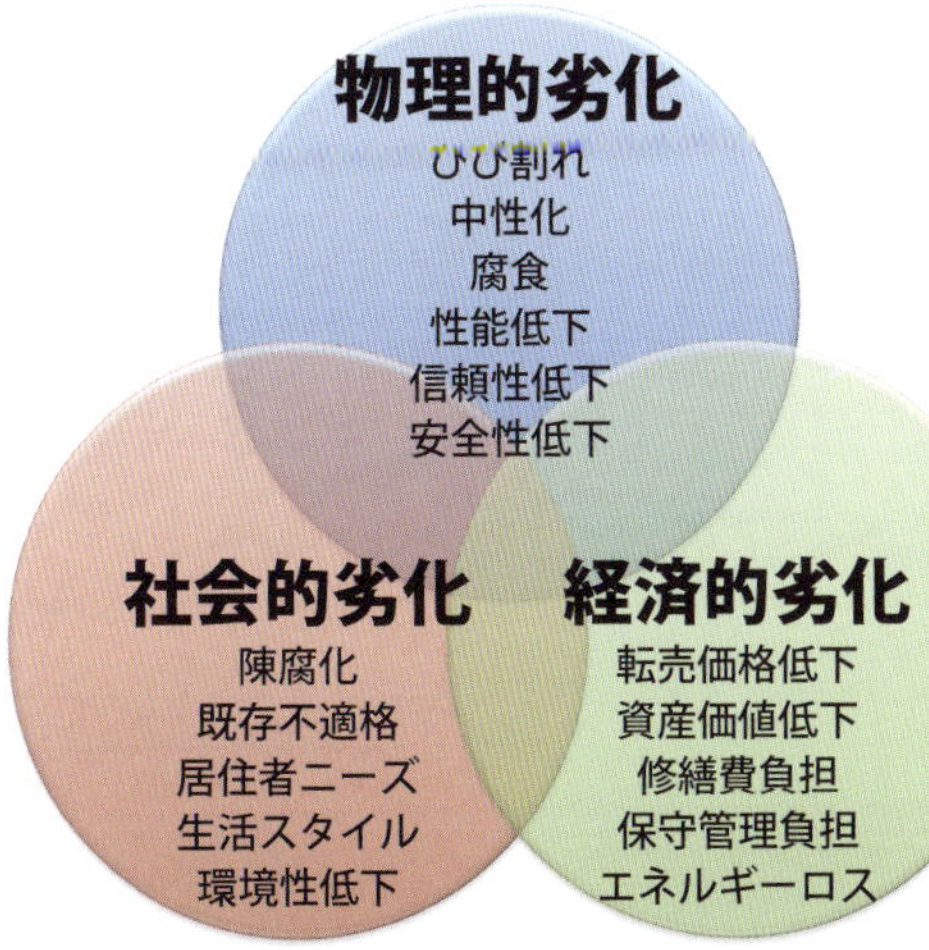

図3　3つの経年劣化

基準や法律に適合させる義務を負っています。

③経済的劣化

資産としてマンションを捉えたときに、転売価格が将来の修繕費を下回った時点で経済的な劣化が進んだものと見なされます。バブル経済期には転売価格が当初の分譲価格の2倍や3倍に跳ね上がり経済的劣化は逆行する動きを示しましたが、地価の高騰が招いた現象にすぎません。維持管理が行き届かなければ不動産の評価も下がって、さらなる管理不全に陥る恐れもあります。

現実にはこれらの3つの要因がお互いに関係し合い、さらに居住者の心理的な要因も作用してマンション全体の経年劣化として現れてきます（**図3**）。

計画修繕の考え方

区分所有されたマンションでは共用部分と専有部分で修繕する主体と費用の出処が異なります。管理組合が大規模修繕を行う範囲は共用部分で、費用は修繕積立金から支出されます。区分所有者がリフォームを行える範囲は専有部分で、費用は個人負担となります。修繕積立金は長期修繕計画を根拠にして設定されていて計画修繕以外には使うことのできない大切なお金です。管理や点検、清掃など、日常的に使う管理費とは会計をはっきりと区分しているのです。駐車場会計で余剰が出れば修繕積立金会計に繰り入れることができますが、管理費用が不足するからといって修繕積立金を管理費会計に繰り入れることは絶対にできません（**図4**）。

計画修繕の考え方は経年とともに必然的に低下していく建物の性能を計画的な修繕や改修を施すことにより初期の水準や社会が向上していく水準に引き上げていこうとするものです。一般的なマンションではおよそ12～15年の周期で大規模修繕を繰り返していくことが基本となっています。1回目の大規模修繕は築12～15年くらいですからまだ新しいままです。目標は新築時の姿に戻す程度なので、コンクリートの劣化を直して、タイルの浮きも手当てして、塗装工事や防水工事などにとどまります。2回目の大規模修繕は築24～30年くらいです。各所の傷みがそれぞれに進行しています。玄関ドアやアルミサッシなどもいろいろな不具合を呈してきます。修繕する程度が大きくなり項目も広がり、性能を向上させる意識も求められてきます。3回目の大規模修繕は築36～45年くらいですからこの頃になると給水管や排水管など設備の多くが対象に加わってきま

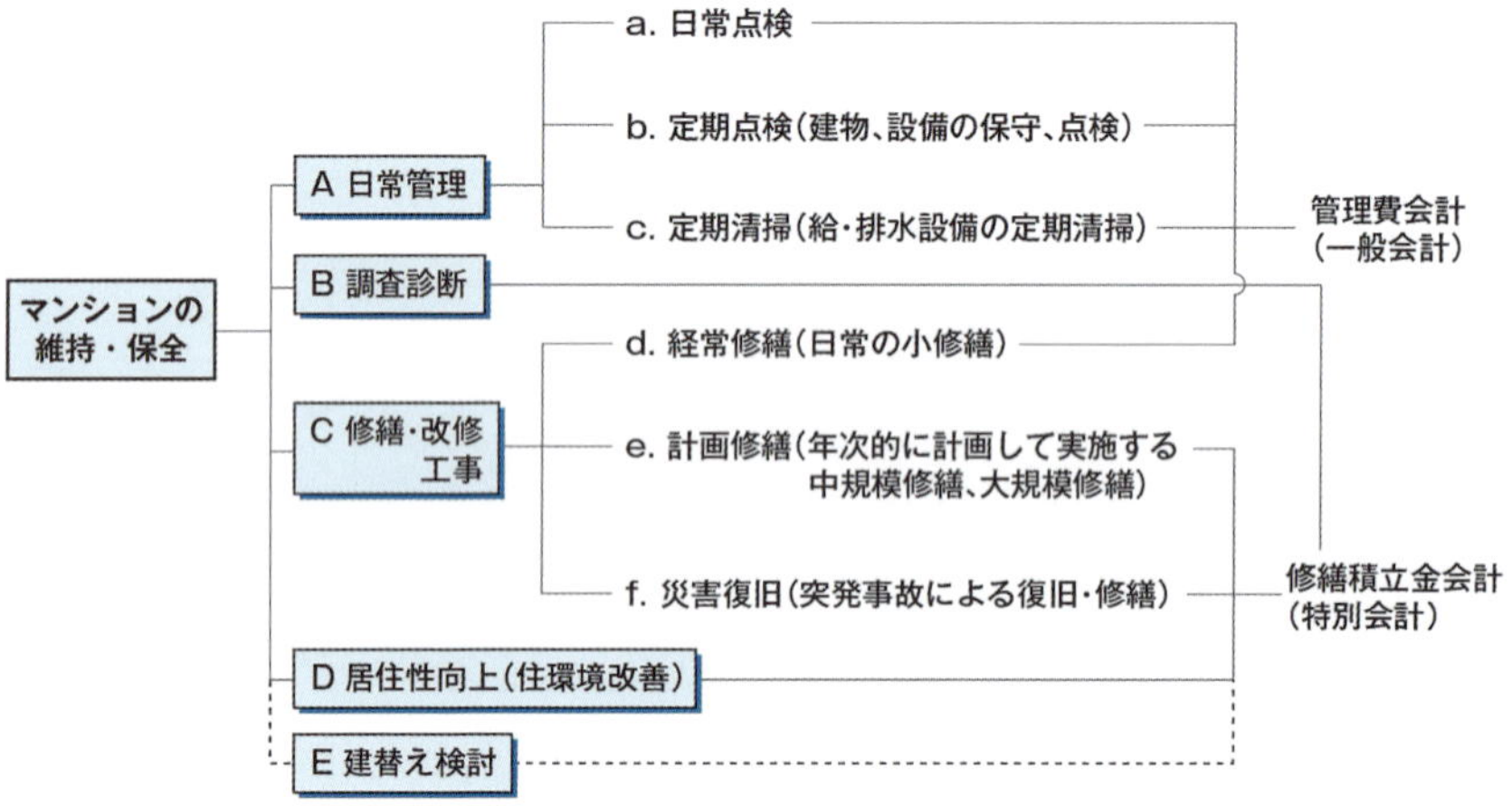

図4　維持保全体系と会計区分

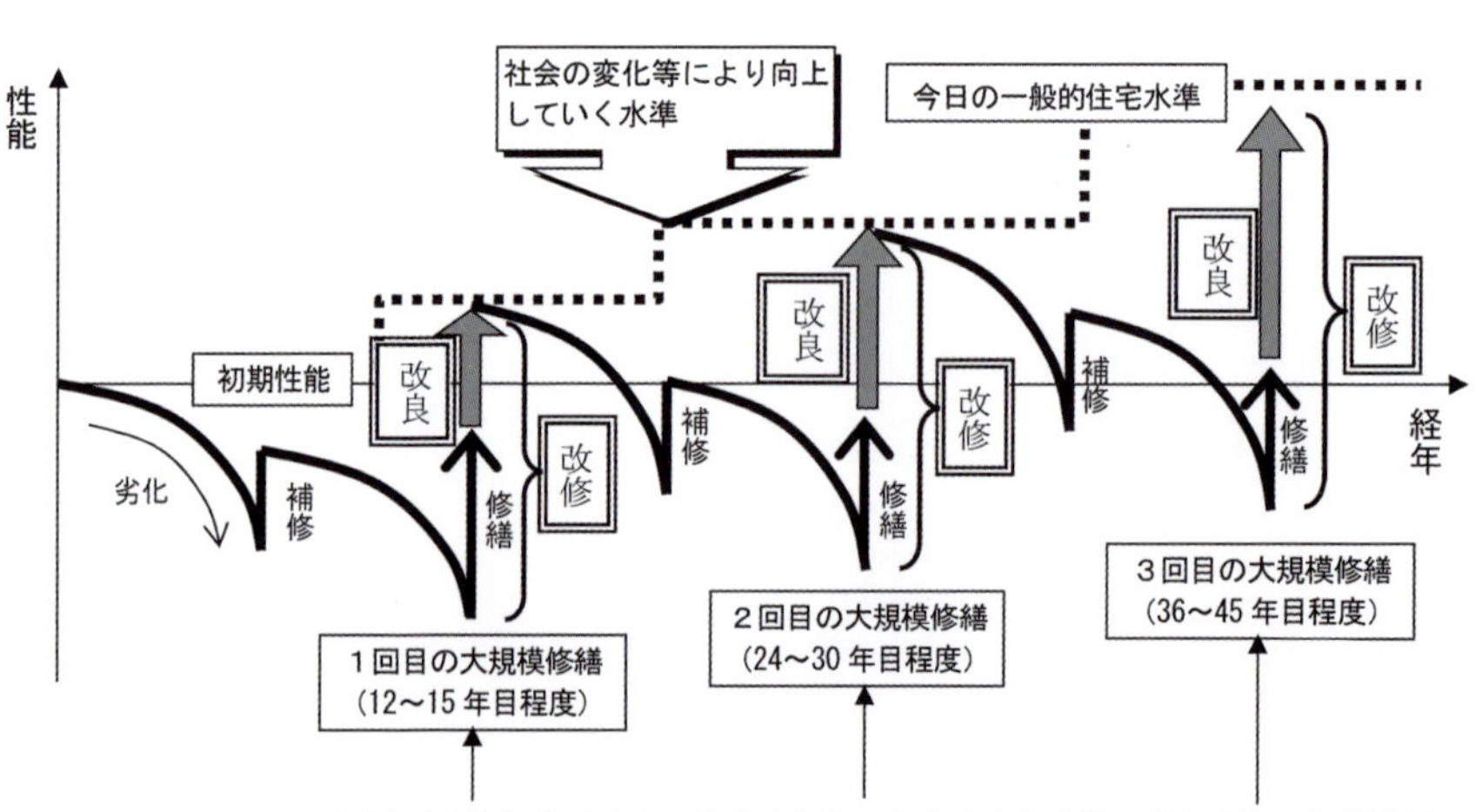

※回数を重ねるごとに、改良の割合を大きくした改修工事とすることが重要

図5　計画修繕の概念

す。外壁塗装や屋上防水も既存を一度全部撤去してから新しく仕上げをするなど、抜本的な仕様に変わるのです。新たな機能を付加するなど改良工事も併せて行います。マンションごとに劣化状況を的確に判断して個性を生かした大規模修繕を行っていきましょう（図5）。

大規模修繕の進め方

区分所有されたマンションでは合意形成に大変時間がかかります。丁寧に説明を繰り返していくことが重要です。大規模修繕はおよそ3年をかけて実行していくものと考えてください。

①1年目の進め方

管理組合の中で大規模修繕の発意がされたら体制づくりから取りかかります。専門委員会を立ち上げて理事会と協調体制を整えます。役割分担や権限も明確にしておきます。設計監理方式にするのか責任施工方式にするのかでパートナー選びも異なってきます。調査診断においてはマンションが保管しておくべき図書として、確認済証、検査済証、竣工図面（建築・構造・電気・設備）、修繕履歴、分譲時パンフレットなどの有無から見ていきます。劣化診断とアンケート調査から住戸内の立ち入り調査も行います。診断結果を踏まえて先に長期修繕計画を見直せば、将来の計画修繕の中に今度の大規模修繕を分かりやすく位置付けることができます。

②2年目の進め方

進むべき方向性が計画として認められたなら、基本設計として工事の対象とする項目や範囲を絞り込んでいきます。実行に移すためには実施設計を行って施工会社が見積書を作成できるまでの条件や仕様を示していきます。この段階で初めて精度の高い収支計画が提案できるのですが、同時に施工会社を選定していく作業も並行していきます。マンションの大規模修繕では公募による見積り合わせを行い、面談で施工会社の姿勢や現場代理人の資質も見定めて決めていきます。十分に競争原理の働いた実行予算を添えて大規模修繕の執行を総会に諮ることになります。大規模修繕においては不確定な要素も多く、躯体改修など実数精算工事として設計数量で契約を行い、足場を仮設してから詳細な調査で数量が確定するものもあります。また、全体が仕上がってくると修繕したい項目が管理組合から追加提案されることもあります。従って、総会においては工事請負金額の5～10％程度の予備費を承認してもらいましょう。

③3年目の進め方

着工する前に全ての居住者に集まってもらい工事説明会を開きます。工程表や作業の流れを示して内容を理解してもらうとともに、バルコニーの片付けから使用制限、洗濯物干しができない期間や在宅してもらわないとできない作業など、居住者の協力なくしては成り立たない工事であることを強調します。万端に準備はしてもトラブルやクレームは出てくるものです。いかに迅速に対応できる体制をつくるか、管理組合と工事監理者と施工会社は定例会議を継続していきます。工事が設計通りに契約書通りに行われ進行しているかどうかを専門的かつ客観的な立場で見るのが工事監理です。マンションの大規模修繕だからこそ重要な役割となります。工事が竣工しても、施工会社のアフターケアは次の大規模修繕まで続いていくことになります。

このように大規模修繕はおよそ12～15年ごとに行われるマンションの一大イベントで、大変大きなお金も動きます。全ての情報がリアルタイムで公開されて、専門委員会の動向もガラス張りにして区分所有者の全員の賛同を得ていかないとうまくいきません。でもあまり負担に感じないで、むしろ愉しみながら大規模修繕という事業を進める中で、大事なコミュニティーが管理組合の中に醸成されていくように思います（図6）。

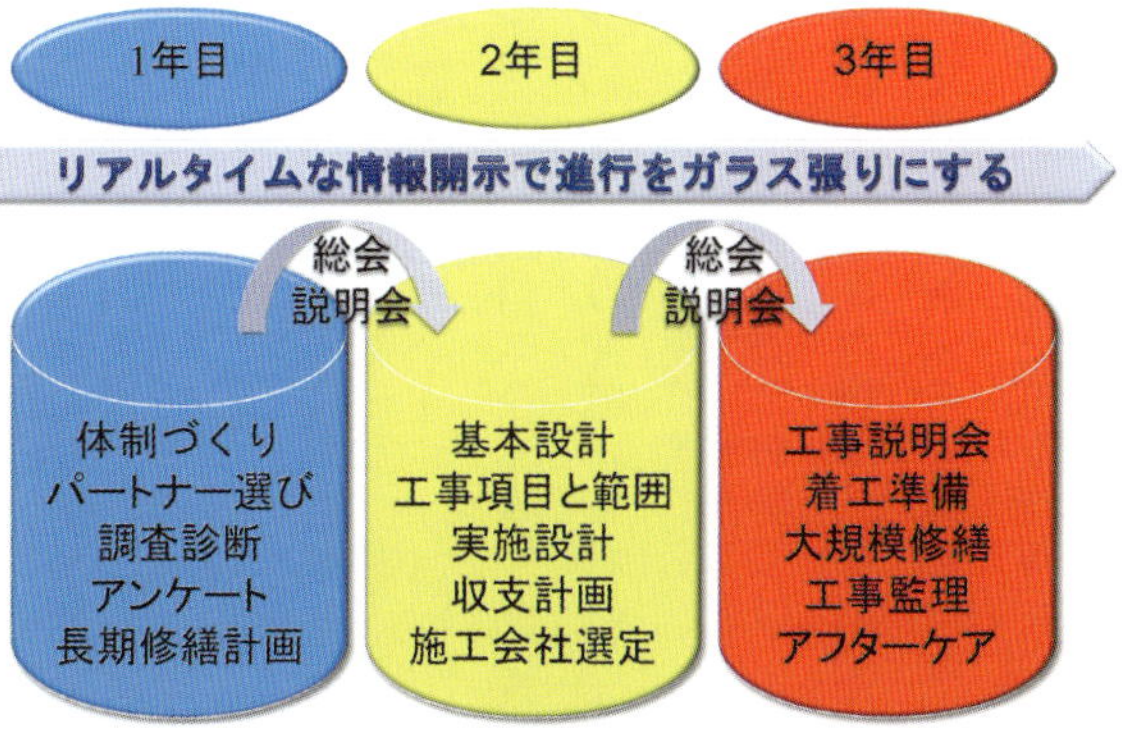

図6　大規模修繕の進め方

基礎知識

給排水設備改修

共用部分と専有部分の区分け

マンションの設備改修において、まずは共用部分と専有部分の区分けを理解することが最も重要です。マンション標準管理規約では、別表第２（共用部分の範囲）において「給水管については、本管から各住戸メーターを含む部分、雑排水管及び汚水管については、配管継手及び立て管」を共用部分と定めています。

これを図解すると、**図１・２**のようになります。また、**図３**は一部の高経年マンションで見られるスラブ下排水管の場合における区分け例です。

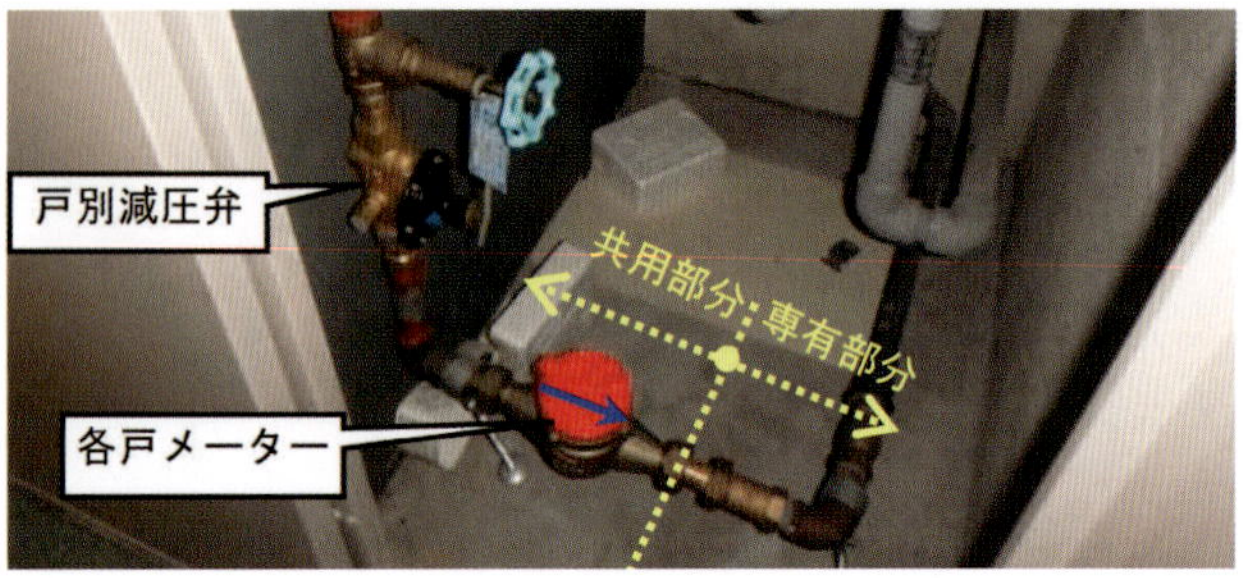

写真１　実際のメーターボックス内の給水管

共用立て管から分岐された後の給水枝管。最近では1住戸毎に戸別減圧弁を設置する形態が主流になった。写真の給水管は外面に保温材を設置する前の状態のもの。各戸メーターの下流側から専有部分の給水管となる。

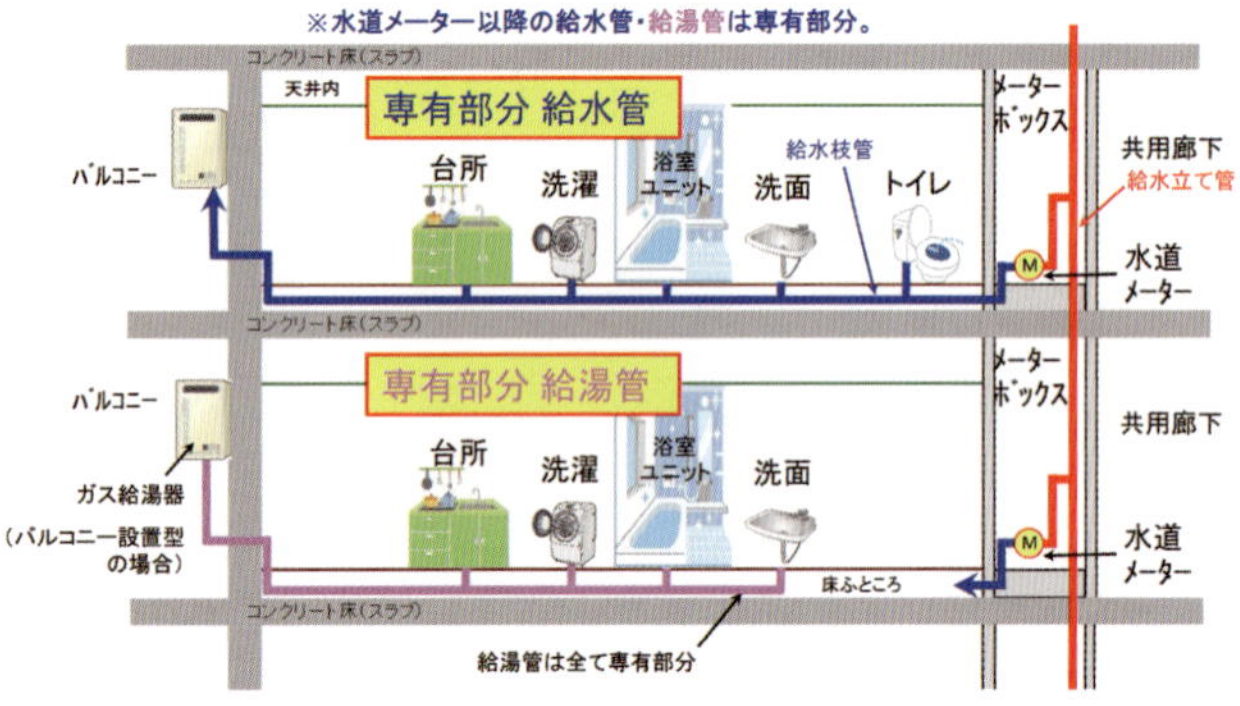

図1　共用部分と専有部分の区分け
（一般的な給水管・給湯管）

自分のマンションの給排水管の材質は？

給排水管の改修時期を検討するために、まずは自分のマンションの給排水管にどんな材料が使われているのかを知ることが第一です。いくつか方法を見ていきます。

⑴長期修繕計画を確認する

まずは長期修繕計画を見るのが簡単かもしれません。例えば、給水管「塩ビライニング鋼管」、雑排水管「鋼管」、汚水管「鋳鉄管」というような記載があれば、まずは大まかに把握できます。

長期修繕計画においては、使用管材を踏まえた標準的な耐用年数により、おおよその改修時期が仮定されていると思います。当初の設定年数は、あくまで標準的な仮

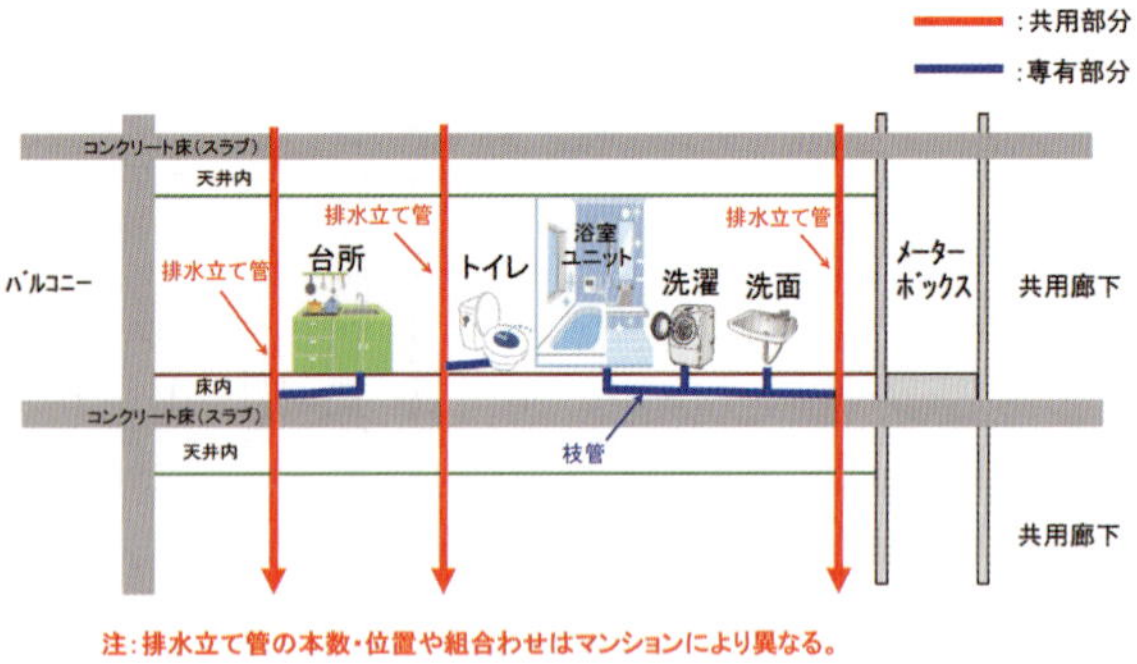

図2　共用部分と専有部分の区分け
（一般的な排水管）

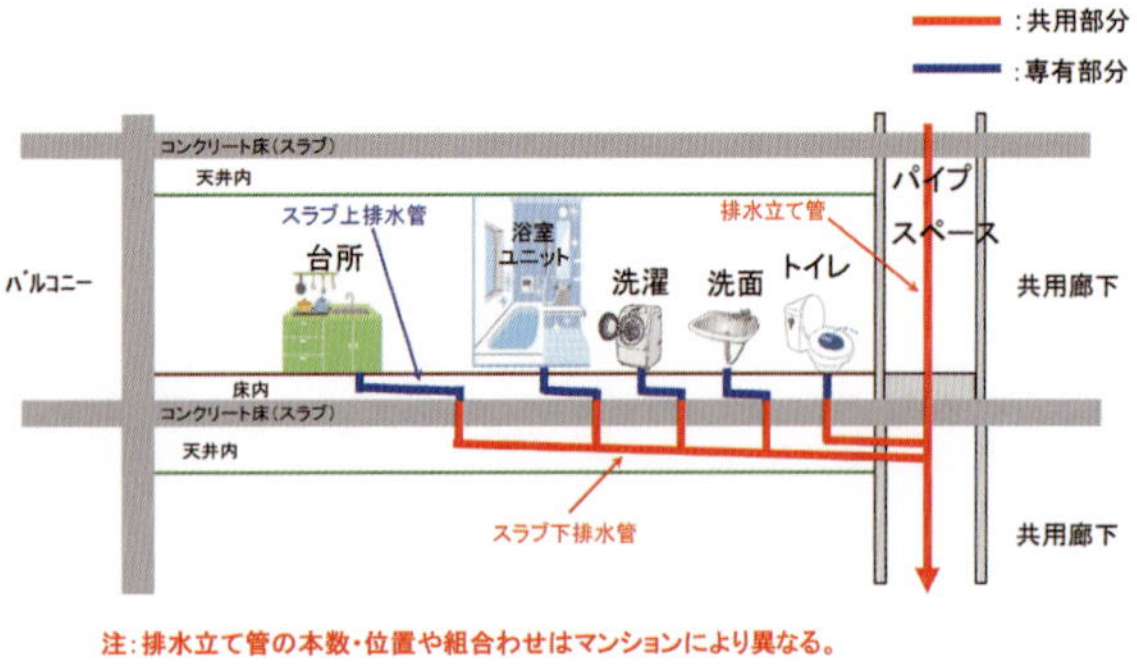

図3　共用部分と専有部分の区分け
（スラブ下排水管の場合の例）

定ですので、設定年数に近づいてきたら「劣化診断調査」などを専門の会社などに委託することで、使用材料が部位毎に異なっていることの詳細や管内面の腐食状況などを知ることができます。

長期修繕計画がなければ、無論、できるだけ早く作成するべきです。作成するには現況調査が必要ですから、その調査により管材も自ずと把握できますし、今後、改修工事の優先順位検討をする場面に遭遇した時には長期修繕計画が欠かせないものとなります。

(2)図面を確認する

長期修繕計画の記載のみに頼らず、これを機会に是非一度、設計図書を見ていただくことをお勧めします。

保管されている図面の中からできるだけ「竣工図」と記載されている図面を探し、その中に「給排水衛生設備図」というものがあろうかと思います。

冊子（図面）の前の方に「特記仕様書」というものが出てくるかと思います。**図4**は実際の特記仕様書のサンプル図面です。親切に排水管の記載は共用部分と専有部分に分かれて記載されています。この事例の場合ですと、共用部分はいずれ改修を計画しなければならない材料（排水用鋳鉄管）が使われていますが、専有部分は腐食しない樹脂製の配管ですので、改修の対象を共用部分に絞れそうです（ただしこの記載だけで改修の具体的な範囲や時期の全てが判断できるという訳ではありません）。

もう1つサンプルを見てみます。**図5**は、**図4**のマンションと同じ大手建設会社の特記仕様書です。年代は築浅なのですが、特記仕様書の記載からでは判断できなくなってしまいました。このような表現の場合は、系統図や平面図など複数の設計図面を見ていかな

配管仕様

No	項目	材料仕様（防露・保温仕様も記入）	
1	給水管	専用部分	~~耐衝撃性硬質塩化ビニール管~~，塩化ビニールライニング鋼管
		共用部分	ビニールライニング鋼管，グラスウール，亀甲金アミ
2	排水管	専用部分	硬質塩化ビニール管，石綿ビニール二層管
		共用部分	排水鋳鉄管，~~ヒューム管~~，硬質塩化ビニール管
3	給湯管	被覆銅管　一部断熱補修	
4	雨水管	硬質塩化ビニール管　カラーパイプ	
5	通気管	亜鉛鍍鋼管　石綿二層管（最上部）	
6	消火栓	亜鉛鍍鋼管　露出部 グラスウール ファインカバー　埋設部 防蝕テープ ジュート	
7	~~通気温水排水~~	~~亜鉛鍍鋼管~~	
8	換気ダクト	100φスパイラルダクト（0.5t）グラスウール 25mm巻き	
9		150φスパイラルダクト（0.5t）ロックウール 50mm巻き	
10			

図4　マンション大手建設会社の特記仕様書の例（1987年竣工のマンション）

給水管は共用・専有共に「硬質塩化ビニルライニング鋼管」が使われているので改修が必要になる。

共用部分の排水管は排水用鋳鉄管が使用されているのでいずれ改修を計画しなければならない材料だが、専有部分は腐食の心配がいらない硬質ポリ塩化ビニル管（記載は当時の呼び名である硬質塩化ビニル管）と耐火二層管（記載は当時の呼び名である石綿ビニル二層管）が使われていることがわかる。

給湯管は全てが専有部分で、被覆銅管が使用されている。

管種	使用区分		配管材料
給水管	引込管	本管～量水器	・一般配管用ステンレス鋼管　⊙水道用ダクタイル鋳鉄管 ・水道用耐衝撃性硬質塩化ビニール管
		量水器～ポンプ	⊙一般配管用ステンレス鋼管　・水道用ダクタイル鋳鉄管 ・ＳＧＰ－ＶＤ　・水道用耐衝撃性硬質塩化ビニール管
	地中埋設（給水ポンプ以降）		・水道用ステンレス鋼管　⊙一般配管用ステンレス鋼管 ・水道用ポリエチレン管　・ＳＧＰ－ＶＤ
	地中埋設（共用系統）		⊙水道用耐衝撃性硬質塩化ビニール管　・ＳＧＰ－ＶＤ
	共用部		⊙一般配管用ステンレス鋼管　・配管用ステンレス鋼管（共用水栓系統）
	専用部		・水道用硬質塩化ビニールライニング鋼管 ⊙ポリブテン管　⊙水道用耐衝撃性硬質塩化ビニール管（埋設部）
給湯管	専用部		・被覆銅管（Ｍタイプ）　⊙ポリブテン管
	共用部		・被覆銅管（Ｍタイプ）　⊙ポリブテン管
排水管	汚水竪管		⊙排水用鋳鉄管
	雑排水竪管		⊙排水用鋳鉄管　⊙排水用ライニング鋼管　⊙硬質塩化ビニール管（カラーVP）
	専用部汚水配管		⊙耐火二層管（内ＶＰ）　・鋳鉄リーダリー
	専用部雑排水配管		⊙耐火二層管（内ＶＰ）　⊙硬質塩化ビニール管（ＶＰ）
	床下配管		・耐火二層管（内ＶＰ）　⊙硬質塩化ビニール管（ＶＰ）１５０以上ＶＵ
	埋設配管		⊙硬質塩化ビニール管（ＶＰ）
	メーターボックスドレン管		⊙硬質塩化ビニール管（ＶＰ）＋フィブロック
通気管	伸長通気管		⊙耐火二層管（内ＶＰ）　・配管用炭素鋼鋼管
	通気竪管		・耐火二層管（内ＶＰ）　・配管用炭素鋼鋼管
	床下配管		・耐火二層管（内ＶＰ）　・配管用炭素鋼鋼管

図5　図4と同じマンション大手建設会社の特記仕様書の例（2007年竣工のマンション）

共用部分の給水管はステンレス鋼管が使われている。

汚水管は排水用鋳鉄管を指定しているが、雑排水管は複数の管材に丸が付いている。どの部分にどの管材を使用しているのかは他の図面を見ていかないと判断できないので、専門家の力が必要になってくる。

専有部分の給水管と給湯管はポリブテン管という樹脂製の管材が使用されているので腐食の心配はない。

いと判断できないので、専門的な知識が必要になります。

改修が必要な給水管材は？

図6は、マンションで使われてきた給水管とその改修の歩みを示したもので、さまざまな管材が示されています。

初めて給水管の改修を行おうとされる読者の方々は、恐らく平成以降に建設されたマンションであるケースが多いと思いますが、その中でもズバリ「水道用硬質塩化ビニルライニング鋼管」が使われているマンションが改修の対象になります。

逆に、昭和に建設されたマンションの場合は、恐らく共用部分の給水管改修を既に経験済みだと思いますし、その時に更新しなかった専有部分の給水・給湯管のことや共用排水立て管の改修をどうすればよいか悩まれていることと推察します。

改修が必要な排水管材は？

図7に示すように、マンションの排水管に使用されている管材は多くの種類があります。その選定は新築時のマンション販売者（開発者）や設計者の考え方によりさまざまですが、1種類に固定されておらず複数の種類が使い分けられていることが多いのです。

現在排水管の改修工事が行われている管材は、図7の赤い点線で囲った範囲で配管用炭素鋼鋼管、塩ビコーティング鋼管、耐蝕用塗

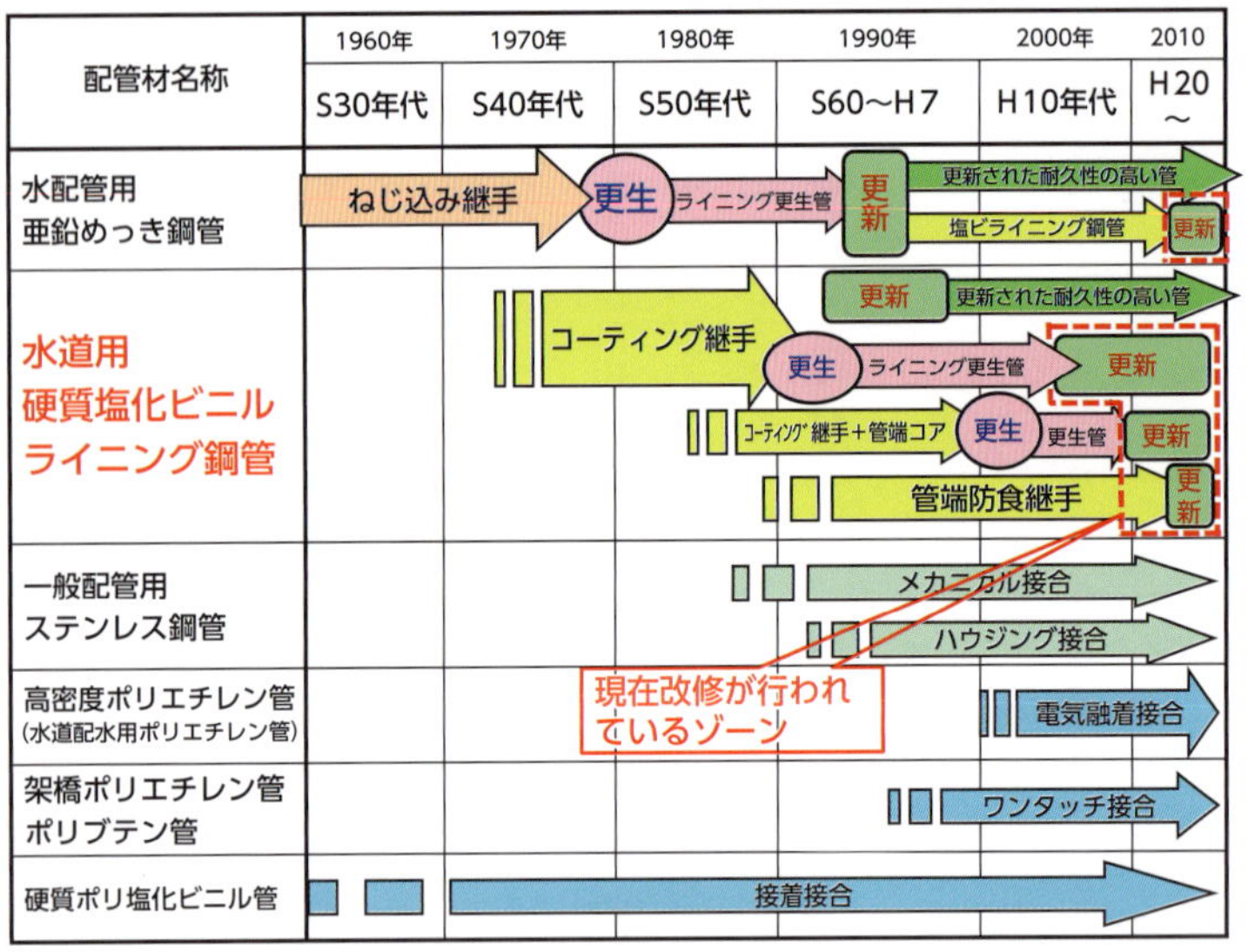

図6　マンションで使われてきた給水管とその改修の歩み

改修すべき給水管として、現在では「水道用硬質塩化ビニルライニング鋼管」が主対象と考えられている。採用されてからまだ日が浅いステンレス鋼管やポリエチレン管は耐久性が高いので、更新などの改修はまだ始まっていない。

排水管材の変遷と改修対象世代
～排水用鋳鉄管の更新が始まりました～

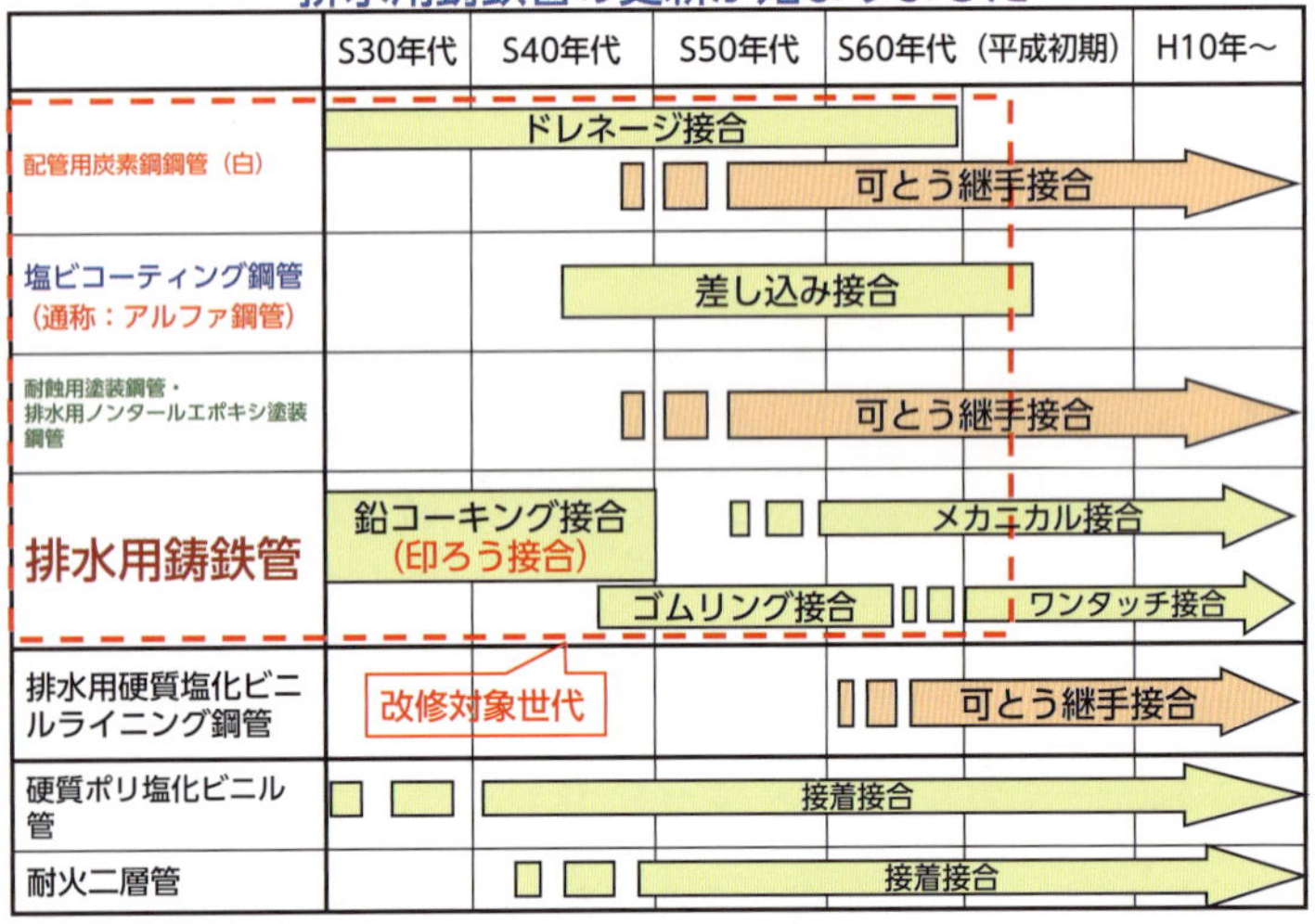

図7　排水管材の変遷と改修対象世代

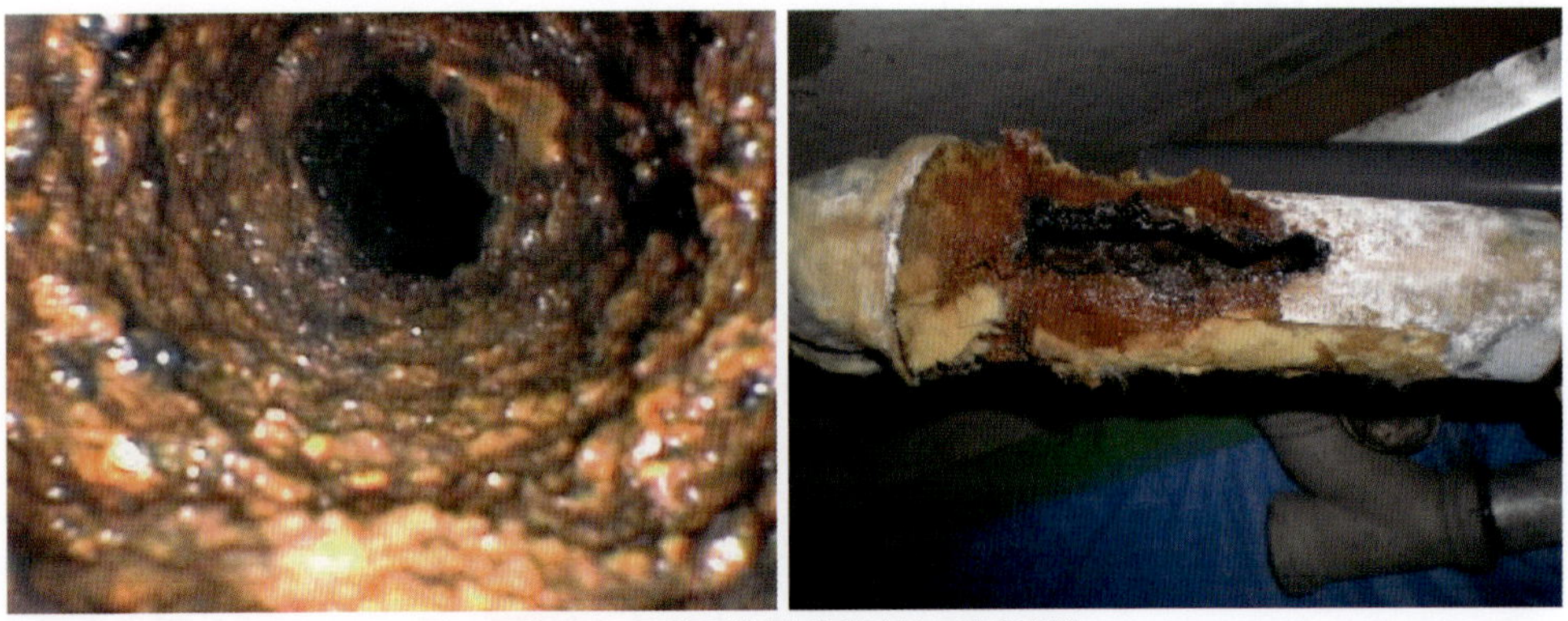

写真2・3　配管用炭素鋼鋼管（白）の腐食事例

装鋼管、排水用鋳鉄管が該当します。

(1)配管用炭素鋼鋼管（白）の腐食

歴史の古い配管材で、「白ガス管、鉄管、SGP」などと呼ばれ、雑排水管や通気管に多用されてきました。

鋼管の内外面ともに亜鉛メッキが施されているだけなので、全面的な腐食が生じてしまいます。排水管の中では最も短命な配管材です（**写真2・3**）。

ただし、これから初めて排水管の改修を行おうという平成以降に建設されたマンションにおいては、この管材が使われている可能性は少ないと思われます。高経年のマンションで過去このような配管材が使われてきたので、築30年手前で改修を経験することになりました。

(2)塩ビコーティング鋼管の腐食

配管用炭素鋼鋼管の腐食問題への対応と、マンション建設ラッシュによる施工省力化の要請を受けて、昭和50年代以降に普及したのが「排水用塩化ビニルコーティング鋼管」です。

通称「アルファ鋼管」と呼ばれるこの管は、配管の軽量化を図るため薄肉の鋼管を採用（100Aで1・0㎜薄）、接合はねじ切りではなく管を受け口へ差し込むだけの方法とし、工場であらかじめ必要な寸法に加工して現場に納品する「プレハブ加工工法」により現場施工の省力化を実現しました。

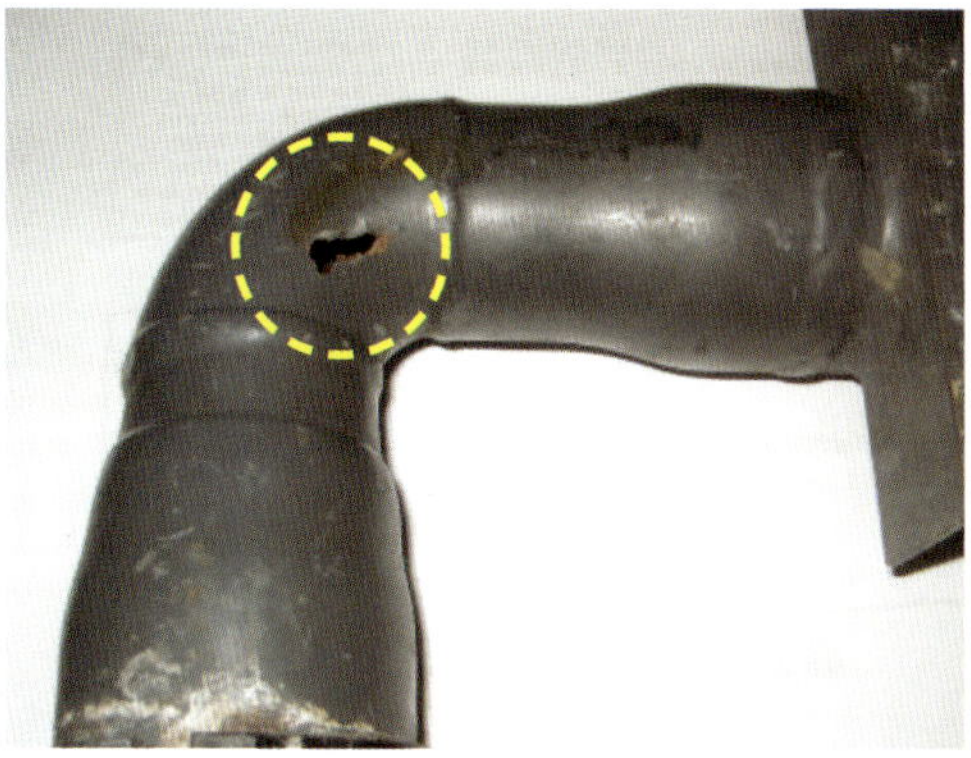

写真4・5　塩ビコーティング鋼管の腐食事例

防錆処置として内外面ともに塩化ビニル樹脂による被覆が施されてはいますが、密着精度があまりよくなく、使用開始後25年を過ぎる頃に膨れ始め、そのうち膨れた被覆が剥がれると鉄部があらわになり、その露出された鉄部がピンホール状に腐食していきます。

このような過程で鉄部の浸食が始まった場合、そこが集中的に腐食し、もともと薄肉であるということで漏水に至ります。

また、差し込み接合部分の管端部分や溶接加工部分は、特に被覆が剥がれやすいので、局部的に腐食が進行している場合もあります。

そして今現在、この管材の改修も始まっています。

(3)排水用鋳鉄管の腐食

昭和の頃、マンション排水管の管材選定において「雑排水立て管は鋼管、汚水立て管は鋳鉄管」という選択が多かったことと思います。

排水用鋳鉄管（JIS G 5525）は歴史のある配管材で、耐久性は極めて高く60年程度は使用できると考えられてきました。

そのゆえんとして**写真6**をご覧ください。10年程前に当時築45年の公団分譲団地で汚水単独系鋳鉄管を採取したものですが、ご覧のとおり、肉厚もしっかりしており、接合の状態も何ら問題ありません。45年でこの状態ですから60年は軽く使えると思えます。ただし、これは汚水単独排水系統の排水管だということを忘れてはなりません。

これはこれとして時代は移り変わります。超高層マンションの建設が増えてきた1980年代中頃から「排水用特殊継手」というものが普及し、そのおかげで高い排水性能を手軽に手にすることができるようになります。その結果、汚水と雑排水とを分ける垣根が消え、屋内合流方式が増えました。そこにも当然のように鋳鉄管が使用されるケースがあり、そのあたりに「鋳鉄管神話」の落とし穴があったように思います。

写真7は、わずか築30年のマンションにおける排水用鋳鉄管（横引き主管）です。台所からの排水も合流されていたので、高いはずの耐久性を発揮できず、見事に管が割れていました。考えてみれば、そもそも鋳鉄は酸に弱いのです。排水管の高圧洗浄は欠かせません

[印ろう接合]
鉛コーキング接合ともいい、伝統的な鋳鉄管の接合法の一種。受口（ソケット）に差口（スピゴット）を差し込み、そのすきまにヤーン(麻)および紐を麻打ちたがねで受口の奥の方に十分打ち込む。次に溶鉛を流し込み、鉛が固化した後、たがねを用いてコーキングし水密を保つ方法
ヤーン

写真6　築45年の団地で汚水単独系の鋳鉄管を抜管したもの。肉厚もしっかり残っており、接合の状態も何ら問題ない。これなら100年ぐらい使えるのではないかと期待してしまうほど。麻を押し込み鉛で押さえる印ろう接合はもはや芸術品だ。

写真7　わずか築30年のマンション。台所排水が流れる系統の排水用鋳鉄管。管上部に、典型的なバクテリア腐食による亀裂が走っている。毎年欠かさず管内高圧洗浄を実施してきたにもかかわらず、早くも更新工事を余儀なくされた。

写真8　図4で示した1987年竣工のマンションにおいて、築32年で排水立て管（鋳鉄管）の漏水事故が発生した時の残骸。
酸化した「ねずみ鋳鉄」はかなり脆弱な状態であった。

し、台所排水が合流する系統に鋳鉄管があったら、年1回の高圧洗浄では足りないぐらいかもしれません。鋳鉄管の表面素地はもともと粗いので、洗浄で取り切れないスケールが堆積し更にそれが腐食を促進させる悪循環により、30年そこらでバクテリア腐食（微生物腐食の一種で硫酸塩還元バクテリアの酸化作用により促進される腐食）で割れてしまうというメカニズムです。

さらに最近では、排水立て管からの漏水事故も顕著になってきました。全系統に対し標準的に鋳鉄管を多用してきた1980年代後半竣工の民間マンションの排水鋳鉄管改修が始まってきたことを踏まえると、改修時期の目安は「35年」という数字が見えてきます（**写真8**）。

配管の耐久性能に関する考え方は、時代とともに変わってくるのです。

現在の排水管材のトレンドは？

改修工事で採用される更新後の管材を紹介しますと、やはり腐食しない「脱金属」がキーワードのようです。具体的には、耐火二層管や耐火塩ビ管、硬質ポリ塩化ビニル管に耐火性のある遮音材を巻いた物など、メーカー各社が競って新製品を開発しています。

このことは、新築当時では選べなかった「樹脂製の配管材」が、技術革新により耐火構造を形成する防火区画を貫通する排水立て管部分においても使用できるようになったということです。

リフォームと「改修」は違う

共用部分は修繕積立金を使って管理組合がその管理（改修）を行い、専有部分は区分所有者がおのおの負担と責任で管理するというのが原則論です。しかし、現実問題として更新されないまま築40年を経過している専有部分の設備配管が少なくありません（**写真9**）。

居住者がユニットバスやキッチンを交換するリフォームは実施しても、給水管や排水管をキッチリ更新されるリフォームは少ないのです。居住者が配管を交換したつもりでいたとしても、実際は交換されずに古いままということは実によくある話です。模様替えリフォームの延長程度の意識では配管改修は実施されません。リフォームと同時に給排水管を改修しきるという明確な意思表示がなければ行われないのです。

そして、何より漏水事故で困るのは漏水した住戸よりも、その下階のお宅なのです。「専有部分だか

ら各戸それぞれの問題だ」というだけで片付く問題ではありません。

排水管改修は入室工事となる

排水立て管は共用部分なのですが、専有部分である住戸内に設置されてしまっていることはご理解頂いたかと思います。従って、排水立て管の改修は「全住戸への入室工事」となりますので、賃借人を含む全居住者の理解と協力が欠かせません。ですので、工事の前段階である、計画や設計時における説明会を繰り返し行うなどし、丁寧な合意形成が成功のカギを握ります。

排水立て管の更新工事の工程は、通常、下階から上階に向かって3～5フロアを同時施工していきます。10階建てであれば、1～5階の工事は始まっていますが、6～10階は明日以降の順番となる訳です。しかし、工事中の排水立て管は下層階ではなくなっている場合がありますから、上層階も排水が流せないことに変わりはありません。つまり、上層階では自宅の工事がない日でも排水が流せないという日が発生するのです。この時に誤って流されないような周知徹底が重要です。

工事時間はマンションの規模にもよりますが、午前9時～夕方6時が一般的で、1週間程度連日行われます。初日は内装の解体、2～3日目に配管工事、4～6日目は内装復旧工事といった感じです（**写真10**）。

住みながらの入室工事だから居住者用仮設物が必要

このような工事を「住みながら」行うのが一般的で、仮住まいを管理組合が提供するようなことは、通常ではありません。

ですから、居住者専用の仮設物をマンションの敷地内にいろいろ設置していきます。**写真11・12**のような仮設物は標準的で、その他にも授乳室を備えた騒音からの待避所や談話室をプレハブ小屋で設置する事例もあります。工事前は室内の片付けが必要になりますので、高経年団地では、高齢者への支援も重要になります。

過酷な工事の乗り越え方を管理組合内部であらかじめ十分に検討し、相応の予算を確保しておく必要があります。

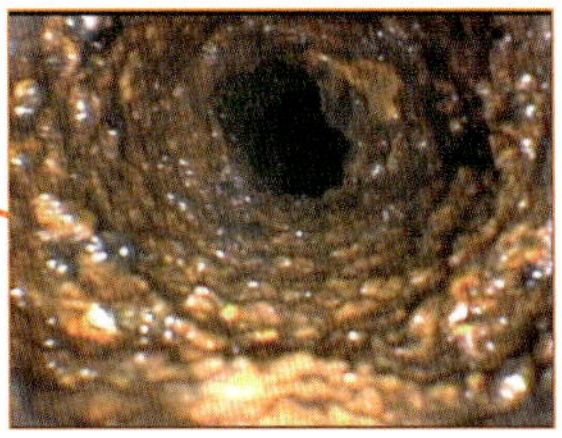

写真9　築30年のマンションでの出来事
スケルトンリフォームにより大きめのユニットバスを設置したのだが、その直下には台所からの排水管が更新されないまま横断していた。所有者はその排水管の老朽化状況を知らされないまま引き渡され、数年後にユニットバス直下の排水管から漏水事故が発生し、「加害者」になってしまうのである。

写真10　排水立て管が隠れている箇所の壁を解体し、古い排水管を切断している状況

写真12　駐車場に居住者専用の仮設トイレを設置した事例。 内部は便器2台と手洗いを設置、当然間仕切りで区画されている。

写真11　工事中は洗濯機が外されてしまい、最終日まで戻らない事がある。このような場合は仮設ランドリーも設置する。

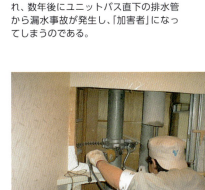

基礎知識

耐震改修

2024年元旦16時10分、令和6年能登半島地震が発生しました。震源は石川県能登地方で、深さ約16㎞、マグニチュードM7・6、輪島市と志賀町で震度7を記録しました。この地震では、液状化や地盤の変状、さらに津波や火災などの複合災害も発生し、建物が倒壊し、多くの街が瓦礫の山となりました。道路やインフラも寸断され、ライフラインや通信が途絶え、被害の把握に手間取りました。住民の生活は日常を失い、高齢化が進む中、避難所の環境だけでなく、行政や医療、福祉機能にも影響が生じ、復旧に時間がかかるなど、多くの課題が残りました。

さらに、同年8月8日16時43分、日向灘を震源とする地震が発生しました。震源の深さは31㎞、マグニチュードM7・1、宮崎県日南市で最大震度6弱を記録しました。この地震の発生に伴い、南海トラフ地震の想定震源域では、大規模地震が発生する可能性が平常時に比べて相対的に高まっていると考えられ、気象庁は8月8日19時15分に「南海トラフ地震臨時情報（巨大地震注意）」を発表しました。

その日は突然やって来ます。震度7の地震は、テレビやタンスが飛んできて、何かにつかまらなければ立っていられないほどの揺れです。道路はガタガタになり、大渋滞し、日常生活が止まります。このような地震から命や建物を守り、地震後も生活を続けるためには、自分の住む建物の耐震化が欠かせません。

耐震診断が必要なマンション

耐震診断が必要なマンションは「旧耐震基準」のマンションで、1981年5月31日以前に建築確認を取得したマンションです（**図1**）。これらのマンションは、耐震診断を行い、耐震性が不足している場合は耐震改修することが求められます。

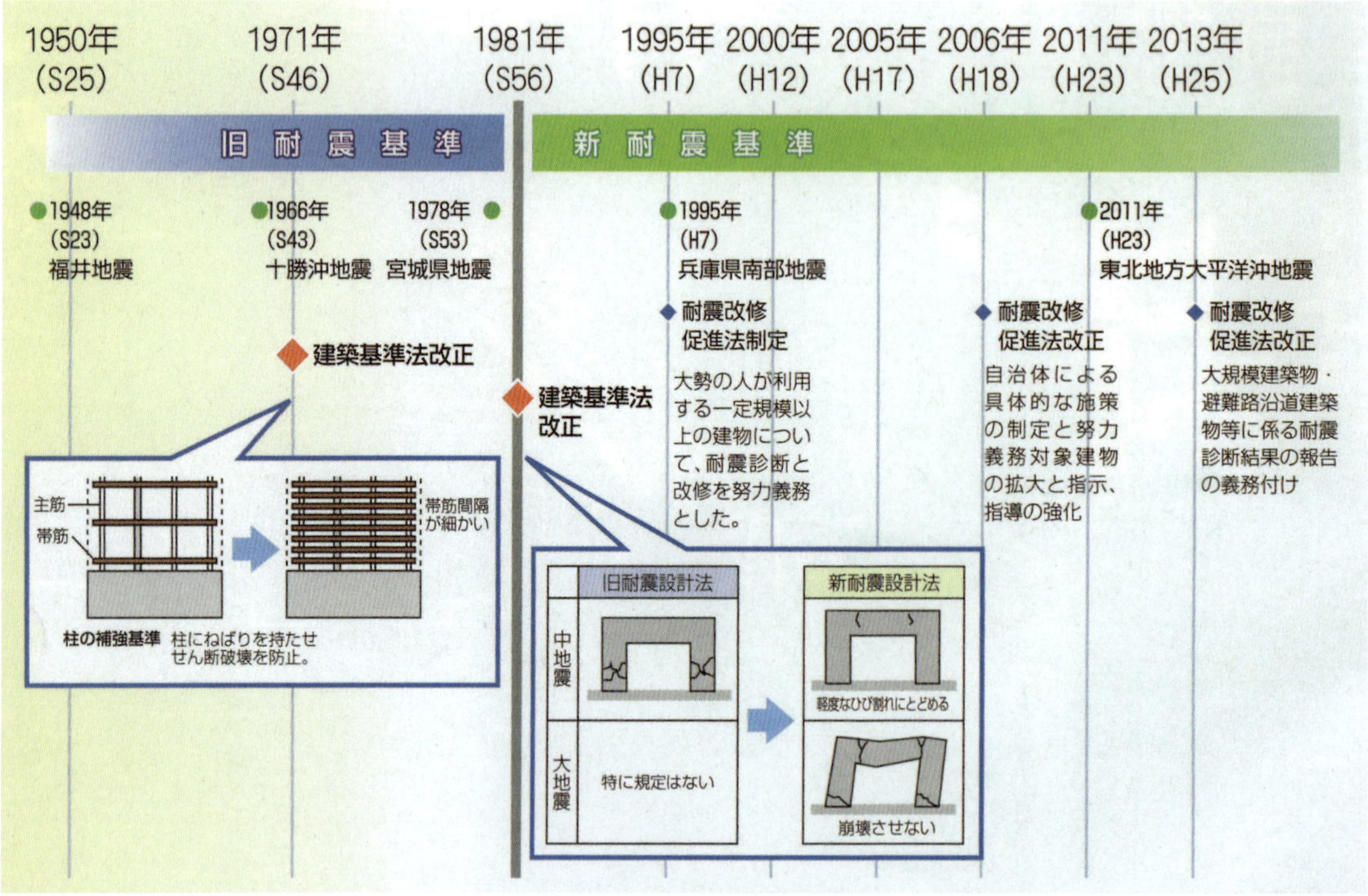

図1　法令の耐震基準の変遷　出典：東京都「ビル・マンションの耐震化読本」

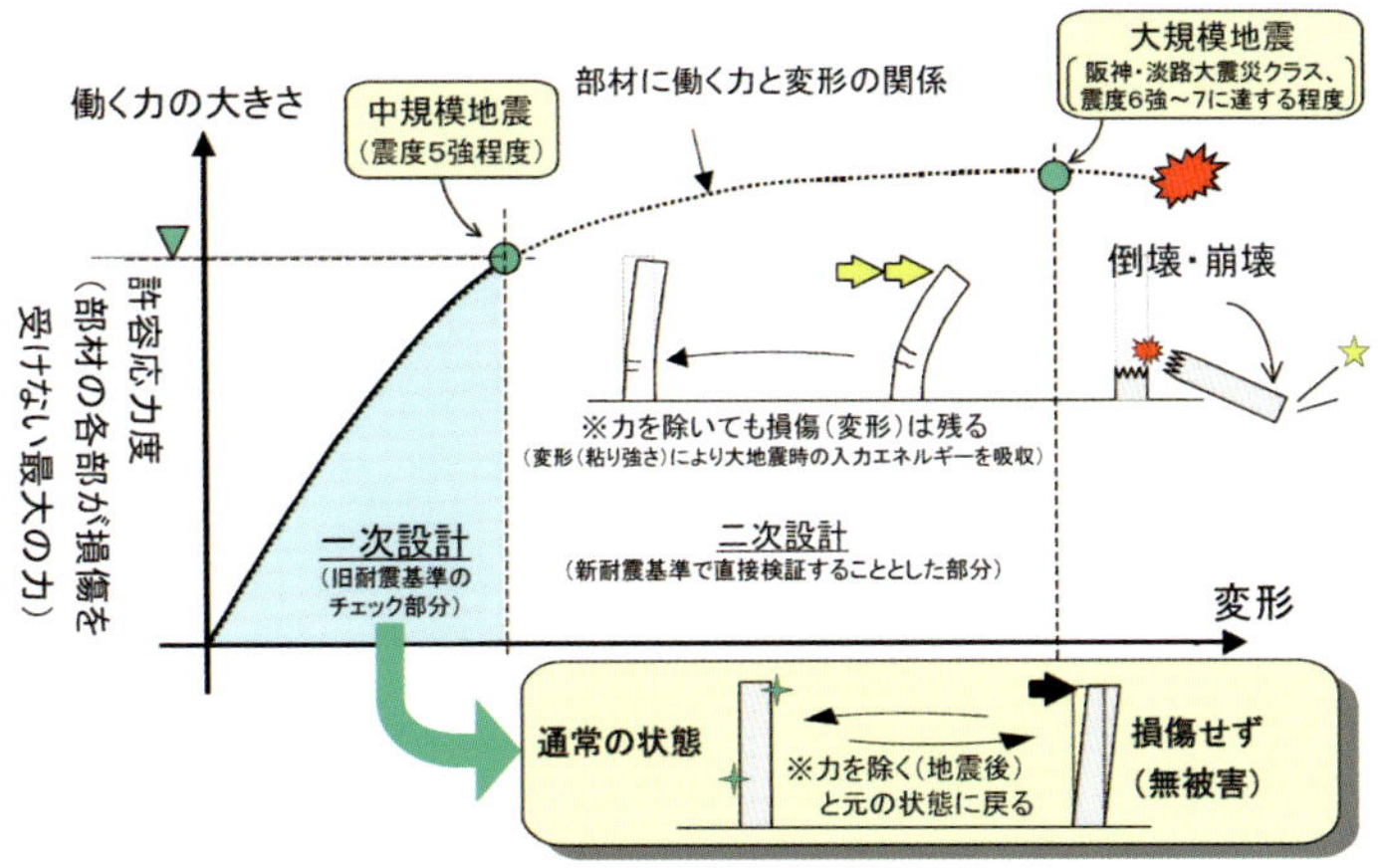

図3　現行耐震基準の考え方

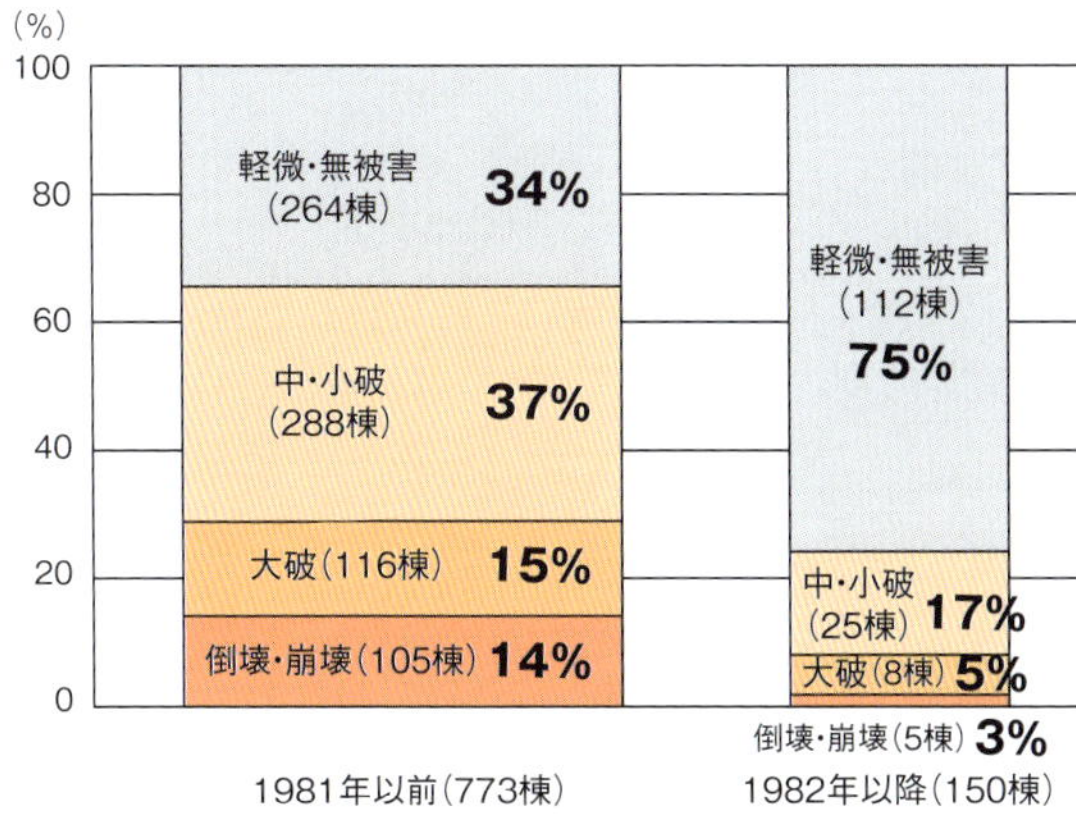

図2　建築年別の被害状況(建築物)

1981年6月1日に建築基準法が改正され、現在の耐震基準の原点といえる「新耐震基準」が導入されました。「新耐震基準」は、震度6強から7クラスの大地震に対して、人命に危害を及ぼすような倒壊や崩壊をしないことが目標とされています。最大震度7の阪神・淡路大震災においても、「新耐震基準」による建物は、大破・倒壊・崩壊したものは8％と「旧耐震基準」による建物の29％に比べ被害が大幅に少なかったとされています（図2・3）。

耐震診断の必要なマンションの現状と課題

耐震診断が必要なマンションは、築後43年を超え建物の老朽化が進み、外壁の大規模修繕や給排水設備改修など建物の維持管理に費用がかかる時期を迎える中で、居住者の高齢化や賃貸化が進み、修繕積立金の値上げが難しいなど共通の悩みを抱えています。さらにマンション耐震改修には、公平性、工事中の生活支障、工事後の居住性など合意形成にさまざまなハードルがあります。

耐震化に進むマンション

耐震改修を実施したマンションは、生命や財産を守りたい、安全で快適な生活をしたい、そのためには耐震化が必要というように、耐震化すること自体が目的になっています。管理組合がこのような考えを持つと、次々と出てくるハードルに対して、問題点を整理し自分たちで解決する力を付けていきます。費用についても長期修繕計画の精度を上げて見直す中で、耐震改修工事を位置付け、修繕積立金の値上げや借入れなど資金繰りも整理し、区分所有者に説明し合意の形成を図りながら進めています。また、マンションの耐震化は数年かかりますので、継続性を持たせるためにも管理組合の体制を作ることが重要で、専門委員会を立ち上げ、キーマンになり耐震化を推進する委員長とそれを支える委員が一体になり、さまざまな困難を克服しています。

マンション耐震化の流れ

建物の耐震化は建物にどれくらいの耐震性能があるか診断し、補強方法を検討し改修工事を行います。マンションの場合は、さまざまな意見を集約して進めることが求められ、合意の形成を図りながらステップを踏み進めます。

ステップ1　準備・検討段階

①耐震化の情報を収集する

自治体などに相談し、マンション耐震化に関わる支援制度について調べ、耐震化のアドバイスをしている専門家の団体などを紹介してもらいます。

②耐震診断の必要性を検討する

新築時の確認申請や検査済証、設計図書、販売時のパンフレットなどの資料を整理し、一級建築士などの専門家に耐震診断が必要な建物かどうか相談し、耐震診断が必要な場合は、設計図書の保管状況などを調べ、耐震診断が可能か確認します。

③管理組合の体制を整える

マンションの耐震化には数年かかります。継続性を保つためにも、専門委員会を立ち上げ管理組合の体制を作ります。また、マンションの耐震化には専門的知識や進め方のアドバイスが求められるので、マンションの合意の形成に慣れた一級建築士などパートナーを見つけます。

ステップ2　耐震診断

①耐震診断に向けた合意形成

パートナーにアドバイスを受けながら、耐震化の必要性を管理組合員の皆さまに説明し、共通認識を持った上で、耐震診断を実施することを総会で決議します。この段階で耐震化の必要性について共通認識を持つことが大切です。

②耐震診断の実施

耐震診断を行い補強の必要性を診断します。耐震診断の結果、補強が必要となった場合は、耐震改修に向けて進め方の検討をします。

ステップ3　耐震設計

①耐震改修の基本計画を行う

耐震診断の結果を基に、耐震改修基本計画を行います。補強案に対し確認申請の要否など法律上の手続きや、管理組合が受け入れられる案か、施工方法や工事費などを検討します。また長期修繕計画を見直し、大規模修繕など計画修繕と耐震改修の時期を検討し、資金計画を整理します。

②耐震改修の実施設計を行う

工事のために必要な設計図や仕様書などを作成し、実施設計を行います。同時に工期や工事内容、工事費等を詰め、相見積りを取り施工会社を選定します。

ステップ4　耐震改修工事

①設計図書に基づき、耐震改修工事を実施します。

②完成が近づけば、役所や建築士の検査を受け、最後に管理組合が検査をして、施工会社から引渡しを受けます。

マンションの耐震性能

建物の耐震性能は、建物の強さと粘りに、建物形状と経年状況を考慮して評価します。鉄筋コンクリート造建物等の耐震性能は、Ｉs値（構造耐震指標）という指標で表され、値が大きいほど耐震性が高くなります（図４）。

耐震診断

耐震診断は、現地調査し構造計算を行い、耐震性能を評価します。

①現地調査　建物と図面との照合、ひび割れ・変形・経年劣化などの目視調査、コンクリートコアを採取し、強度試験や中性化など材料調査を行います。設計図がない場合は診断用の構造図を作成しますが、多くの手間と費用がかかります。

②診断　鉄筋コンクリート造や鉄骨鉄筋コンクリート造の建物は、一般に第2次診断法や第3次診断法という診断基準に基づいて診断します。

③評定取得　診断内容が妥当であるか、評定機関のチェックを受け評定書を取得します。評定の取得は任意ですが、補助金を受ける際は条件になっている場合もあり、原則として取得します。

耐震改修の工法

耐震改修の工法には、耐震補強のほかに制震工法や免震工法などがあります。耐震補強は、建物の強度を高め、粘り強くすることで耐震性能を高める方法で、一般的に行われている工法です。制震工法は、建物に制震装置を組み込み、地震エネルギーを吸収させることで地震の揺れを抑制します。免震工法は地盤と建物の間などに免震装置を挿入することで、地震の力をなるべく受けずに、揺れから逃れます。そのほか、建物の一部を撤去し建物重量を減らす減築と呼ばれる方法もあります。

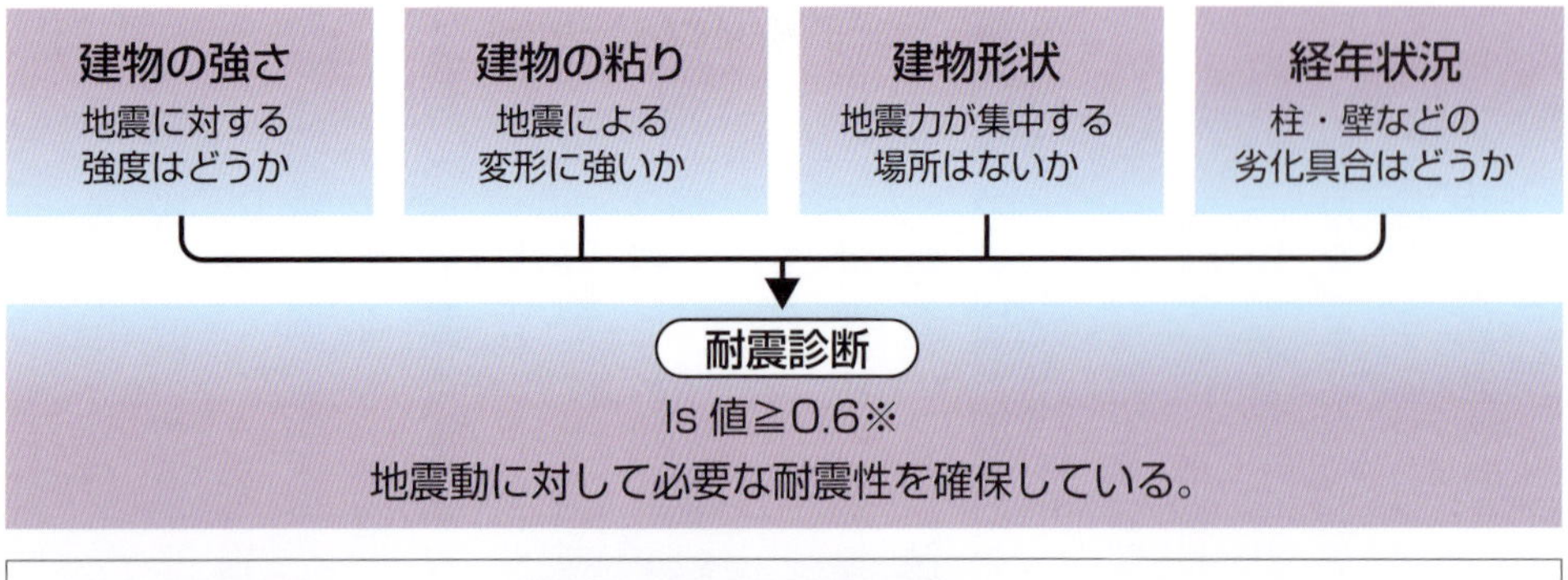

建物の強さ
地震に対する強度はどうか
建物の粘り
地震による変形に強いか
建物形状
地震力が集中する場所はないか
経年状況
柱・壁などの劣化具合はどうか
耐震診断
Is 値≧0.6※
地震動に対して必要な耐震性を確保している。

Is値（構造耐震指標）	構造体の耐震性能を表す指標
Is値が0.3未満の場合	地震の震動及び衝撃に対して倒壊し、又は崩壊する危険性が高い。
Is値が0.3以上0.6未満の場合	地震の震動及び衝撃に対して倒壊し、又は崩壊する危険性がある。
Is値が0.6以上の場合	地震の震動及び衝撃に対して倒壊し、又は崩壊する危険性が低い。

図4　構造耐震指標

耐震改修の工法

免震

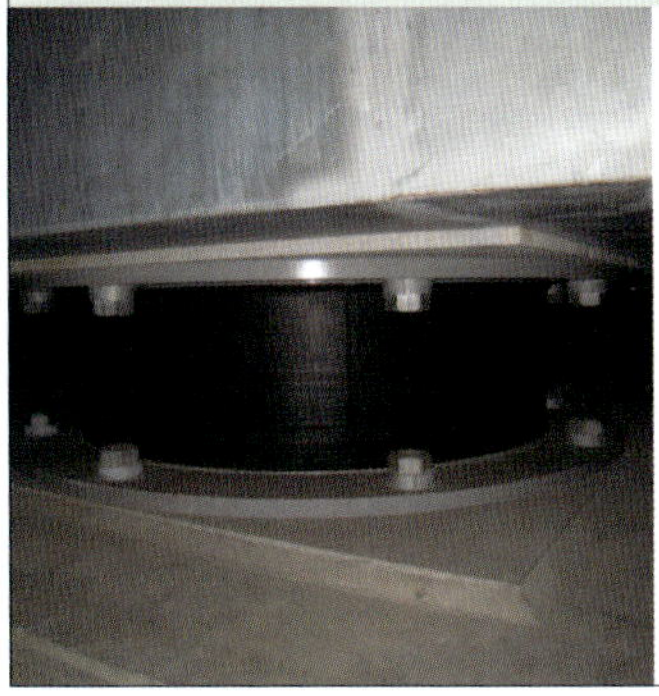

免震工法

免震装置を建物の基礎下や中間階に設けることで地震力が建物に作用する力を大幅に低減する。

制震

制震ブレース工法

制震ダンパーを組み込んだ制震ブレースが、地震エネルギーを分散して吸収し、建物の揺れを抑制する。

耐震

外付けフレーム工法

補強フレームをベランダの先端に取り付け補強する。ブレースが入らず、視線を遮らない。住戸内に工事が発生せず、住みながら工事ができる。マンションでの採用例は多い。

耐震

外付けブレース工法

建物の外側にブレースを増設し補強する。居住性を変えず、住みながら工事ができる。ブレースを入れることで外付けフレーム工法より補強の箇所数が少なくできる。

耐震

柱巻き付け工法

柱外周に鋼板や炭素繊維を巻き付け主に粘り強さを向上する。ピロティの柱などの補強に採用される。

耐震

壁の増打ち

鉄筋コンクリート造の壁を増打ちし耐力を向上する。開口の少ない、建物の両端の壁（妻壁）を補強することで、住戸への影響が少なくできる。

耐震

鉄骨ブレース工法

ピロティや開口部など柱や梁に囲まれた中に、鉄骨ブレースを設置することで耐力を向上させる。通風や見通しを妨げない。

耐震

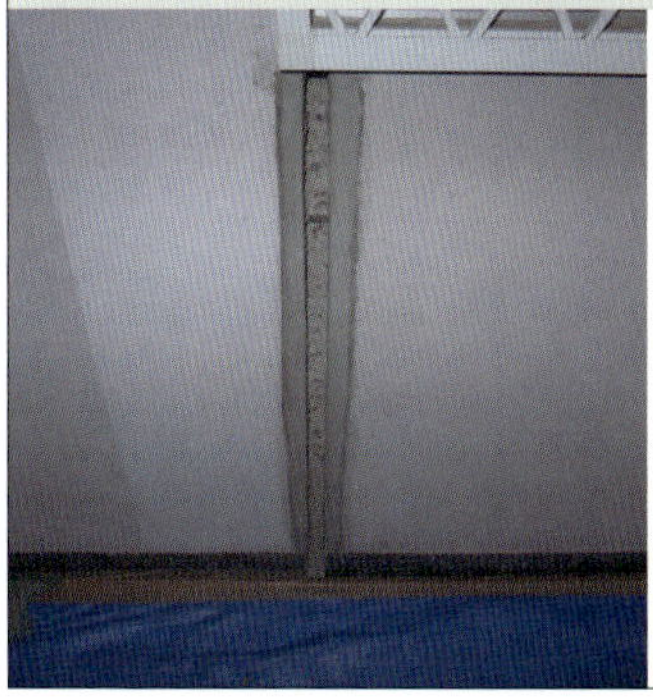

耐震のスリット新設

柱ぎわの壁に溝を入れ、隙間を設けて柱の粘り強さを向上させる。

超高層改修

2024年現在、超高層マンション（高さ60ｍ以上、かつ20階建て以上と定義）は全国で約1，000棟、30万戸に迫る勢いで建築され、今後も数年間で300棟11万戸の計画が進行中です。今や200ｍ超、50階建てを超えるものが一般的になっています。

2000年以降に大量に供給された超高層マンションは、今まさに1回目の大規模修繕を終え、これからも続々と修繕時期を迎える建物が列をなしています。

工事の時期と周期

国土交通省が2018年に策定した「マンション長期修繕計画ガイドライン」によれば、一般的な中高層のマンションでは、15年周期程度での大規模修繕工事と7年ごとの計画の見直しが望ましいとされ、超高層マンションではその特殊性を鑑み考慮するよう求められており、令和5年度の「マンション総合調査」では20階建て以上のマンションにおける修繕積立金は新築時㎡当たり168円程度の積立金であったものが、不足することがわかって改定し値上げした結果、㎡350円まで値上げされているという結果が出ています。ただしこれも平均値であり、不足が解消されたかどうかまでは判断ができません。

また、基本的に使用されている材料は一般的なマンションと同様なのですが、超高強度コンクリート使用、工場生産のプレキャストコンクリートの柱や梁、先付けタイル、目地のシーリングも二重に施工されている建物もあるなど、超高層マンションならではの工夫、施工会社ごとの特殊仕様がなされているものも多く、適正な修繕周期とはどれくらいか、と問われると建物ごとの状況判断による、としか言えません。しかし、長期修繕計画を60年間を想定し、18年周期なら3回の大規模修繕を実施するのが、管理組合の負担を低減し、かつ改修を実施する限界的な周期設定ではないかと考えています。ただし18年周期を実現させ得る仕様の設定が必要になります。

足場仮設

超高層マンションの大規模修繕工事における一番の難題は、建物の修繕工事そのものよりも、足場仮設の部分です。これらは一般に大規模修繕工事の費用全体の3～5割程度の予算を要します。

超高層マンションでは外壁面の工事を行うのに、一般的な中高層のマンションで使われる枠組み足場は原則的に使用ができません。吊り足場（連結式やシステム養生式、ガイドレール付きゴンドラなど各種あり）やワークプラットホ

写真1　ワークプラットホーム（移動昇降式足場とも呼ぶ）は躯体にマストを取り付け、足場自体がマストを伝って昇降する。広く作業性に優れ、建物形状に合わせた跳ね出し足場を取り付けることで、凹凸平面にも対応が可能。

写真2　建物屋上からワイヤーで吊るされた作業ステージを昇降させ、建物外壁の移動および改修を行う。各面ごとにゴンドラを単独で設置するのが一般的。写真は建物全面の2フロア分を同時に施工し全工程を完了させてから次へ進むシステム養生ゴンドラ。

写真3　ガイドレール付きゴンドラは、躯体に取り付けたガイドレールにより風などによる影響を小さくしたゴンドラ。充電式バッテリー搭載のものが主流になりつつある。

ーム、それらと枠組み足場をマンションに合わせて組み合わせ、併用して使用するのが一般的ですが、それぞれにメリット・デメリットがあり、建物の立地、風の影響の有無や形状と高さ、どのような工事をどのような仕様で行うのか、工期工程、予算などの諸条件から検討をしておく必要があります。近年では、バッテリー搭載型のゴンドラもあり、フル充電で400m程度は移動が可能で、ケーブルが無く、利便性が高まっています（**写真1～3**）。

マンションの下部にゴンドラや移動昇降式足場に乗り込むための枠組み足場による仮設ステージを要する事や、免震装置のあるマンションではその可動範囲には足場の仮設ができませんし、人工地盤や低層の店舗棟が併設されており当該個所の仮設が難しい場合、マンション上階にセットバックがある他、屋上に塔屋や工作物（飾りのようなもの）があるため別途枠組み足場を仮設しなくてはいけない場合など、考慮すべき点も多いので足場の計画には細心の注意を払うことが必要です（**写真4～6**）。

足場の仮設と同様に重要かつ難題なのが養生です。外壁を洗浄する際や、塗装する際などに水や塗料が飛散すること、建物を汚すことを防ぐこと、足場から物を落下させないことなどを目的として養生をしますが、この費用を適切に確保し計画しておかないと住民からのみならず、近隣からもさまざまな苦情が寄せられるなど、思わぬトラブルの元になりますので十分な対策をとっておくことが重要です（**写真7**）。

高強度コンクリート＋先付けタイル

近年超高層マンションの躯体に使用されている高強度コンクリート（36N／㎟以上のコンクリートのことで最新の超高層マンションでは200N／㎟のものもある）は非常に強度が高く、劣化もしにくいと言われていますが、建物を調査するとひび割れも見られますし、欠損を起こした部分（主に地震など外力の影響です）も見受けられます。一般的なコンクリート補修用のポリマーセメントモルタルや樹脂モルタルなどの、メーカーによる基準強度は30N／㎟（強度試験によれば最高値で50N／㎟程度の強度は出る）を80N／㎟や100N／㎟、それ以上の高強度コンクリート躯体に対して使用して問題がないのか、実際使用せざるを得ないので使っていますが、常に試行錯誤です。また高強度コンクリートは混和剤などの影響で付着性能が悪く、補修した場所が後に剥離を起こさないかなどが懸念され、付着性能を高めた補修材が出ています。材料のみならず工具も含めて、硬く緻密な高強度コンクリートの修繕手法はまだ確立されておらず、修繕の方法も設計者ごとに異なる状態であると言えます（**写真8**）。

超高層マンションには外壁がタイル張りの建物も多いと思いますが、ほとんどは「プレキャスト先付けタイル」と呼ばれる躯体コンクリートと一体になった工場生産のタイル張付け工法が使われてい

写真4　低層部に設置されたゴンドラ乗降用の枠組み足場によるステージ。

写真5　セットバック（建物の上階で平面形状が小さくなり、ルーフバルコニーなどがある部分）がある場合には、当該部分より上に下層とは別にゴンドラの設置や、枠組み足場の仮設が必要である。

写真6　屋上にある塔屋や飾りなどの工作物も改修の対象。これらはゴンドラなどとは別に、屋上に足場を組まないと修繕が行えない。

写真7　ゴンドラ上での作業中の様子。アルミ製の手摺にはビニールの養生が施工され、塗装などの付着を避ける。ゴンドラの背面や側面にもメッシュシートによる飛散防止用の養生を行い、ゴンドラと建物の隙間から物の落下を防ぐためのフラップの設置もある。

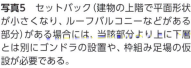

ます。これは、現場でコンクリート躯体に後から張り付けられたタイルとは異なり、浮きや剥落の心配はほとんど起こらないと言われてきましたが、現実には浮きも剥落も発生します。さらに地震などの外力を受けた際に建物の動きに追随できず、欠損が発生した事例も多く報告されています（写真9）。

問題となるのは先付け工法のタイルの浮きや欠損の補修工法です。前述の通り、先付けタイル工法ではタイルの裏側は即躯体のため、欠損やひび割れの部分を斫りとって、新たなタイルを張付けモルタルやエポキシ樹脂などで張った場合、次に外力を受けた際に当該箇所でタイルの剥落が発生しないかが懸念されます。躯体も斫り込まないと張付けモルタルの塗りしろを確保できないので、鉄筋の被り厚さにも影響します。浮きはタイル中央に穿孔して物理的にアンカーピンで固定し落下を防ぐなどの工夫も必要です（写真10）。

タイル外壁の露出目地に施工されたシーリングは最も早く劣化の性状を示すことから、12年周期の根拠の一つとされていた材料です。これも高耐久変性シリコン系やシリル化アクリレート系といった18年周期を可能にする高耐久材料があり、改修用建材として標準となりつつあります（写真11）。

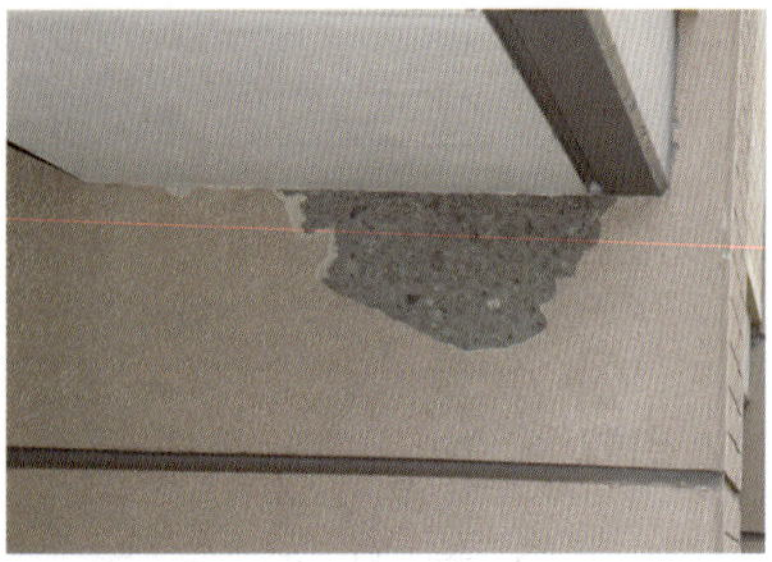

写真8　近年の超高層マンションに使われている超高強度コンクリート躯体も、外力の影響で欠損を起こした。高強度コンクリートの付着力不足を補う剥落を起こさない補修工法が求められる。

写真9　外壁のタイルが打込み工法で施工されている場合、ひび割れや欠損を張り換えて問題がないのか、判断が難しい。超高強度コンクリートよりも陶器であるタイルの方が強度は低く、外力を受けて欠損を起こした事例。

写真10　先付けタイルの浮き補修は、タイル裏も目地も高強度コンクリートの躯体であるため、エポキシ樹脂注入が不可能である。タイル一枚ずつをアンカーピンで物理的に固定するのが最善と考える。写真は45三丁タイルのため、1枚あたり2本のピンで固定している。

写真11　タイル外壁のポリサルファイド系シーリングによる露出目地。経年を経て紫外線劣化により粉化している。上層の南面、西面のものの劣化が激しい傾向にある。

免震装置・制振装置

免震装置や制震機構は近年のほとんどの新築超高層マンションに採用されています。免震装置と言うのはゴムと鋼板を積み重ねた、積層ゴムアイソレーターやダンパー（鉛のものやオイルのものなどあり）で作られており、50年以上の耐久性があると言われていますが、開発されてまだ十数年の材料です。マンションが100年維持管理できるとすれば、更新の必要も出てくると考えられ、その際のコストは相当に高額になることが想定されています。また、鉛ダンパーは地震によりひび割れて交換したという事例も報告されていますので、これらも長期修繕計画に組み込んでおくことが望ましいと言えるでしょう（写真12）。制振装置は柱や壁の内部に設置されている建物が多く、表に出ていないこともあり、実際に地震で機能し損傷しても確認や更新などが極めて難しいことが想定されるので注意が必要です。

設備工事・そのほか

エレベーターなどの機械設備も、30年周期程度で更新工事などを考えておく必要がありますし、この工事にはマンション住民にとってエレベーターの使用制限が発生するなど、非常に不都合を伴いますので計画的に実施することが求められます。

二段式、三段式、パズル式、タワー型エレベーター式など、超高層マンションの駐車場にはさまざまなタイプの機械式駐車場が使われていますが、これらも部品交換や改修、更新と多くの費用のかかる難物です。車の利用者が減り、空き駐車スペースが増えて駐車場使用料では維持管理費用を賄えなくなっているケースも見られます。機械式を撤去し平面化するマンションも出始めており、東京都などでは駐車場の附置義務などの規制緩和も進められています（**写真13・14**）。

他にも超高層マンションならではの、特殊な設備機器や防災関連設備機器類（揚水ポンプ、受水槽・高置水槽、セントラル給湯・暖冷房システム、排煙設備、スプリンクラー設備、各種警報盤や自家発電機など）がたくさんあるのですが、計画修繕に組み込まれていない場合も多く、修繕の時期になってから修繕費用などの面でトラブルになった事例もあるので、注意が必要です（**写真15**）。

また近年の気象状況によるゲリラ豪雨や台風による水害により、地下の電気室が冠水し電源喪失の事態になったマンションが存在するように、これからはハザードエリアにあるマンションでは止水板の設置や、水密ドアの設置など、事前に水害への対策も求められる時代になったと言えるでしょう（**写真16**）。

建物の外観の調査には赤外線カメラを搭載したドローンを活用し、タイルの浮きなどを早期に見つけることも可能になってきました（**写真17**）。

おわりに

超高層マンションはまだどのように修繕するのが最善なのか、改修のための材料や工具も含めて手探りの状態です。今後、さまざまな建材や改修手法が開発されていくことと思います。

長期修繕計画の内容も、修繕の項目を漏れなく精査し、最低60年程度の長期的な視野に立って、物価変動も鑑み積立金を算出し、見直し、改訂していくことが重要です。

今や、お住まいの方が多く、さまざまなご意見の方がいるのみならず、投資用、外国人などさまざまな所有形態の人が存在する時代になり、合意形成一つを取ってもこれまで以上に困難を伴いますが、これらを乗り越えて健全な改修工事を計画的に実施していくことができれば、超高層マンションは100年でも200年でも、あるいはもっと永きに渡って維持管理していくことが可能だと思っています。

写真12　マンションの地下に設置されている免震装置。手前が鉛ダンパー、奥が積層ゴムアイソレーター。これらの交換も視野に入れておくべきである。

写真13　機械式駐車場はランニングコスト、メンテナンスコストのみならず、更新時のコストは大規模修繕1回分の費用を上回る。超高層マンションの場合には地下ピット式や、建物中央コアにエレベーター式があるなどさまざま。

写真14　地下三段式の機械式駐車場を解体撤去し、鉄骨で柱と梁を組み鋼板の床を敷設して平面化した事例。ランニングコストが不要になるので経済的。ただし駐車場附置義務の台数に注意。

写真15　自家発電機は日常的には休止している設備であるが、定期の試運転を要し、常に使用できる状態を維持しなくては意味がない。当然に更新を計画しておくべきで設備である。

写真16　近年の豪雨や台風などに対応するため、地下への入り口や、マシンピット部分には止水板を設置できるようにする必要がある。ハザードマップにより想定される水位以上の高さのものが求められる。

写真17　4Kカメラ・赤外線カメラ搭載ドローンによる外壁検査の様子。足場をかけなくても赤外線カメラにより、タイルの浮きの調査が可能となったが、その精度にはまだ未知数の部分あり。これからに期待。

マンションにおける省エネ改修の必要性

現在我が国では、2050年までのカーボンニュートラルの実現、また2030年度には2013年度比で46%の温室効果ガスの排出削減の実現に向けた取り組みが進められています。特に我が国のエネルギー消費量の約3割を占める建築物分野における取り組みが急務とされています。

建築物のエネルギー消費性能の向上を図るため、2015年度には建築物省エネ法（建築物のエネルギー消費性能の向上に関する法律）が制定され、建築物の新築や増改築時における省エネ基準への適合義務・適合性判定制度、一定規模以上の建築物の新築・増改築に係る計画の届出制度等の措置が講じられるようになりました。その後の法改正により、省エネ基準適合義務の対象となる建築物が拡大されたり、省エネ性能の一層の向上を図る対策の強化が図られたりしています。

既存の建築物については、一定規模以上の増改築を行う場合を除き基準適合義務の対象とはならないとされてきましたが、省エネ基準適合義務の対象を小規模非住宅や住宅にも拡大したうえ、増改築を行う場合の省エネ基準適合が必要となる範囲の見直しにより、増改築をする場合には、増改築をする部分を基準適合させなければならないこととされました。

ちなみに、既存マンションにおける省エネ改修には、建物の断熱性能や気密性能の向上、日射の影響の低減、エネルギー効率の高い設備機器の採用、太陽エネルギーの活用など、さまざまな方法が考えられます。

建物の省エネ化は、環境負荷の低減、エネルギー使用量の削減による省コスト化ばかりでなく、冬の寒さや結露の発生、夏の暑さの緩和といった快適性の向上にも効果が期待できます。

地球温暖化の防止や再生可能エ

表1　マンションの竣工時期別に想定される主な省エネ改修メニュー

マンションの竣工時期	共用部分で想定される改修メニュー			参考（専有部分の改修）	省エネ基準
	外壁等	開口部	その他		
概ね1960〜70年代	総合的な省エネ改修が望ましい			・高効率な給湯器へ更新 ・LED照明化	（省エネ基準なし）
概ね1980年代	・外壁断熱 ・屋上断熱 （断熱材の劣化進行）	・サッシ更新 ・玄関ドア更新	・高効率なエレベーターへ更新 ・LED照明化	・高効率な給湯器へ更新 ・内窓の設置 ・内断熱 ・LED照明化	S55年基準 （旧省エネ基準）
概ね1990年代	・外壁断熱 ・屋上断熱	・サッシ更新 又はガラス交換	・高効率なエレベーターへ更新 ・LED照明化	・高効率な給湯器へ更新 ・内窓の設置 ・LED照明化	H4年基準 （新省エネ基準）
概ね2000年代以降		・ガラス交換	・LED照明化	・高効率な給湯器へ更新 ・内窓の設置 ・LED照明化	H11年基準 （次世代省エネ基準） H25年基準

出典：公益財団法人マンション管理センター「管理組合で取り組むマンションの省エネ改修」

ネルギーの活用といった社会的要請が高まる中、既存のマンションでも省エネ対策に関して考えていくことが望まれます。

専有部分と共用部分

マンションは区分所有者が個々に管理する専有部分と、管理組合が管理する共用部分に区分されます。

専有部分は区分所有者それぞれが省エネ対策をしますが、共用部分は管理組合が主体となり取り組む必要があります。

共用部分の省エネ対策として電球の間引きや消灯といったことがこれまでよく行われてきました。しかしながら最近では、建築的あるいは設備的にもこれまで以上に積極的な技術や対策が採用され始めています。

身近な省エネ対策

共用部分に対する身近な省エネ対策の一つとして、照明器具の省エネ型への取り替えなどが挙げられます。

共用廊下や階段、エントランスホール、駐車場、外灯などには多くの照明器具が設置されており、場所によっては24時間常時点灯しているものもあります。

これら共用部分の照明器具の省エネ化として、現在ではLED型照明への取り換えが一般化しています（**写真1・2**）。特に長時間点灯している箇所での省エネ効果が高く、以前は価格の面や避難経路などに設置できる器具が限定されてしまう場合があるなどとされてきましたが、蛍光灯器具や水銀灯の製造中止や、バッテリー内蔵の非常用照明器具のラインナップも増えていることから、今後ますます従来型器具からの入替が進むものと予想されます。

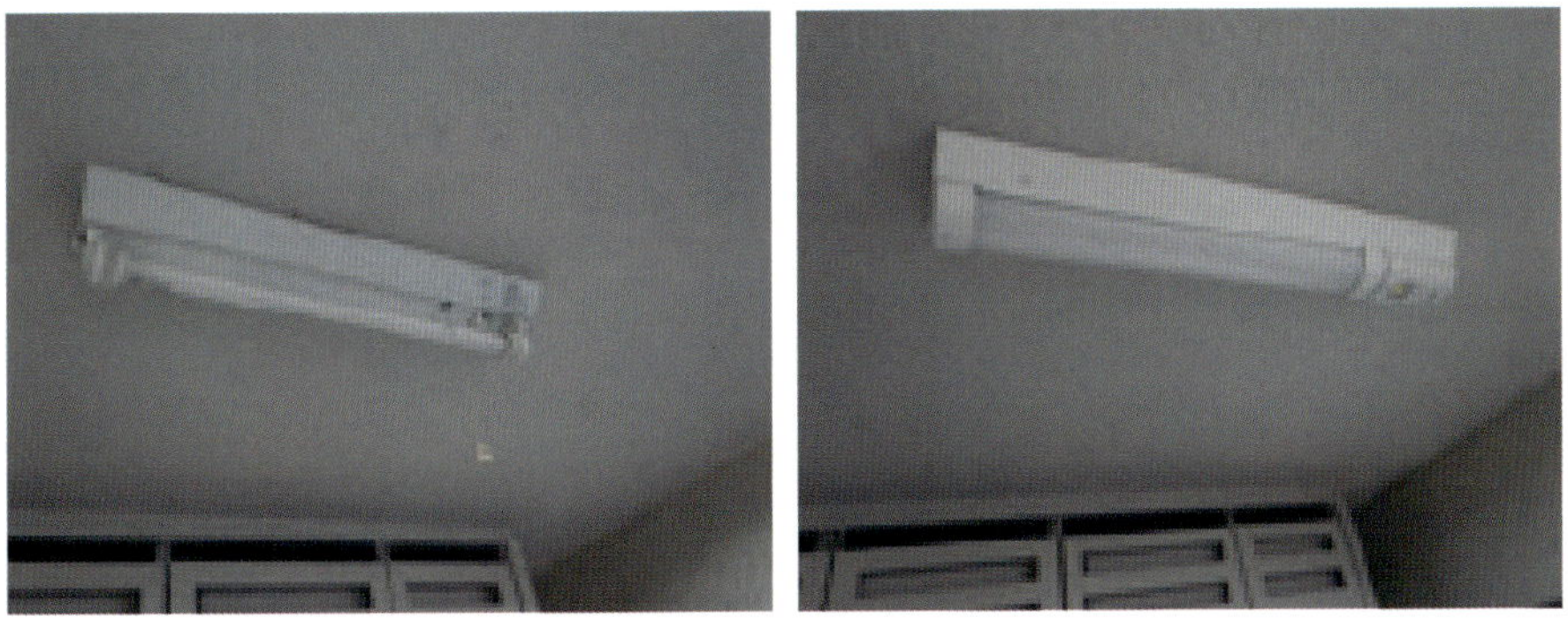

写真1・2　従来型蛍光灯器具からLED型照明器具への取替事例（階段室側マンション）
（バッテリー内蔵型非常用照明）

屋上や外壁の省エネ改修

遮熱性能の向上

夏場の炎天下、屋上や屋根の表面温度は70℃を超えるほどの高温になります。屋上に施されている防水層にダメージを与えるだけでなく、建物内に伝わった熱で室内の温度が上昇すると、冷房がより必要になります。

建物の温度上昇を抑え、室内環境の向上、冷房コストの削減効果が期待できる高日射反射率塗料（遮熱塗料）が近年注目されるようになっています。

屋上や屋根だけでなく外壁などに使用できるものもありますので、省エネ効果のみならず、防水層や躯体へのダメージを抑制する効果も期待できます。

ちなみに、高日射反射率塗料は、太陽光に含まれる近赤外線領域の光線の反射率を高め、熱エネルギーの吸収を抑えることのできる塗料です。また、塗膜の中に小さな中空ビーズを混入させて熱の伝導を抑制するものもあります。

屋上防水の改修や外壁塗装の塗り替え時などに比較的容易に採用できる省エネ改修の手法といえます。

断熱性能の向上

多くのマンションは鉄筋コンクリートで造られていますが、コンクリートは温まりやすく冷めにくいという性質を持っています。これは暖かい熱はもちろん、冷房のような冷たい熱も貯めることができるということです。

建物の断熱方法で、躯体の外側に断熱層を設けることを外断熱、室内側に断熱材を設けることを内断熱といいます。寒冷地を除いて外壁は内断熱のマンションがほとんどですが、外断熱の方がコンクリートの持つ蓄熱性を有効に生かし、省エネ効果を得やすいという特徴があります。

断熱材により建物全体を覆うことで、冬場は室内の暖かさが逃げにくく、外の寒さも部屋に伝わりづらくなります。夏場は日射や気温などの影響を少なくし、室内温度の上昇を抑える効果があります。室内環境が安定し、冷暖房効率の向上による省エネ効果が高く、躯体そのものの保護効果も期待できます。最近では寒冷地以外でも内断熱のマンション全体を外断熱化する改修事例も出始めています。

なお、外壁の外断熱化改修は断熱材や外装材を既存の躯体に固定する方法の違いで湿式工法と乾式工法に大別されます。また、断熱材と外装材との間に空間を設ける通気層工法と、通気層のない密着工法があります。

一方、屋上や屋根の外断熱化改修は寒冷地以外でも多くの実績があります。屋上の外断熱工法は、屋上のコンクリートスラブと防水層の間に断熱材を設ける工法（**図2・右**）と、防水層の外側に断熱材を設けたうえで、断熱材が飛散しないようコンクリートやブロックで保護する工法（**図2・左**）に大別されます。

防水層の外側に断熱材を設ける方が断熱効果や防水層の保護効果が高いですが、荷重増加に注意が必要となります。防水層と躯体との間に断熱材を設ける場合、断熱材の蓄熱や日射の影響により防水層へのダメージが多くなります。前述の高日射反射率塗料を併用するなどして防水層へのダメージを少なくする配慮が望まれます。

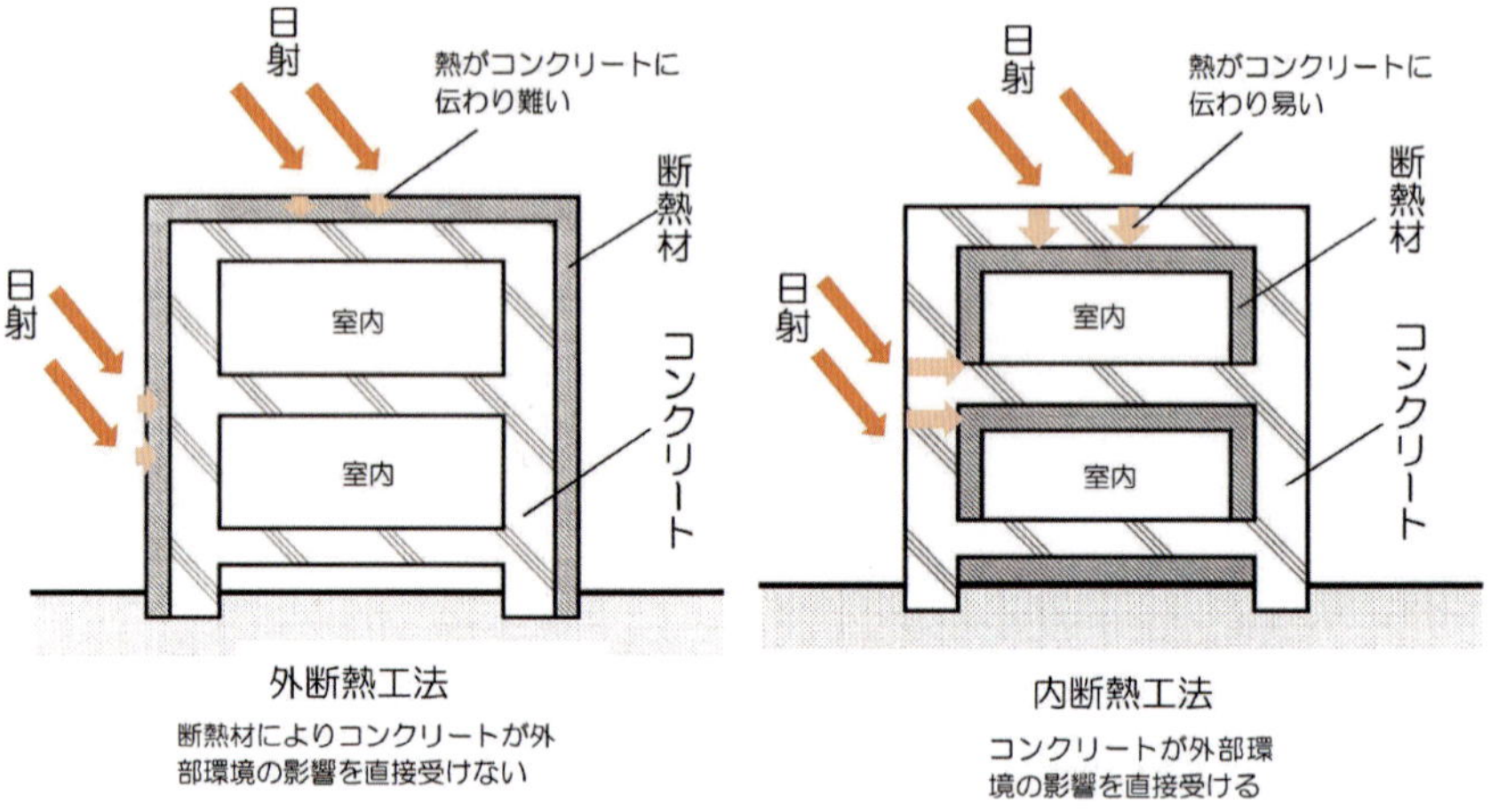

図1　外断熱工法と内断熱工法

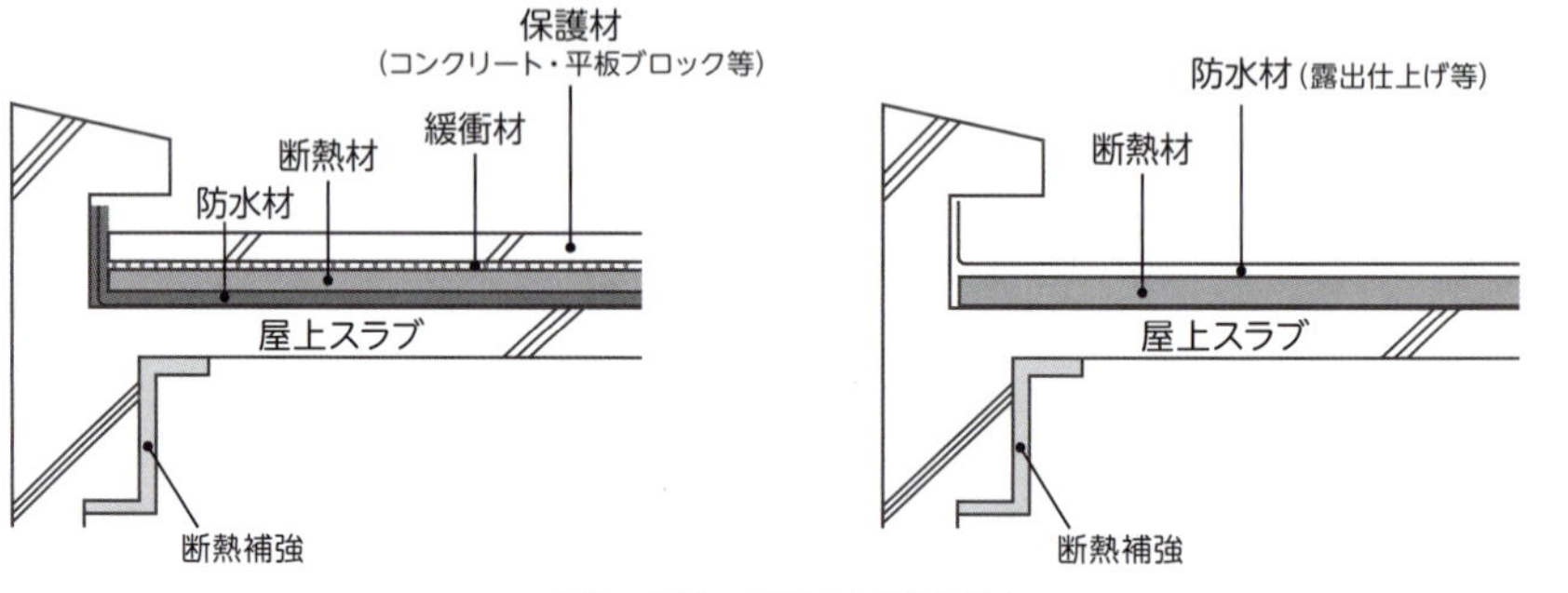

図2　屋上・屋根の外断熱工法

開口部の省エネ改修

窓は熱の出入りが建物の中でも大きい部位で、木造戸建て住宅の例をとると、冬場の暖房時に外に出ていく熱の48％、夏場に外から入ってくる熱の71％が窓からとされています。鉄筋コンクリート造のマンションにあっては、屋根や壁面等からの熱の移動はさらに下回るものと考えられることから、マンションにおける窓の省エネ対策は、室内環境の向上や冷暖房費を削減するうえではさらに効果が高いといえます。

窓の省エネ改修には、気密性能や断熱性能の高いアルミサッシやアルミ樹脂複合サッシに取り替えたり（**写真3**）、単板ガラスを複層ガラス化したり、部屋の内側に樹脂製サッシを取り付けて2重窓化する（**図3・上**）などの方法があります。

また、特殊金属膜をコーティングして遮熱・断熱性能を高めたLOW-Eガラスを使用したり、比較的安価なものとして、ガラスに日射調整効果のある特殊なフィルムを張り付けたりして省エネ化を図る方法などもあります。

玄関扉も熱の出入りがありますが、古いものは断熱性が低く、パッキンなどの劣化により気密性が低下します。

扉の内部に断熱材としてグラスウールやロックウールなどが充填された新しい玄関扉に取り替えることで、断熱性や気密性を上げることが可能ですし、遮音性や防犯性の向上にも効果があります。

なお、マンションの窓サッシや扉の取り替えは、既存の枠の上に

写真３　アルミサッシの取り替え

新しい枠を被せて取り付ける「枠カバー工法（図３・下）」が現在では主流となっています。有効開口寸法が一回り縮小するものの、作業時の騒音や粉じんなどの発生が少なく、比較的短時間で施工が完了するために、居住者の日常生活への影響が軽減されるといったメリットがあります。

ただし、窓サッシや玄関扉といった開口部を取り替えて室内全体の気密性が高まると、それまで隙間から自然に逃げていた水蒸気が排出されずに、結露が発生しやすい状況になります。換気を小まめにすることや、水蒸気の発生を抑制することへの注意も重要となります。

■内窓設置／既設窓を残したまま室内側に内窓を設置する工法

既設窓と内窓の間の空気層が断熱性を高め家の中を快適に

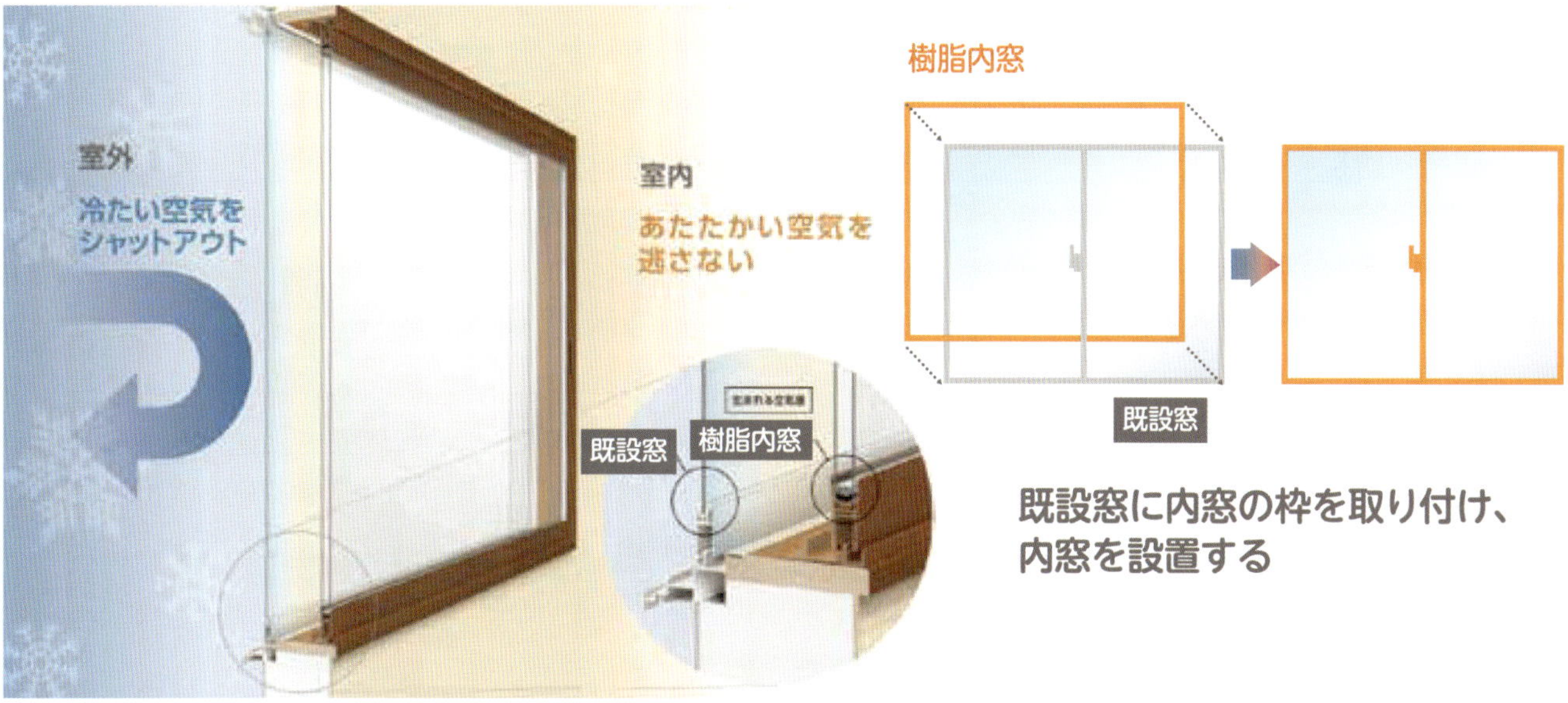

■外窓改修（カバー工法）／既設窓枠を残して新しい窓を取り付ける工法

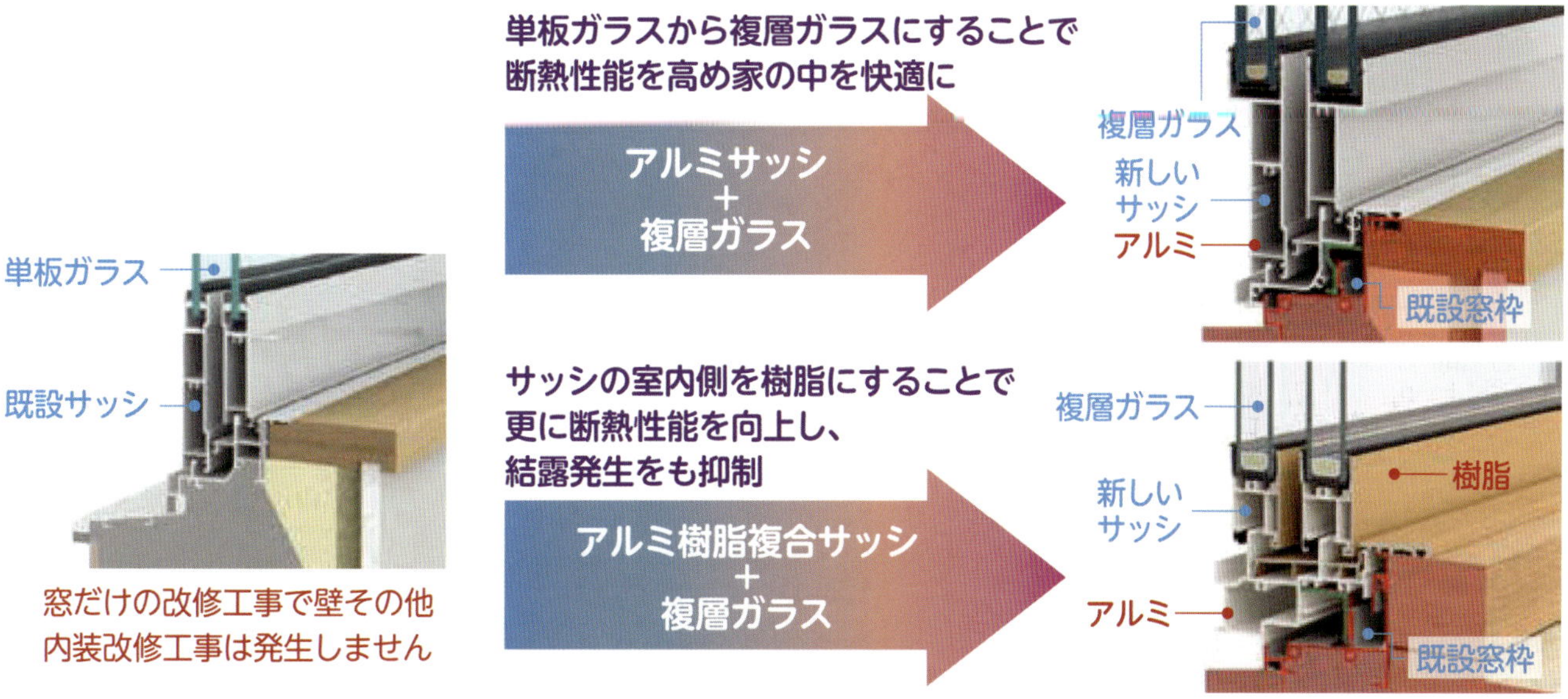

出典：一般社団法人建築開口部協会「マンションの窓の断熱改修のすすめ」

図３　窓の断熱改修方法

設備や次世代へ向けた省エネ改修

マンションには照明器具をはじめとして、電気を使用するいろいろな設備が設置されています。

例えば旧式の給水ポンプやエレベーターなどは多くの電力を使いますが、従来型の制御方式を最新のインバータ制御方式にすることで省エネ効果が得られます。

また、情報通信技術を活用してエネルギー消費量を適正に管理していく方法も試みられています。スマートマンションといわれるもので、マンションに設置されたスマートメーターにより電力使用量を「見える化」することで省エネ意識を向上させてエネルギー削減効果を高める取り組みです。

その他、太陽光発電システムや太陽の熱を給湯や暖房に利用する太陽熱利用システム、これから普及が見込まれるであろう電気自動車とその充電設備の導入などを検討するマンションも今後増えると思われます。

表2 共同住宅ストック再生のための技術概要

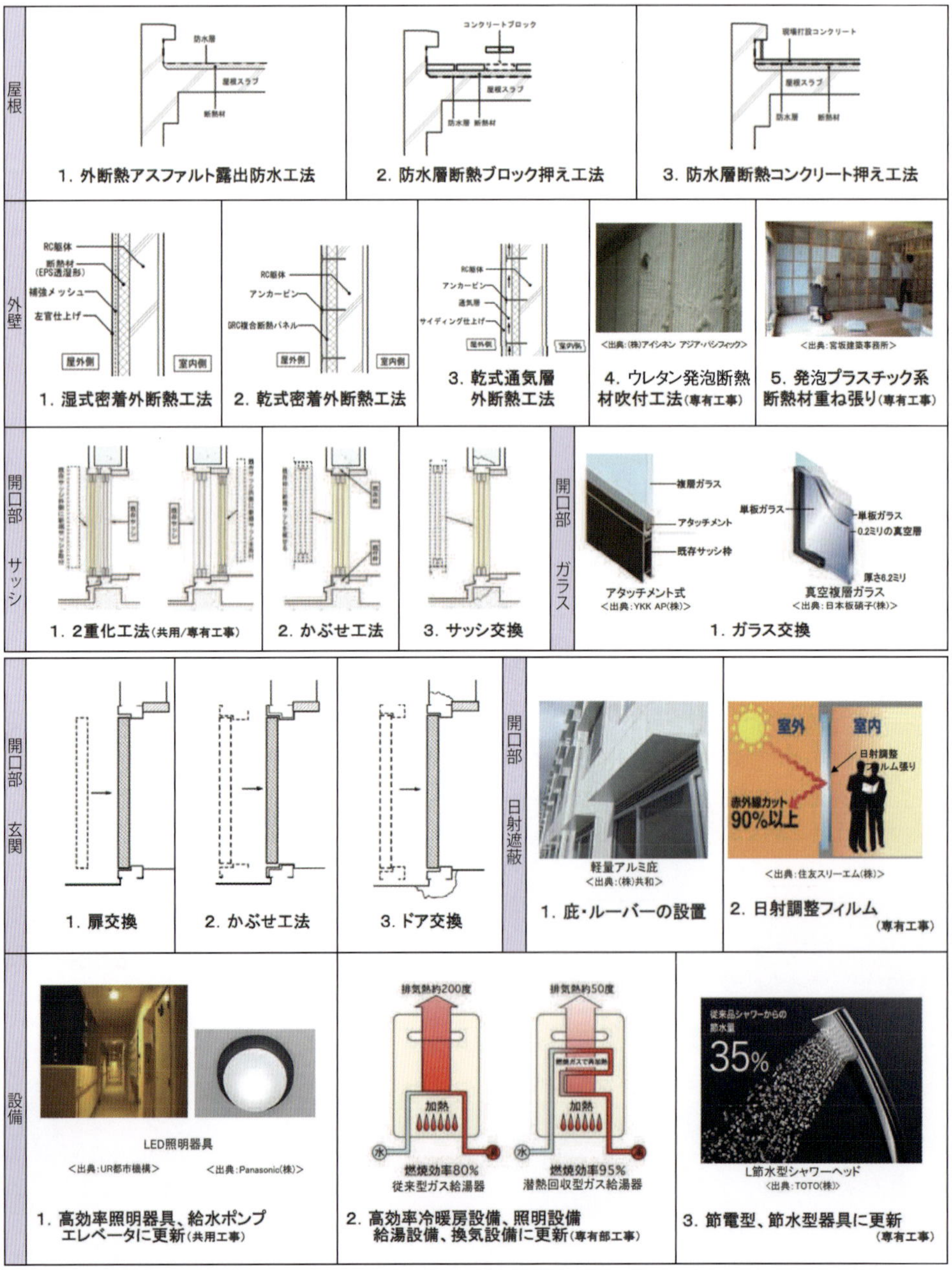

屋根
1. 外断熱アスファルト露出防水工法
2. 防水層断熱ブロック押え工法
3. 防水層断熱コンクリート押え工法
外壁
1. 湿式密着外断熱工法
2. 乾式密着外断熱工法
3. 乾式通気層外断熱工法
4. ウレタン発泡断熱材吹付工法（専有工事）
5. 発泡プラスチック系断熱材重ね張り（専有工事）
開口部 サッシ
1. 2重化工法（共用/専有工事）
2. かぶせ工法
3. サッシ交換
開口部 ガラス

＜出典：日本板硝子(株)＞
1. ガラス交換
開口部 玄関
1. 扉交換
2. かぶせ工法
3. ドア交換
開口部 日射遮蔽

＜出典：(株)共和＞
1. 庇・ルーバーの設置

＜出典：住友スリーエム(株)＞
2. 日射調整フィルム（専有工事）
設備

＜出典：UR都市機構＞
＜出典：Panasonic(株)＞
1. 高効率照明器具、給水ポンプ エレベータに更新（共用工事）

2. 高効率冷暖房設備、照明設備 給湯設備、換気設備に更新（専有部工事）

出典：国土交通省「持続可能社会における既存共同住宅ストックの再生に向けた勉強会」
－共同住宅ストック再生のための技術概要（環境・省エネルギー性能）－

マンション
大規模修繕工事とお金の話

マンション大規模修繕工事とお金の話

一般財団法人　経済調査会　出版事業部　企画調査室

マンションの維持・保全

マンションを維持・保全していくためには、まずは日常の管理＝保守・点検が適切に行われることが大切です。例えば、日々の清掃や植栽の管理、共用部分設備の部品交換や細かな修理などに加えて、水道設備やエレベーター、消防設備などについては法律に定められたとおりに点検を行うことが必要です。

しかし、これらの日常管理をしっかりしていても、建物自体の劣化は避けて通れません。その劣化に対応するためには長期的な視点で計画的に行う修繕が必要となり、建物性能（例えば、耐震性能や省エネルギー性能）の陳腐化に対応するためには、改良工事の検討も必要になります。

これら「保守・点検」、「修繕・改良」は、マンション会計の観点から見ると、**図表-1**のように区分されます。日常の管理に関する維持補修費用は管理費（一般会計）からの支出となり、大規模修繕などは修繕積立金（特別会計）からの支出となります。突発的な事故などで大きな修繕が必要となった場合は、修繕積立金から支出する場合もありますが、国土交通省が作成した「標準管理規約」では、第28条第1項において修繕積立金を取り崩すことのできる事由を限定し、かつ取り崩しにあたっては、金額の多寡にかかわらず、「総会の決議を経ること」（第48条）としているので、「マンションの修繕に使うのだから修繕積立金を・・」とは、簡単にいかないことを認識しておく必要があります。

そして、この修繕積立金の取り崩しの事由（**図表-2**）として最初に挙げられているのが、「一定年数の経過ごとに計画的に行う修繕」、つまり大規模修繕工事になります。

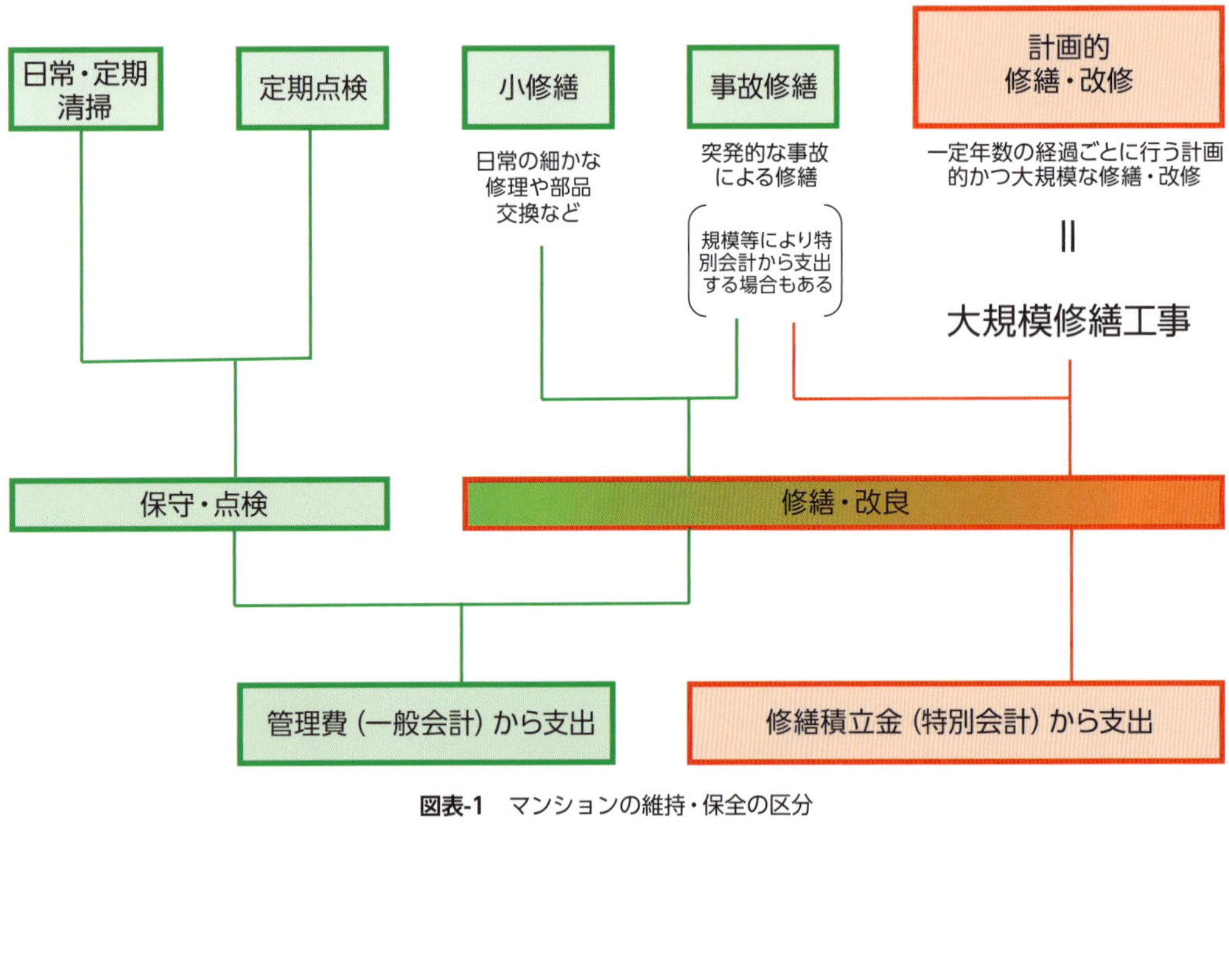

図表-1　マンションの維持・保全の区分

標準管理規約　第28条第1項	
管理組合は、各区分所有者が納入する修繕積立金を積み立てるものとし、積み立てた修繕積立金は、次の各号に掲げる特別の管理に要する経費に充当する場合に限って取り崩すことができる。	
一	一定年数の経過ごとに計画的に行う修繕
二	不測の事故その他特別の事由により必要となる修繕
三	敷地及び共用部分等の変更
四	建物の建替え及びマンション敷地売却（以下「建替え等」という。）に係る合意形成に必要となる事項の調査
五	その他敷地及び共用部分等の管理に関し、区分所有者全体の利益のために特別に必要となる管理

図表-2　修繕積立金の取り崩し事由

マンションの大規模修繕工事

マンションの長期修繕計画に関する基本的な考え方を示すものとして、国土交通省は２００８（平成20）年6月に「長期修繕計画作成ガイドライン（以下、長計ＧＬ）」を作成し、公表しました。そこでは、マンションの修繕周期は「一般的に12年程度」と記されており、多くの既存マンションでも、これにならい「12年周期」で大規模修繕を行う計画となっているのではないでしょうか。この長計ＧＬは２０２１（令和３）年8月に改定された、現在は「12～15年程度」と改められています。また、それに合わせて、長期修繕計画の期間は「30年以上で、かつ大規模修繕工事が2回含まれる期間以上」（従前は、新築30年、既存25年）とされ、「一定期間（5年程度）ごとに見直しを行う」との記載も追加されています。

マンションを維持していくための長期修繕計画の内容についても長計ＧＬの冒頭に「長期修繕計画は、①計画期間、②推定修繕工事項目、③修繕周期、④推定修繕工事費、⑤収支計画を含んだもので作成し、これに基づいて⑥修繕積立金の額の算出を行います。」との記載があります。④～⑤は、工事そのものではなく、工事費やその支出元となる修繕積立金とその収支にまつわる、つまりお金の話ということになります。

そこで、ここでは大規模修繕工事の主要な工事について解説するとともに、私共が収集したデータをもとにした「お金の話」と、その活用方法について紹介します。

大規模修繕工事の見積書分析

まずは、「大規模修繕工事」の費用について、実際に施工された工事の見積書を収集し分析した結果について、紹介します。

調査は２０２１年4月から２０２３年3月までの期間に収集した１００件（概要については**図表-３**参照）を対象としました。大規模修繕工事の費用は、**図表-4**に例示したような工事項目の大区分から小区分までの構成で、見積書では各工事項目の単価×面積・数量の積み上げで算出されます。しかし、同表に変動要因として記載した諸条件によって、工事項目や個々の単価については異なりますので、全体工事費や大区分に該当する項目で集計・分析を行いました。各工事金額の総計を単純に戸数で割った「戸当たり金額（万円）」を算出し、戸数規模による分布を分析し、さらに、延床面積（共用部面積を含む）÷個数で算出した「平均戸当たり規模（㎡）※いわゆる専有面積ではありませんので、ご注意ください」を①70㎡未満、②70～90㎡未満、③90㎡以上の3タイプに分類して、価格帯を見ています。

くわえて、２０１０年4月～２０１２年3月に行った同様の調査（以下、２０１２年調査：一般的な修繕周期12年程度以前）からの変動についても分析の対象としています。

調査対象域間	2021年4月～2023年3月
調査対象件数	100件
調査対象地区	全国
平均築年数	24.7年
平均棟数	1.4棟
平均戸数	71.7戸
平均回数	9.4階
平均建築面積	1,215.8㎡
平均延床面積	6,655.7㎡

図表-3　調査対象物件の概要

全体工事費

まずは、今回収集したデータから「全体工事費」について**図表-5**にまとめました。

全体工事費の戸当たり金額を算出したところ、**129・9万円／戸**と、2012年調査時の77・3万円／戸から52・6万円、**約68%の上昇**となっています。これは、この間の建設資材価格と労務費（人件費）の上昇が要因と考えられます。こういった価格の変動を確認する資料として、ここでは二つの資料を紹介します。一つ目は、国土交通省などが公表している「公共工事設計労務単価」です。これは、官公庁が発注する建設工事（公共工事）を対象として、公共工事に従事する労働者の賃金実態を調査する「公共事業労務費調査（毎年、秋ごろに実施）」の結果から、都道府県別・職種別（51職種）に集計した結果から、公共工事の積算に用いる単価を決定し、毎年春ごろに公表するものです。

二つ目が、当会（一財）経済調

大区分	中区分	小区分	変動要因
仮設工事	共通仮設工事	仮設事務所 仮設資材置場 仮設電気 ………… …………	事務所規模 駐車場の有無 荷揚げ方法 防犯対策 等々
	直接仮設工事	足場 養生ネット 荷揚げ設備 ………… …………	足場種類 足場巾 養生ネットの新旧 重機使用の有無 等々
下地補修工事	躯体補修	ひび割れ補修 欠損箇所補修 モルタル浮き補修 ………… …………	モルタル塗りの有無 劣化数量 中性化状況 塩害状況 等々
	タイル面工事	タイル浮き補修 保護塗装 タイル洗浄 ………… …………	タイル種別 既存張付け方法 浮き面積 洗浄方法 等々
塗装工事	外壁塗装工事	外壁面塗装工事 軒天塗装工事 内壁面塗装工事 …………	既存下地 塗装種類 塗布量 等々
	鉄部塗装工事	建具塗装 鉄骨階段塗装 手摺塗装 …………	玄関扉塗装有無 塗装鉄骨階段数 塗替手摺有無 等々
防水工事	屋根・ルーフ防水工事	下地補修工事 平場防水工事 立上り防水工事 笠木防水工事 …………	下地撤去or被せ 下地劣化数量 防水工法 金属笠木の有無 等々
	ベランダ工事	下地補修工事 防水工事 ………… …………	既存仕上げ 下地劣化数量 勾配調整 等々
	廊下・階段防水工事	下地補修工事 防水工事 ………… …………	既存処理（シート等） 下地劣化数量 勾配調整 等々
	シーリング工事	打継目地シール 誘発目地シール タイル廻りシール 建具廻りシール 手摺付根シール ガラス廻りシール	既存シール施工部位 撤去or増打ちorブリッジ サッシ水切り下シール有無 等々
諸経費・法定福利費			

図表-4 大規模修繕工事の一般的な工事項目と価格変動要因

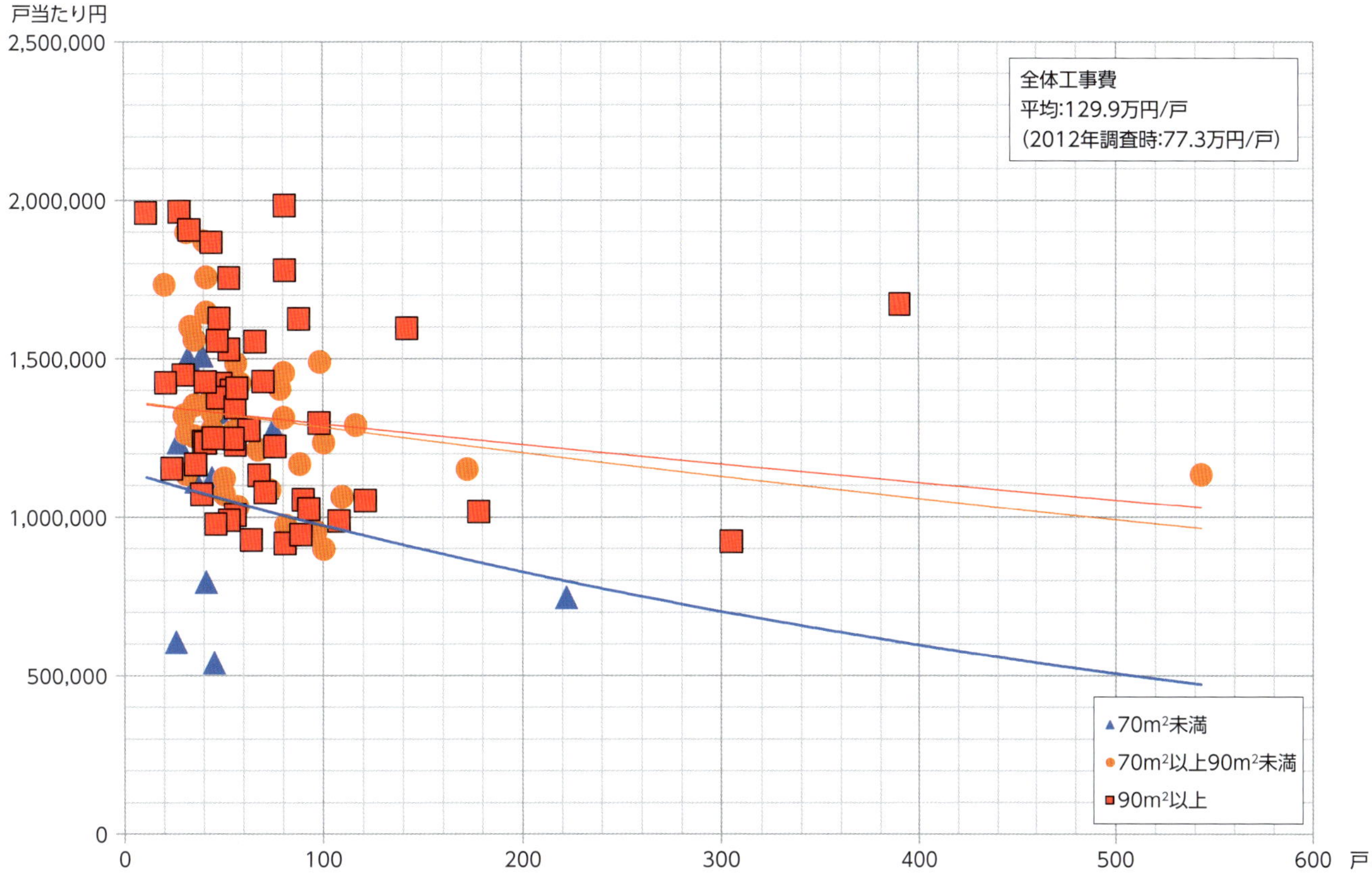

図表-5 全体工事費の散布図

査会が公表している「建設資材価格指数」です。こちらは、当会で調査した建設工事に使用される主要資材の価格変動を総合的にとらえることを目的とした指数です。作成方法などの詳細や最新情報については当会ホームページ（https://www.zai-keicho.or.jp/）をご確認ください。

この二つの資料を基に、同期間の変動を図表-6にまとめています。設計労務単価については、全国・全職種平均値、建設資材価格指数については全国・各年度の平均値の推移を、2010年を100とした指数にして、あらわしています。今回の調査時点である、2023年度の数値を見ると、労務費で約69P（ポイント）、資材価格で約64P上昇しており、今回の調査結果とほぼ同様の変動となっていることが確認できます。

最新の数字を見ると、労務費は上昇傾向が続いている一方で、資材価格については、コロナ禍等による急激な上昇を経て落ち着いてきたように見えます。

これら二つの変動を見ると、マンション大規模修繕費用（全体工事費）の約68%の上昇は、妥当性があると判断できます。

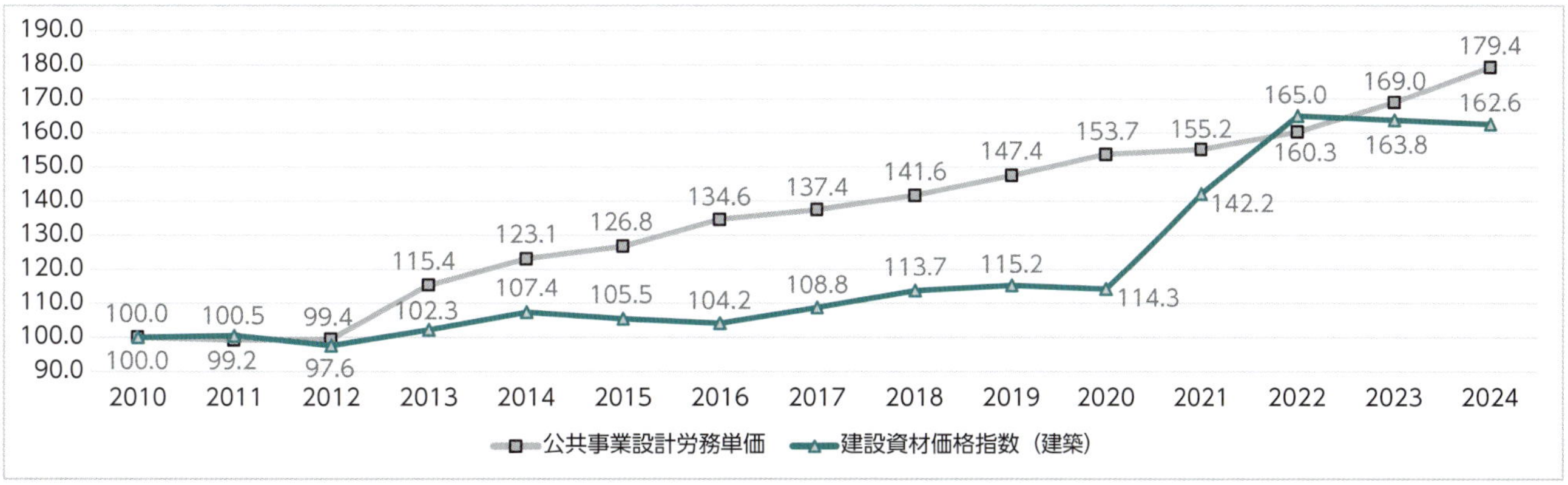

図表-6 公共工事設計労務単価と建設資材の価格推移

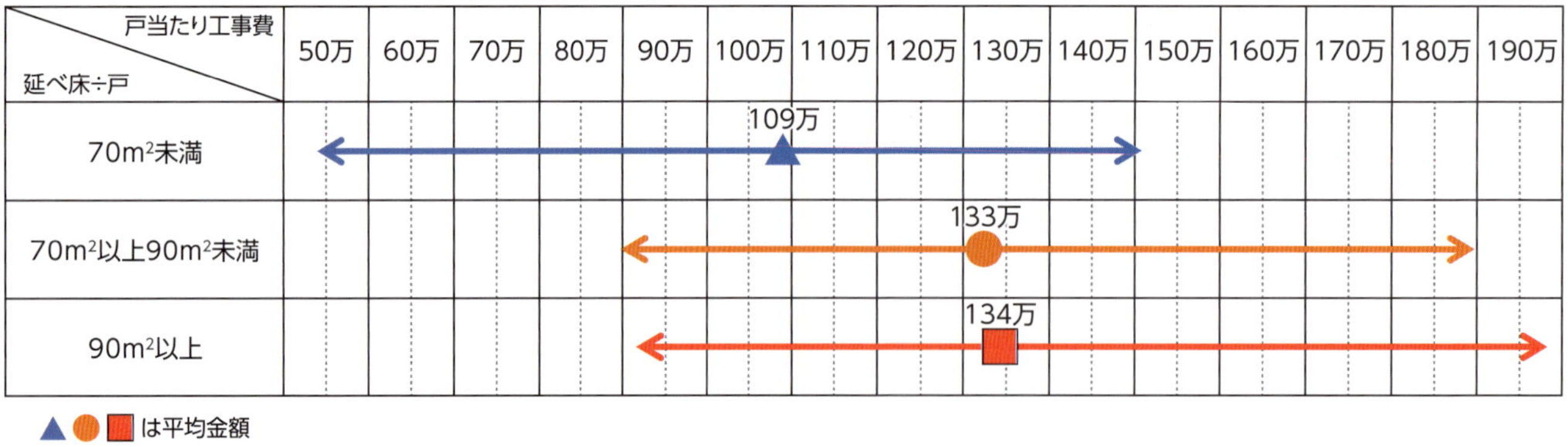

図表-7　全体工事費の価格帯

散布図上の近似曲線からは、戸数規模が大きいほど、戸当たり金額が下がる傾向が見られます。また、戸数が少ないほど工事内容による全体工事費の多寡が戸当たり金額に与える影響も大きいためバラツキが大きくなる傾向にあります。

次に戸当たり規模ごとの価格帯（**図表-7**）を見ると①70㎡未満で平均金額が109万円／戸（2012年調査時76万円・43・4％上昇）、②70～90㎡未満が133万円（同73・8万円・80・2％上昇）、③90㎡以上が134万円（同82・2万円・63％上昇）と前回調査時と比較すると戸当たり規模②が大きく変動し、③とほぼ同水準にある結果となりました。ここで注意したいのが、戸当たり規模の3タイプの構成比率も変化している点です。前回調査時は①：②：③の比率が33：40：27だったところ、今回調査では15：37：48と、③90㎡以上が半数近くになっています。これは、実際の専有部面積が広くなったわけではなく、1997年の建築基準法改正により、エントランスホール、エレベーターホール、階段等を含めた廊下等の共用部分を、容積率を算出する際に法定延床面積に算入しないという緩和措置がとられたため、つまり前回調査時には、この緩和措置を受けたマンションがまだ大規模修繕の時期を迎えていなかったためと考えられます。（その後も2012年にはエレベーターの昇降路、2017年には共用廊下と一体となっている宅配ボックス部分も面積不算入の対象となっています）。

以上のことを頭に置いていただきながら、マンションの総戸数×全体工事費の戸当たり金額**129・9万円／戸**（もしくは規模別金額）で、ざっくりとした大規模修繕工事の総額をつかむことができます。

では次に、大規模修繕において重要性の高い工事を、**図表-4**で示した大区分ごとに分析します。

仮設工事費

目的の建築物を建てる、もしくは修繕するために必要な施設、設備を一時的に設置する工事を一般的に仮設工事といいます。仮設工事は、その目的によって、さらに共通仮設工事と直接仮設工事に区分されます。

共通仮設とは、工事現場を運営する上で必要な仮設であり、例えば現場事務所、資材置き場、仮設トイレ、工事用の仮設水道・電気等などにかかる費用です。

もう一方の直接仮設とは、その工事の目的物（建築物、工作物）を施工するために必要な仮設で、代表的なものに、作業用足場や養生費用、清掃・後片付けなどが挙げられます。

これら共通仮設、直接仮設の費用は、実際の見積書では明確に区分されていない場合も多いので、まずは仮設工事費全体を分析の対象としています。

仮設工事費の散布図（**図表-8**）を見ると、全体工事費（**図表-5**）と比べて、バラツキが大きくなっています。全体平均額は、**30・3万円／戸**となり、2012年調査時の17・8万円／戸から、約70％の上昇となっています。この変動の要因は、全体工事費と同様、資材価格と労務費の上昇によるものですが、仮設工事、特に足場工事においては、2009年、2015年に労働安全衛生規則の改正により墜落防止対策の強化が図られ、更に2022年にも労働安全衛生法の改正により、フルハ

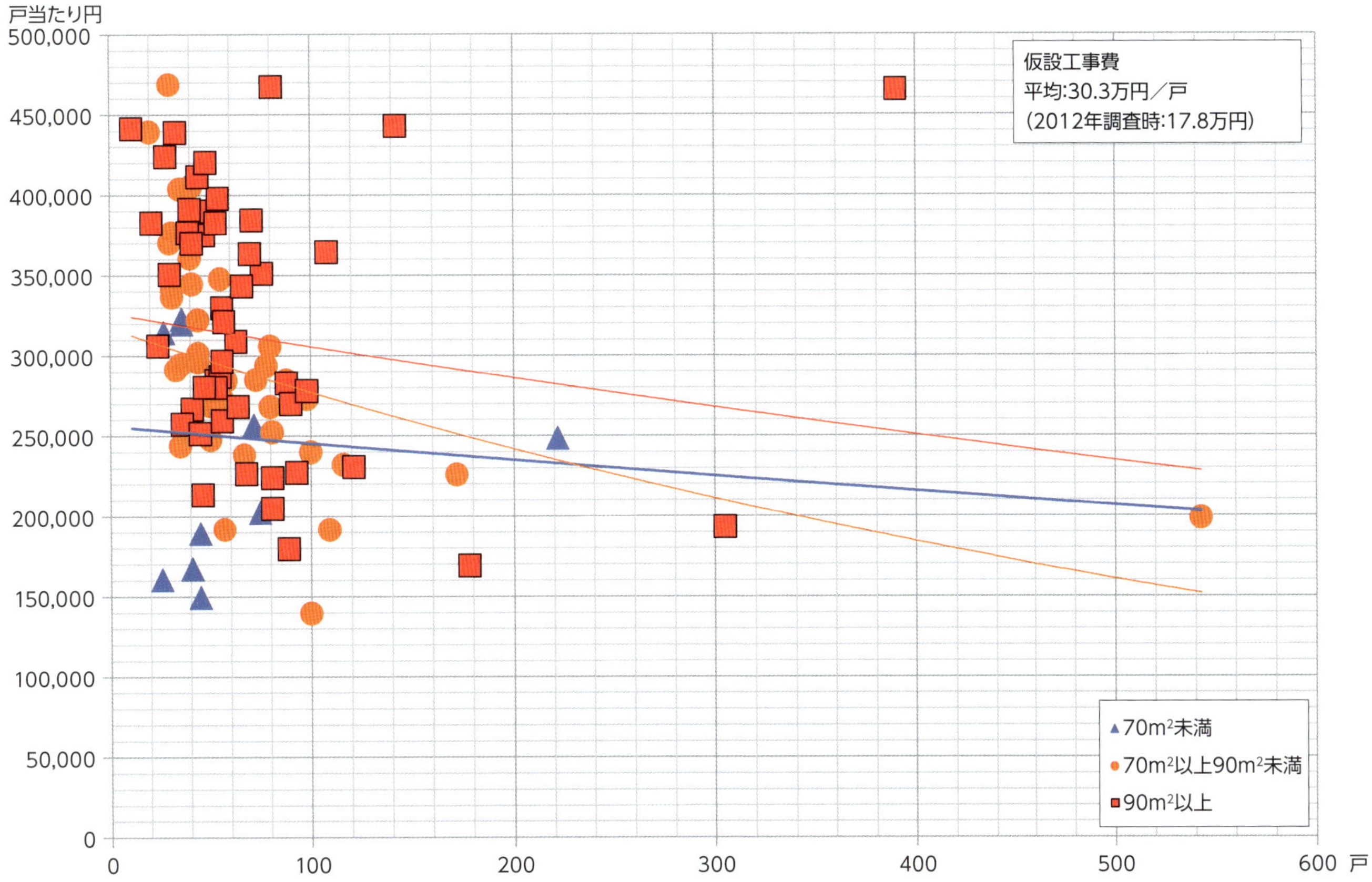

図表-8　仮設工事費の散布図

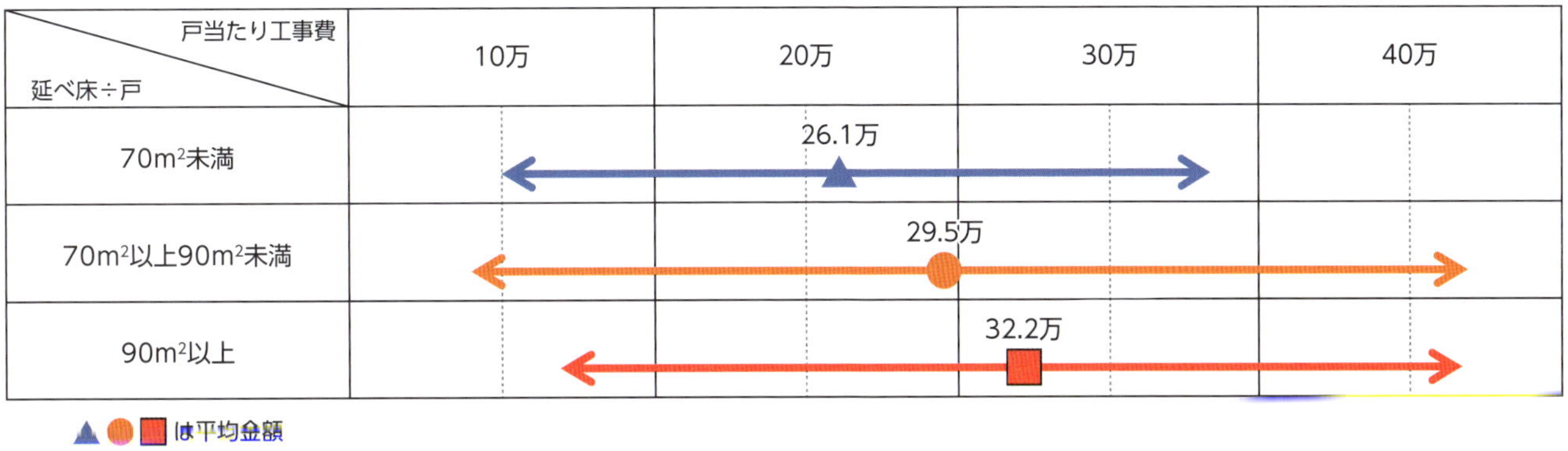

図表-9　仮設工事費の価格帯

ーネス型墜落制止用器具（従前は、「安全帯」と呼ばれるベルト状の器具）の着用が義務化されるなど、安全への配慮がより求められるようになった点が大きいと考えられます。近年では、これらの法改正に対応した安全性の向上に寄与し、かつ作業効率や美観に優れる「次世代足場」と呼ばれる足場も普及しています。

戸当たり規模ごとの価格帯（**図表-9**）は①70㎡未満で平均金額が26・1万円／戸（2012年調査時15・9万円・64・2%上昇）、②70～90㎡未満が29・5万円（同17・3万円・70・5%上昇）、③90㎡以上が32・2万円（同20・1万円・68・7%上昇）とほぼ同様に変動しており、戸当たり規模が大きいほど、金額が大きくなる傾向は前回調査と同様となっています。

データのバラツキの要因として、マンションの高さ（階数）による影響（特に作業用足場）もあると考え、階数による散布からの分析を試みましたが（**図表-10**）、特に相関関係は見られませんでした。

そこで、分布の中心から離れたデータの個別内訳から確認できた共通項を、**図表-11**にまとめました。これらの要因は敷地やマンションの広さや仕様等によるものですが、例えば管理組合から集会室を現場事務所として提供できるよう事前に居住者に了解を取っておく、日頃から安い近隣駐車場を把握しておくなど、管理会社やマンション改修事業者に任せっぱなしではなく、自分たちでも工事にかかる費用を抑えるための工夫をしてみてはいかがでしょうか。

※超高層マンションでも、仮設費は高額計上されていましたが、サンプル数が少ないため、要因としては挙げていません。

下地補修工事費

下地補修工事とは、マンションの構造の躯体表面に現れた損傷に対する補修工事を指します。多くのマンションが鉄筋コンクリート造や、鉄骨鉄筋コンクリート造ですので、コンクリートの補修工事と言い換えても良いかもしれません。また、タイルの張替え等の補修についても、こちらに含めて分析の対象としています。

下地補修工事費の全体平均額は、**17.3万円／戸**、2012年

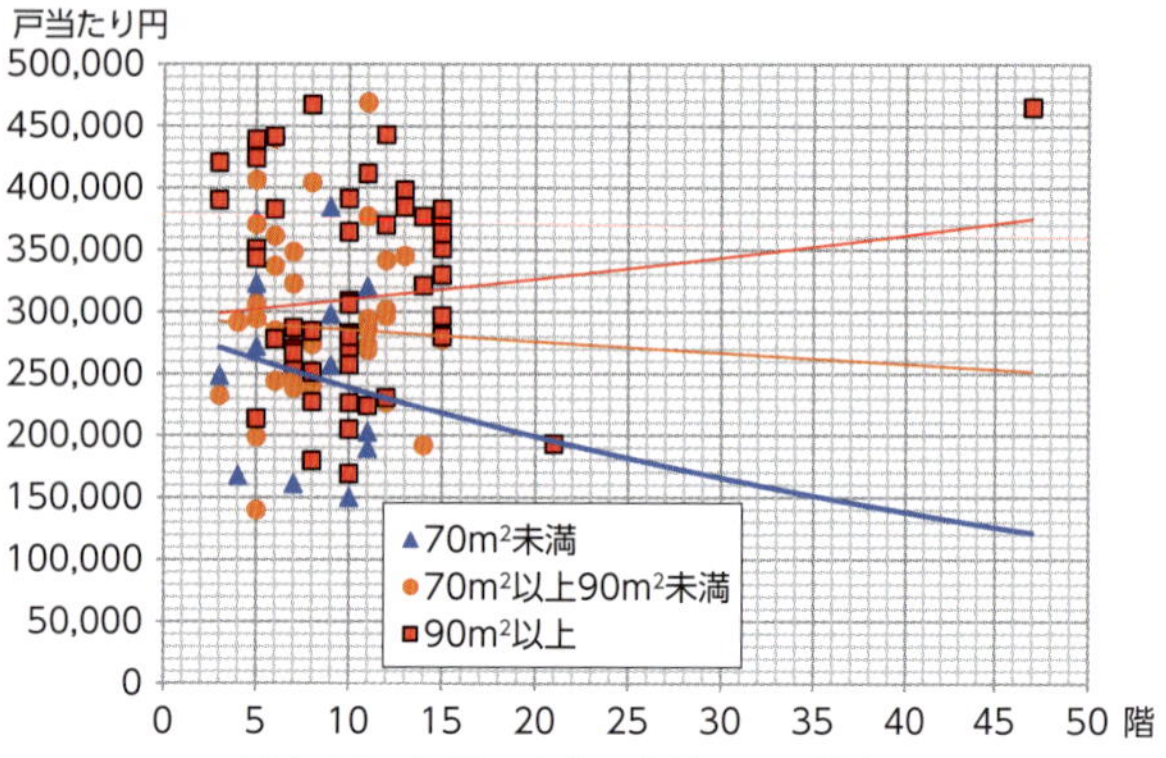

図表-10　仮設工事費の階数による散布図

仮設工事費が低額となる要因	
①	集会所等の共用スペースを、現場事務所として利用
②	工事用車両の駐車場費用が非計上
③	外壁のタイル面積比率が低い（50%未満）
④	複数棟で構成されている
仮設工事費が高額となる要因	
1	単棟である
2	工事用車両の近隣外部駐車場の有償借用
3	居住者車両対策費が計上（有償外部駐車場への仮置き）
4	石綿対策費用（調査費用、分析費用、装備費用）の高額計上

図表-11　仮設工事費の価格差要因

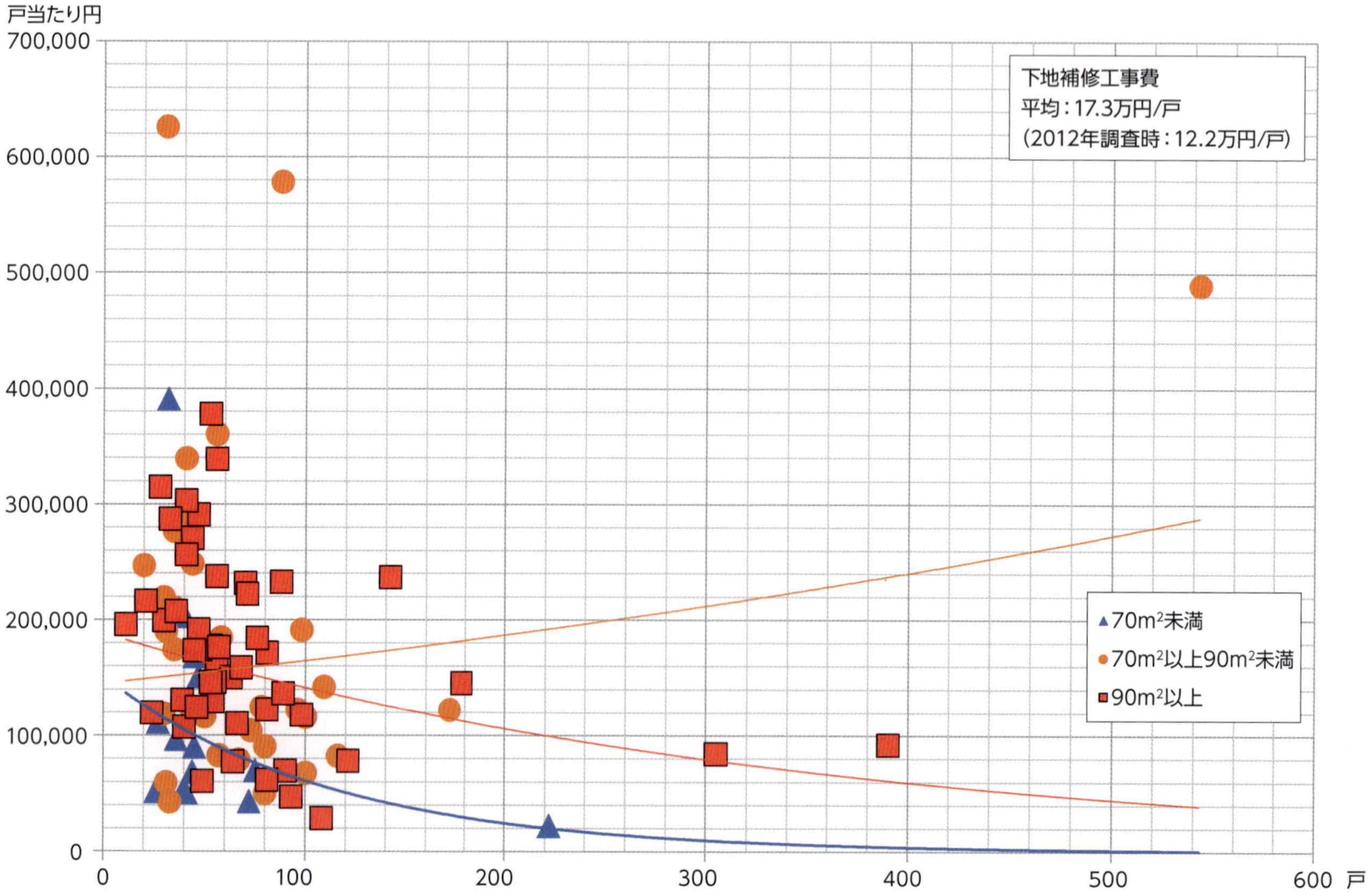

図表-12　下地補修工事費の散布図

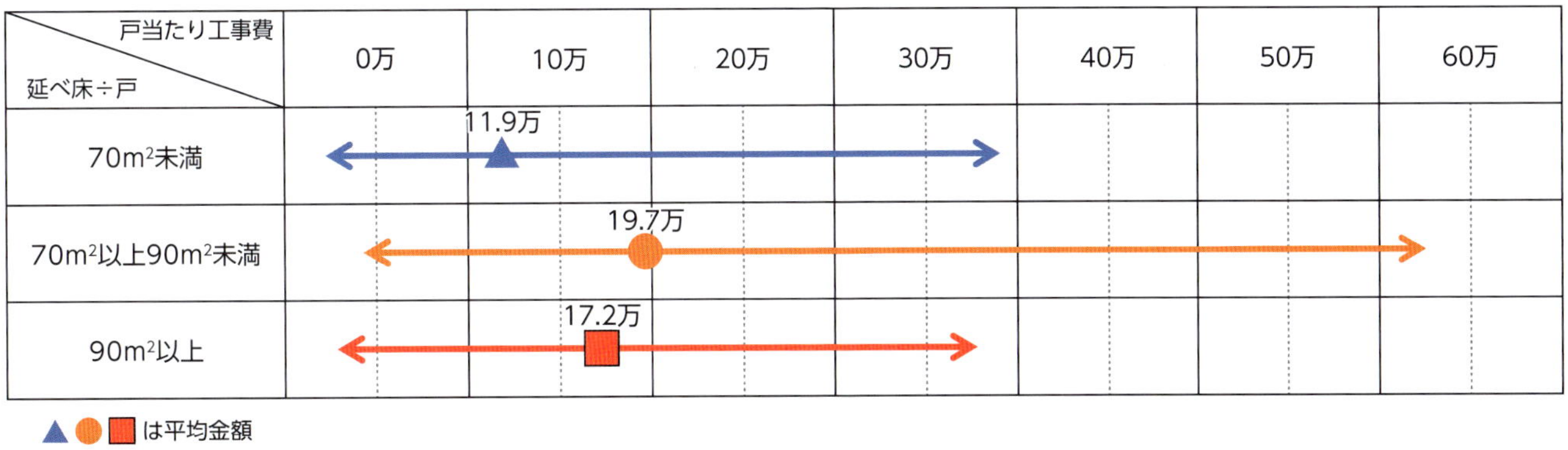

図表-13　下地補修工事費の価格帯

調査時の12・2万円／戸から、約42％の上昇と、全体工事費と比べると変動幅は抑えられています（**図表-12**）。下地補修工事においては、例えばクラック（ひび割れ）を補修する場合、エポキシ樹脂を注入するなどの、使用材料は少量だけれども手間（時間）がかかる、つまりは工事費における材料費の割合が低い工事が多く、材料価格の高騰の影響が少なかったため、変動幅が抑えられたと考えられます。

戸当たり規模ごとの価格帯（**図表-13**）は①70㎡未満で平均金額が11・9万円／戸（2012年調査時11・8万円とほぼ横ばい）、②70～90㎡未満が19・7万円（同10・8万円・82・4％上昇）、③90㎡以上が17・2万円（同14・9万円・15・4％上昇）と②が他と比べると割高で、変動も突出して大きくなっています。散布図上の近似曲線も②だけが戸数規模に応じて価格が高くなる傾向を示しています。そこで、高額なデータサンプルを確認したところ、いずれもタイル仕上げのマンションであったため、外壁面積に対してタイルの使用比率50％以上・未満で分類し、改めて分析を行いました。

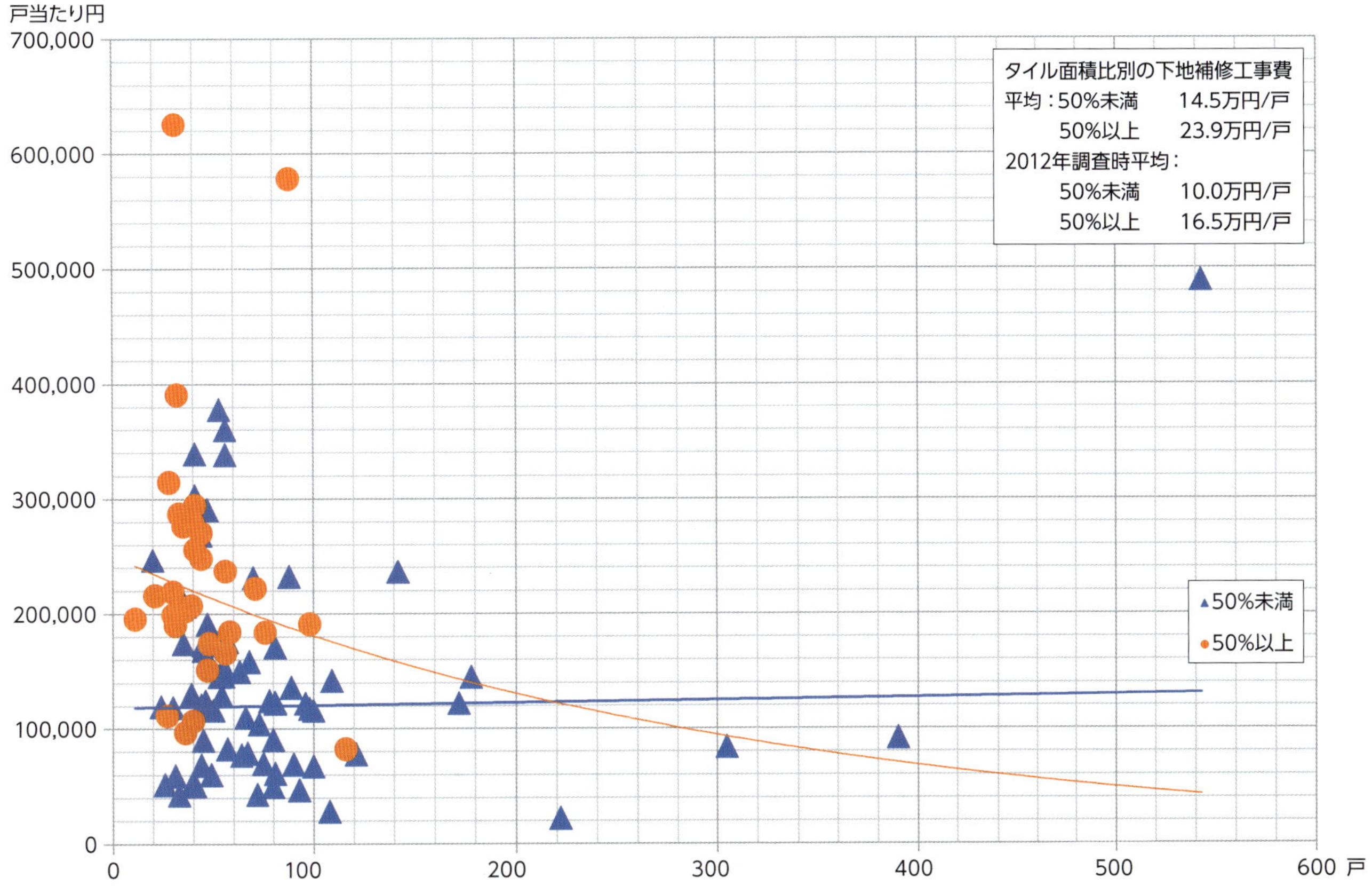

図表-14　タイル面積別の下地補修工事費の散布図

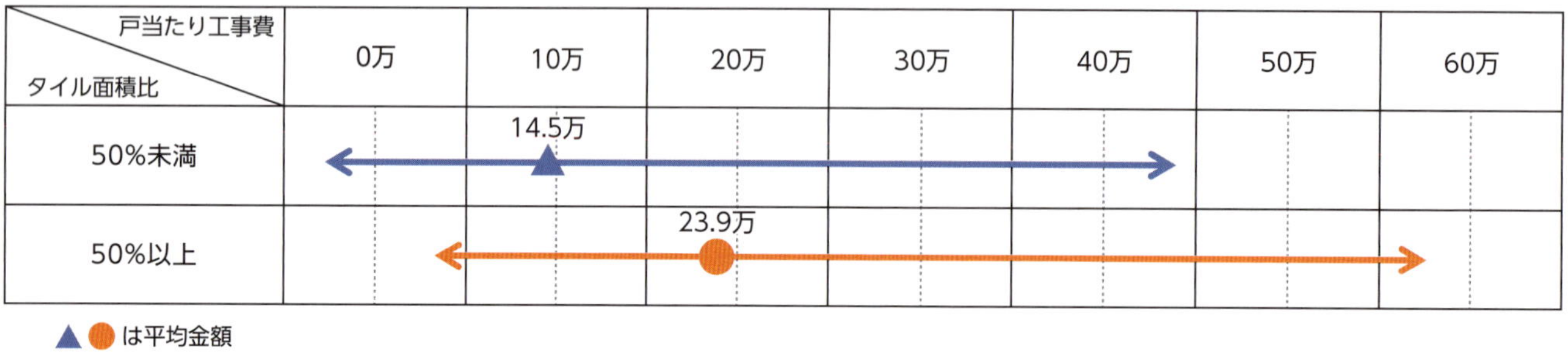

図表-15　タイル面積別の下地補修工事費の価格帯

図表-14の散布図を見ると、50%未満は、戸数規模が大きくなっても、大きな変化は見られませんが、50%以上はスケールメリットがみられる結果となっています。**図表-15**では、タイル面積が50%未満の平均価格が**14・5万円/戸**、2012年調査時10・0万円から45%の上昇、50%以上が23・9万円/戸と、こちらも2012年調査時16・5万円/戸と比較して約45%の上昇となっています。

以上の点から、下地補修工事費の水準を見る際には、タイルの使用比率も判断材料の一つとして意識を向ける必要があると思われます。

タイル補修について、もう1点注意しなければならないのが、補修数量です。マンションの大規模修繕工事の為の事前調査では足場を設置せずに可能な範囲で確認を行うことがほとんどで、そこから想定補修数量が設定されます。今回の調査、そして一般的にもタイル張り付け面積の3~5%程度を想定数量とする場合が多いのですが、まれに10%を超す場合があります。事前調査により不具合が多いことが判明すれば、剥落による危険度が低いところ(例えば床から1・0mの範囲等)は施工対象から外すなど予算にあわせた検討も可能となりますが、施工中に、例えば上層階の外壁部分等で広範囲に及ぶ不具合が見つかるなどした場合は、一時金を徴収する、もしくは融資の活用を検討するなど思わぬ対応が必要となります。以降の対応についても、経過観察しながらの継続的な補修でよいのか、抜本的な対策(全面にわたる補強など)を行うべきかなど、費用対効果を含めた検討 つまりは長期修繕計画の見直しの必要性につながりますので、想定補修数量の多寡や、その原因、対処方法は十分な確認が必要でしょう。

塗装工事費

塗装工事費は、外壁塗装と鉄部塗装に分かれます。施工箇所だけでなく、使用される塗料の種類も違い、修繕周期も異なります。

1) 外壁塗装工事費

外壁塗装には、躯体を雨や汚れなどから保護し、躯体の寿命を維持するという重要な役割があり、美観を保つためだけに行うわけではありません。また、外壁を「塗替える」と言いますが、既存塗膜の上に「塗り重ねる」のが基本となります。なので、そのための準備が重要です。下地補修が完了した段階で、既存塗膜の汚れを高圧洗浄し、表面が白亜化(チョーキング)または浮いている箇所はワイヤブラシやディスクサンダーなどで除去し、表面を清浄な状態にして、新しい塗膜がしっかりと密着するよう下地の準備をします。下地の準備が整った段階で、塗装工事に入りますが、事前段階で決めなければならないのは、塗料の仕様と塗り方です。塗料の仕様は多々あるのですが、基本的なところでは、下塗材、溶剤、樹脂による分類が挙げられます(**図表-16**)。

マンション改修でよく使用されるのは、可とう形=たわませることができる塗材の「E」か、より密着性の高い「RE」が下塗りで使用され、溶剤については、においの強い油性(溶剤形)は敬遠されることから、特殊な事情がない限り「水性」が多く選ばれています。樹脂については、修繕周期とほぼ同じ耐久性を持つ「シリコン樹脂」が多く、各塗料メーカーもマンション改修用として、同じシリコン樹脂製品でも、より耐久性が高いタイプ、紫外線対策を強化した超耐候性など特長を持った製品を複数用意しています。例えば、「中塗り、上塗り：超耐久性水性シリコン樹脂塗料」というように見積書に記載されます。その他にも防水性能が高い「アクリルゴム系」、フッ素樹脂よりも高い耐久性を持つ「無機系」、劣化対策に特化した「ラジカル制御形」など様々な種類の塗料があります。その他に透湿性を持たせた天井・軒裏用塗料など、部位別専用塗料などもあります。

見積書に記載された塗料の仕様をメーカーのホームページでその特徴を調べた上で、改修事業者に、なぜその塗料を選定したのかを確認することで、自分たちのマンションの外壁がおかれた環境や特徴を知ることができるかもしれません。

また、最近では外壁改修を機に、色を変える事例も増えています。塗料メーカーや改修事業者からCGなどを使ったカラーシミュレーションによる提案や、実物サンプルを見て決定という流れの中で、区分所有者への周知、了解などの手順を踏む必要がありますので、早期に取り組むことが重要です。

外壁塗装工事費の全体平均額は、**12・3万円／戸**、2012年調査時の10・8万円／戸から、約14％の上昇と変動幅は小さく、戸数規模との相関も見られません（**図表-17**）。これは、前述した仕様が多岐にわたることも一つの要因とも考えられますが、主に施工対象面積の違い（下地補修工事で分類したタイルの施工面積比率など）や、既存の状態による準備作業の多寡など、物件ごとの条件によるところが大きいと思われます。

戸当たり規模ごとの価格帯は①70㎡未満で9・0万円／戸（2012年調査時9・0万円と横ばい）、②70~90㎡未満が11・7万円（同10・1万円・15・8％上昇）、③90㎡以上が13・8万円（同12・4万円・11・3％上昇）という結果となっています（**図表-18**）。

2）鉄部塗装工事費

鉄部塗装工事とは、建物外部に

下塗りの種類

種別		下塗材（主剤）	付着強さ	
			（標準状態）	（湿潤状態）
			N/mm²	
可とう形改修塗材	E	微弾性フィラー	0.7以上	0.5以上
〃	RE	エポキシ系微弾性フィラー	1.0以上	0.7以上
〃	CE	ポリマーセメント系フィラー	0.5以上	0.5以上

溶剤の種類

		代表的な溶剤	特長
油性	（強）溶剤形	ラッカーシンナー、エポキシシンナー、ウレタンシンナー	耐久性や機能性がとても高いが、臭いや環境への悪影響なども強い
油性	弱溶剤型	ターペン、ミネラルスピリット（塗料用シンナー）	強溶剤と比べてやや機能性は落ちるが、臭いも少なく安全性も高い
水性		水	耐久性や機能性がやや劣り、臭いや安全性の心配が少ない

樹脂の種類

仕上げ塗材 中塗り＋上塗り	耐候性の品質（JIS A 6909）	耐用年数（目安）
アクリル樹脂系塗料	3種	4～6年
ウレタン樹脂系塗料	2種	7～10年
シリコン樹脂系塗料	1種	12～15年
フッ素樹脂系塗料	1種	15～20年

図表-16　塗料の種類（例）

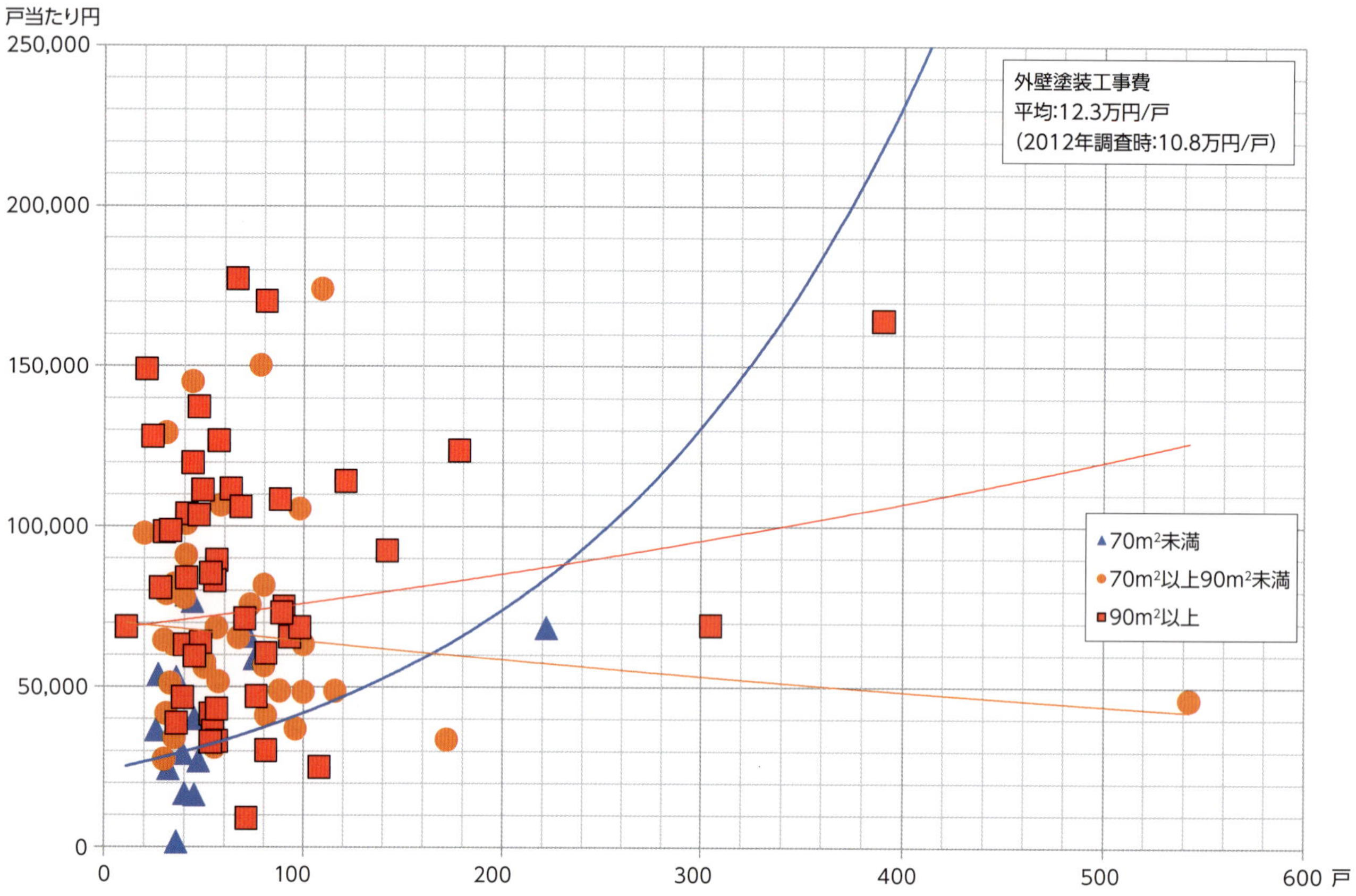

図表-17　外壁塗装工事費の散布図

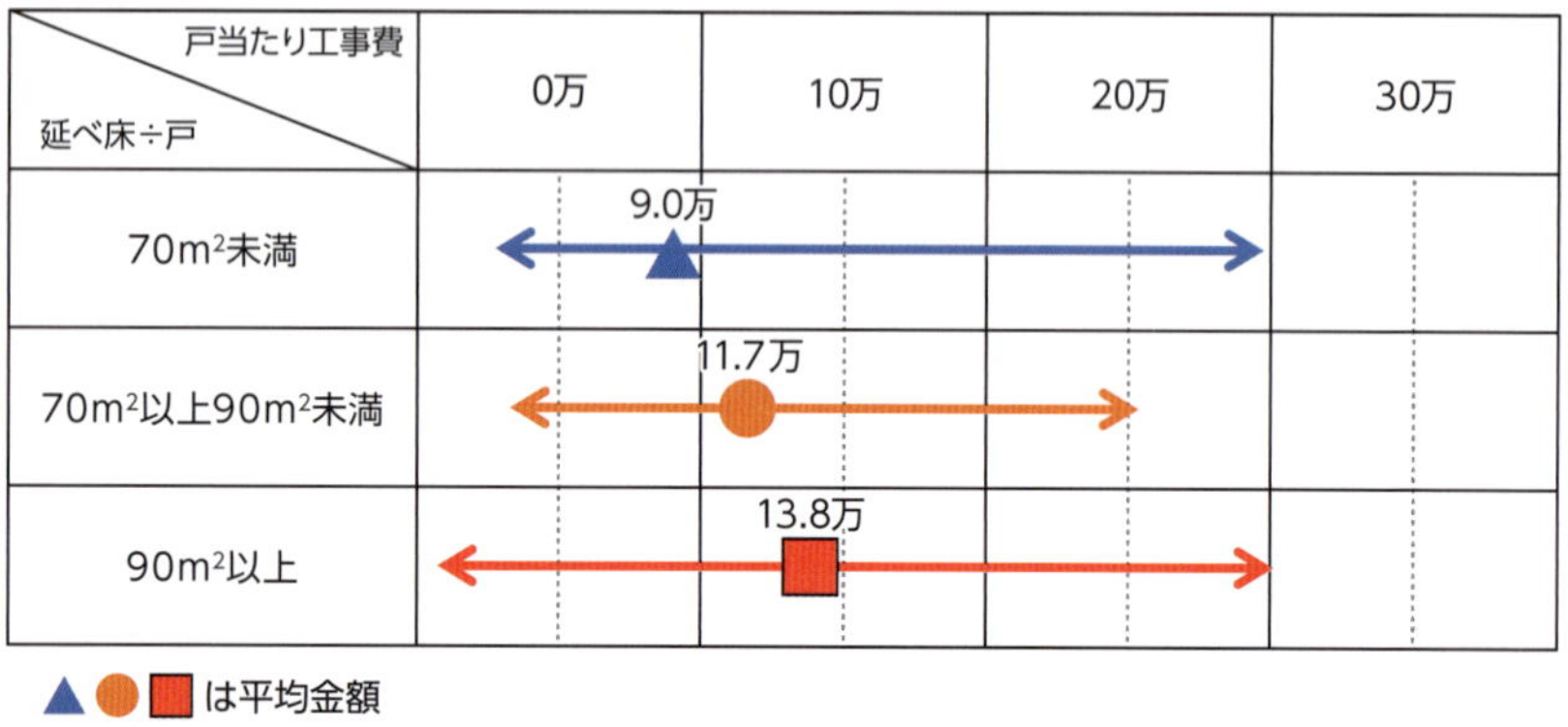

図表-18　外壁塗装工事費の価格帯

設置された解放廊下やベランダの手すり、壁面に設置された換気口、玄関扉枠やメーターボックス、端子盤等の鉄扉などに対し、耐久性や美観向上のために行う工事です。

鉄部のさびが進むと強度が不足し設置部から脱落するなどの危険性が高まります。また、腐食が進むと、部材を交換する必要が生じ、より費用がかさんでしまいます。

そうならないよう、屋外の鉄部は一般的に5～7年ごとの再塗装が理想的といわれており、大規模修繕周期の間に、追加して工事を行う必要があります。ただ外部環境や塗装材料、塗装方法などの違いも影響するため、再塗装の時期は状況により異なります。定期的に点検を行い、修繕時期を見定める必要があります。また、新築マンションでは、より耐食性の高いアルミやステンレス製の部材の採用も増えており、大規模修繕時に手すりなどをアルミ製などに交換する工事も増えています。

鉄部塗装工事においては、鉄部への付着性から弱溶剤形、修繕周期にあわせてウレタン樹脂塗料が採用されることが多いようです。

鉄部塗装工事費の全体平均額は、**4・9万円／戸**、2012年調査時の4・8万円／戸からほぼ変動がありません。（**図表-19**）。

戸当たり規模ごとの価格帯は①70㎡未満で4・9万円／戸（2012年調査時4・5万円）、②70～90㎡未満が5・1万円（同4・5万円）、③90㎡以上が4・8万円（同5・2万円）と、いずれも変動は小さく、タイプ別の価格差も見られない結果となりまし

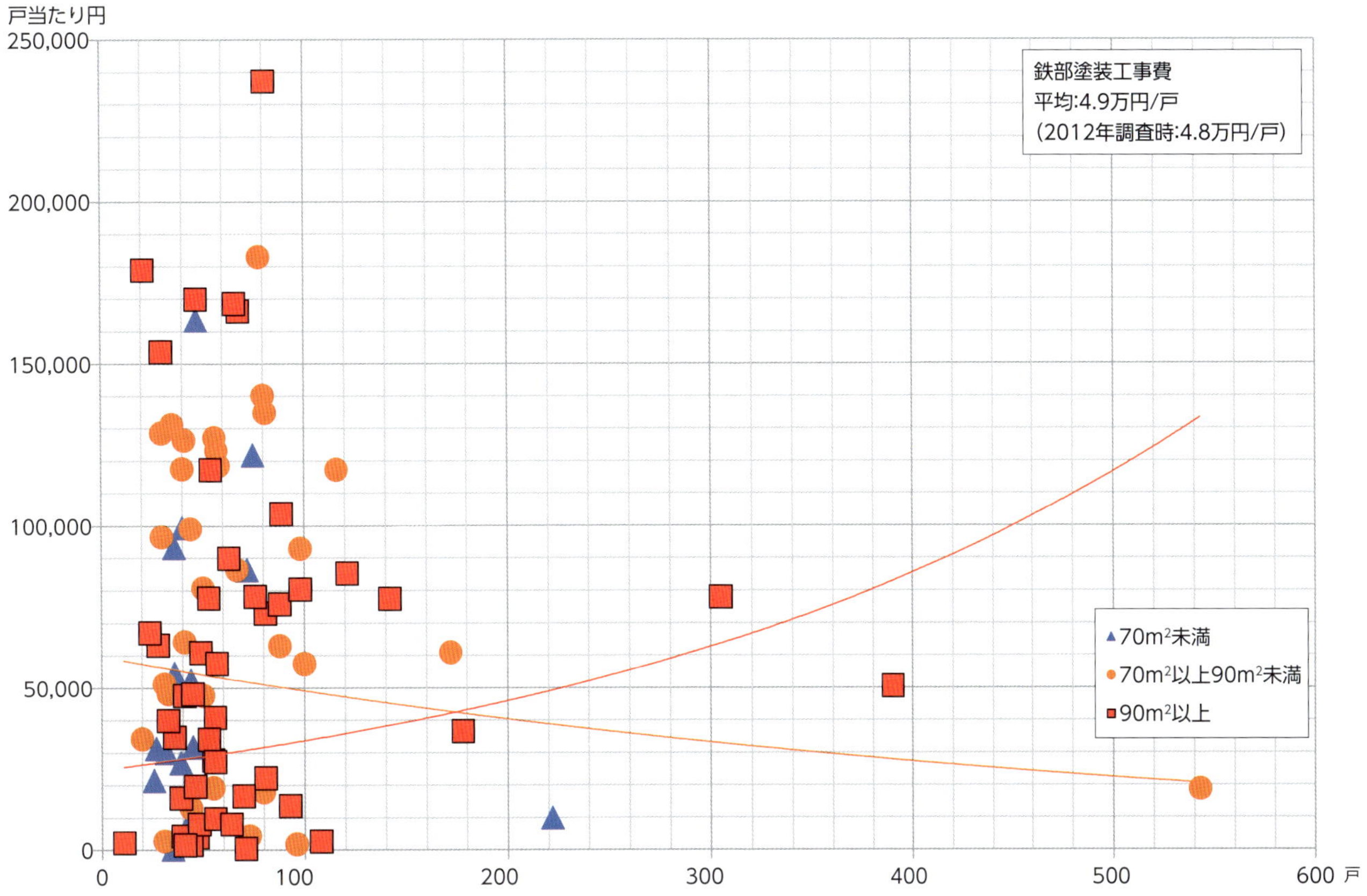

図表-19　鉄部塗装工事費の散布図

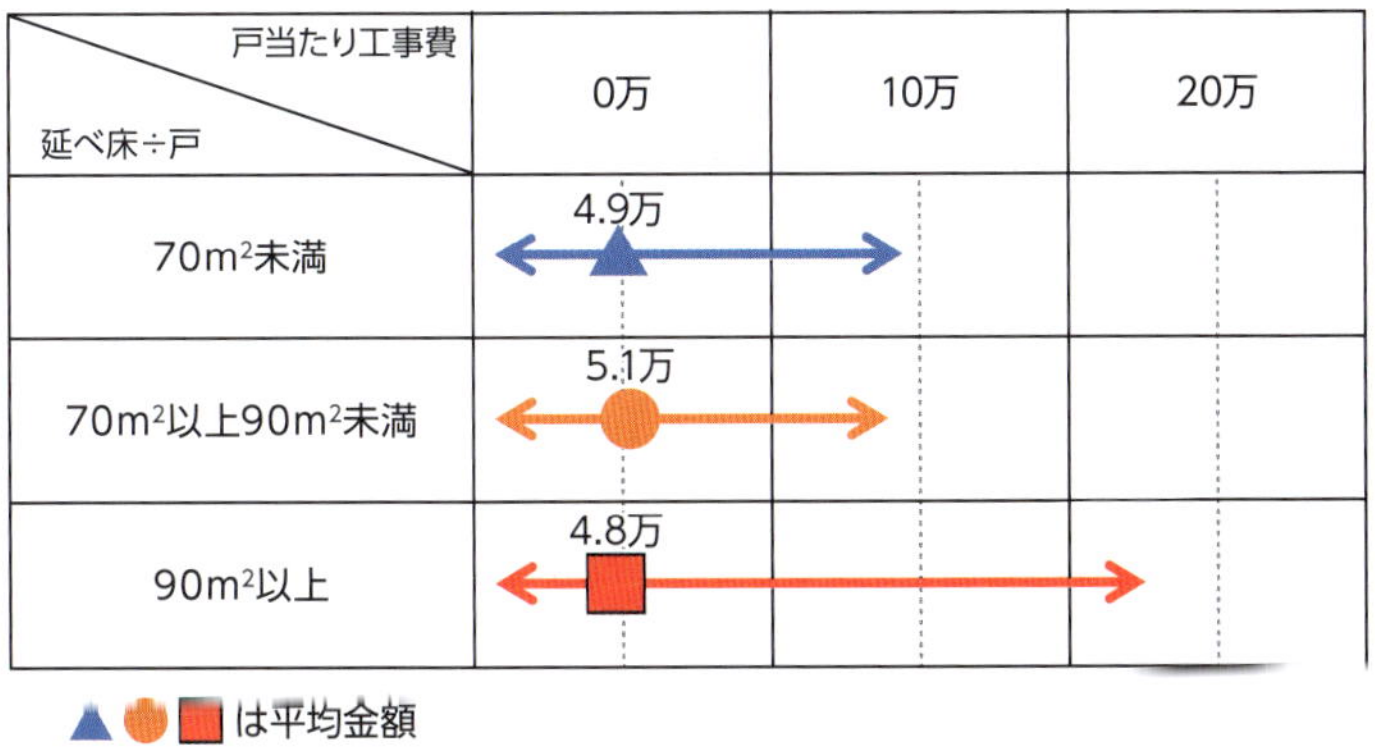

図表-20　鉄部塗装工事費の価格帯

た（**図表-20**）。

外壁塗装、鉄部塗装はともに、前回調査からの変動や規模タイプ別の格差などがあまり見られませんでした。いずれも既存の状況による作業に個別性があり、とくに鉄部においては、素地である鉄部の錆対策が重要なため、改修においても塗膜の劣化状況、発錆状況により、個所ごとで対応も異なります。今回の戸数規模による戸当たり価格という単位では、その傾向が読み取れなかったので、次回の分析では別のパラメータによる分析も検討したいと思います。

防水工事費

マンションの修繕で、防水改修が必要になる主な改修部位は、屋根、外部廊下・階段、バルコニー等の平面部分などと、各部位のです。平面から躯体および建物内部への漏水を防ぐための防水層を維持、補修するには、やはり既存の状態の見極めが重要となります。各部位のおかれた環境により劣化状況も異なりますし、各部位ごとに防水の方法・種別・工法が異なっている場合も多く、各部位ごとに最適な改修方法を選択する必要があります。**図表-21**に、主な防水の種別と工法をまとめました。また、解放廊下やバルコニーなどでは、平面部はシート防水、側溝部は塗膜防水といったように、複合工法がとられる場合もあります。さらに、これら種別・工法に各メーカーが特色を持たせた製品を展開していますので、選択肢は多岐にわたります。ただし、既存の防水層の劣化が激しい場合や、複数回の改修を経た場合などは、既存防水層を撤去して施工するの

マンション防水の種別・工法

種別・工法		耐用年数	施工箇所	コスト比較	備考
アスファルト防水（改質を含む）	トーチ工法	15～25年程度	屋上	②	定期的に トップコートを塗布
	常温（冷）工法			③	
	熱工法			改修には、ほぼ使わない	
塗膜防水	密着工法	8～10年程度	屋上、バルコニー 解放廊下	①	定期的に トップコートを塗布（遮熱性重要）
	通気緩衝工法	10～15年程度		④	
シート防水	密着工法	10～15年程度	屋上、バルコニー 解放廊下	⑤	
	機械的固定工法	15～20年程度		⑥	

安 ① →→ ⑥ 高

図表-21　マンション防水工事の種別

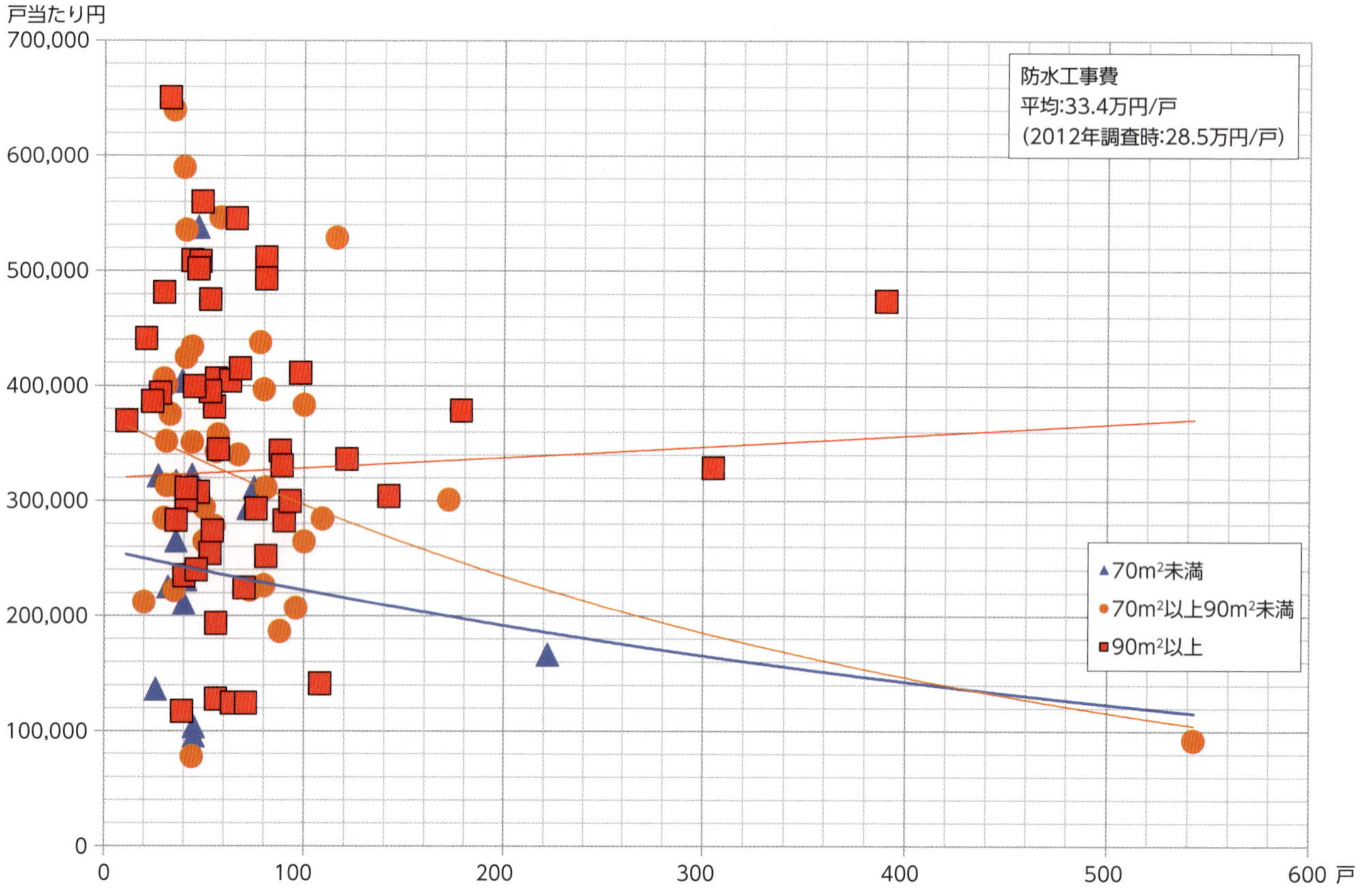

図表-22　防水工事の散布図

で種別・工法は自由に選択できますが、ほとんどの場合、既存防水層の上に重ねて新規防水層を施工するので、既存防水によって新規の防水層に制約が生じる場合もあります。

まず、防水工事全体での価格の傾向を見てみました（**図表-22**）。全体平均額は、**33・4万円／戸**、2012年調査時の28・5万円／戸から、約17％の上昇と変動幅は小さく、戸数規模との相関も見られません。

戸当たり規模ごとの価格帯（**図表-23**）は①70㎡未満で26・2円／戸（2012年調査時28・7万円・約9％下落）、②70～90㎡未満が34・0万円（同24・0万円・約41・6％上昇）、③90㎡以上が35・1万円（同32・0万円・約9・6％上昇）と、変動幅に大きなバラツキが見られます。

そこで、部位別に集計して見ました。ただし、2012年調査時は部位別に集計していなかったので、今回の結果のみとなります。

屋根（屋上・ルーフバルコニー含む）防水について、基本的に施工対象が屋根となるので、棟構成や階数により、戸当たり面積に大きな差異が出るので、建築面積÷

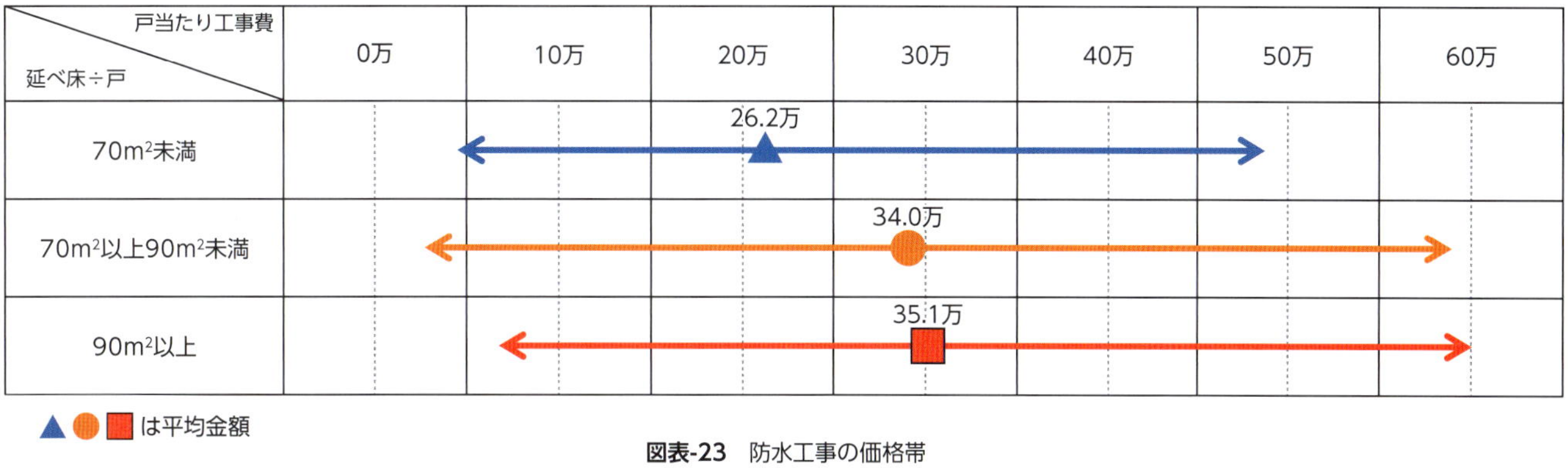

図表-23　防水工事の価格帯

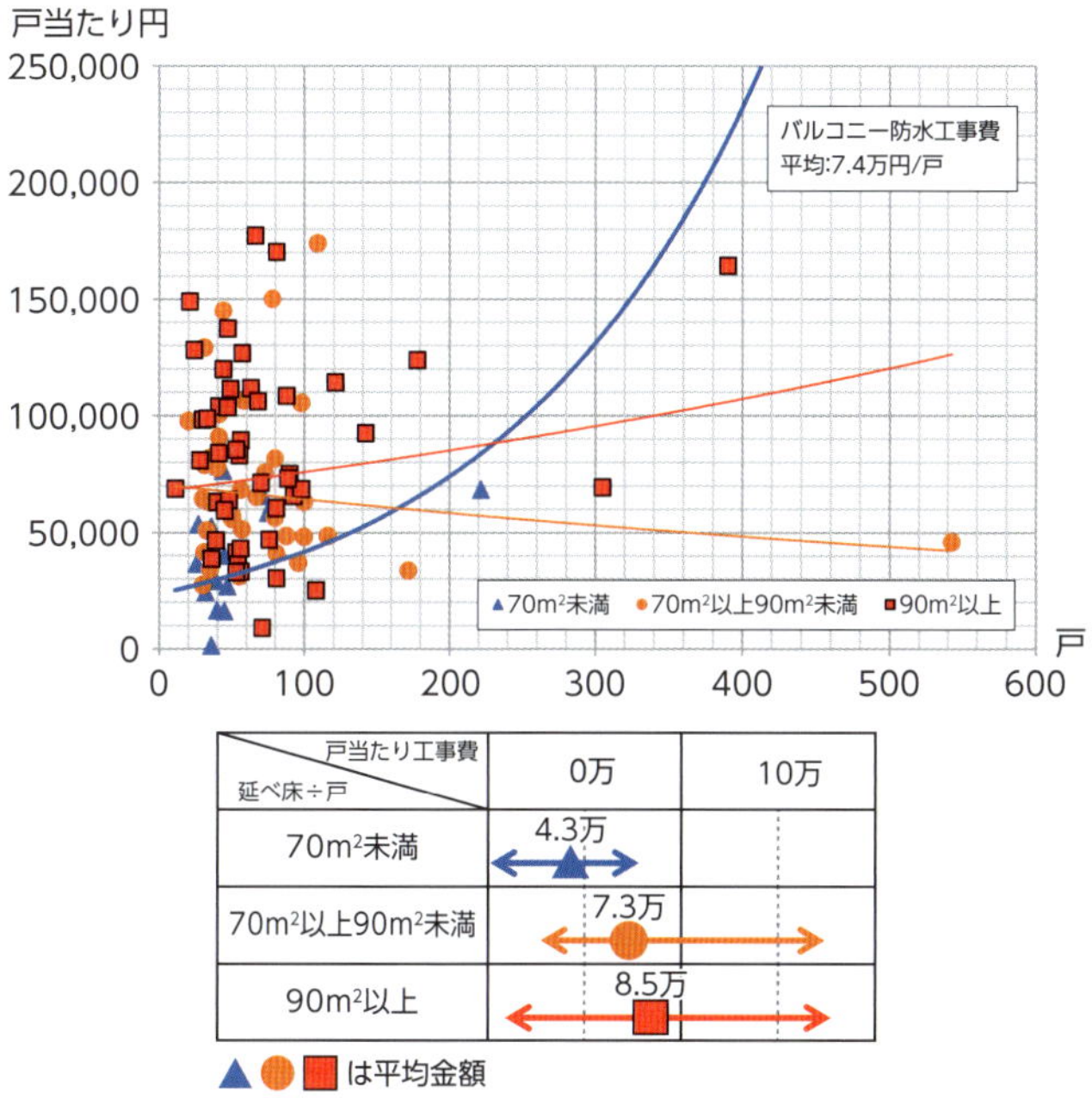

図表-25　バルコニー防水の散布図と価格帯

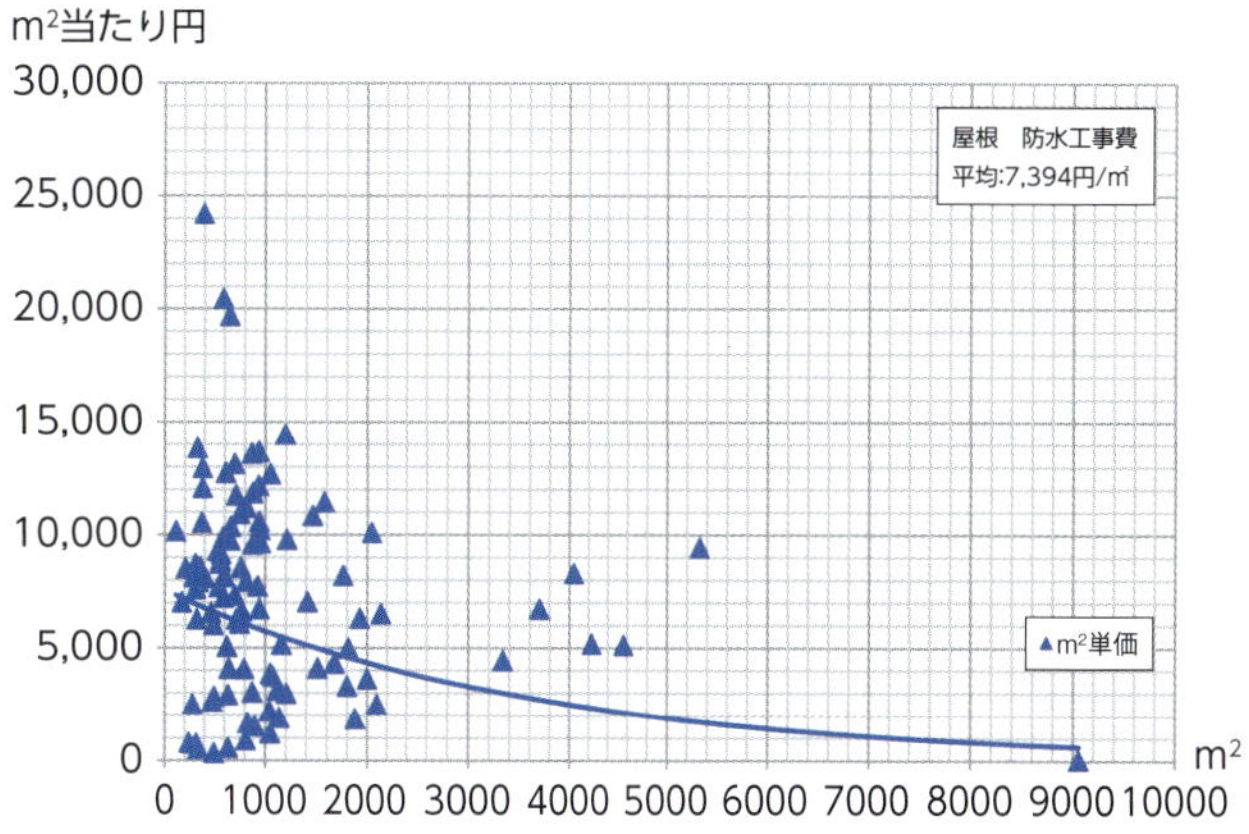

図表-24　屋根防水の散布図

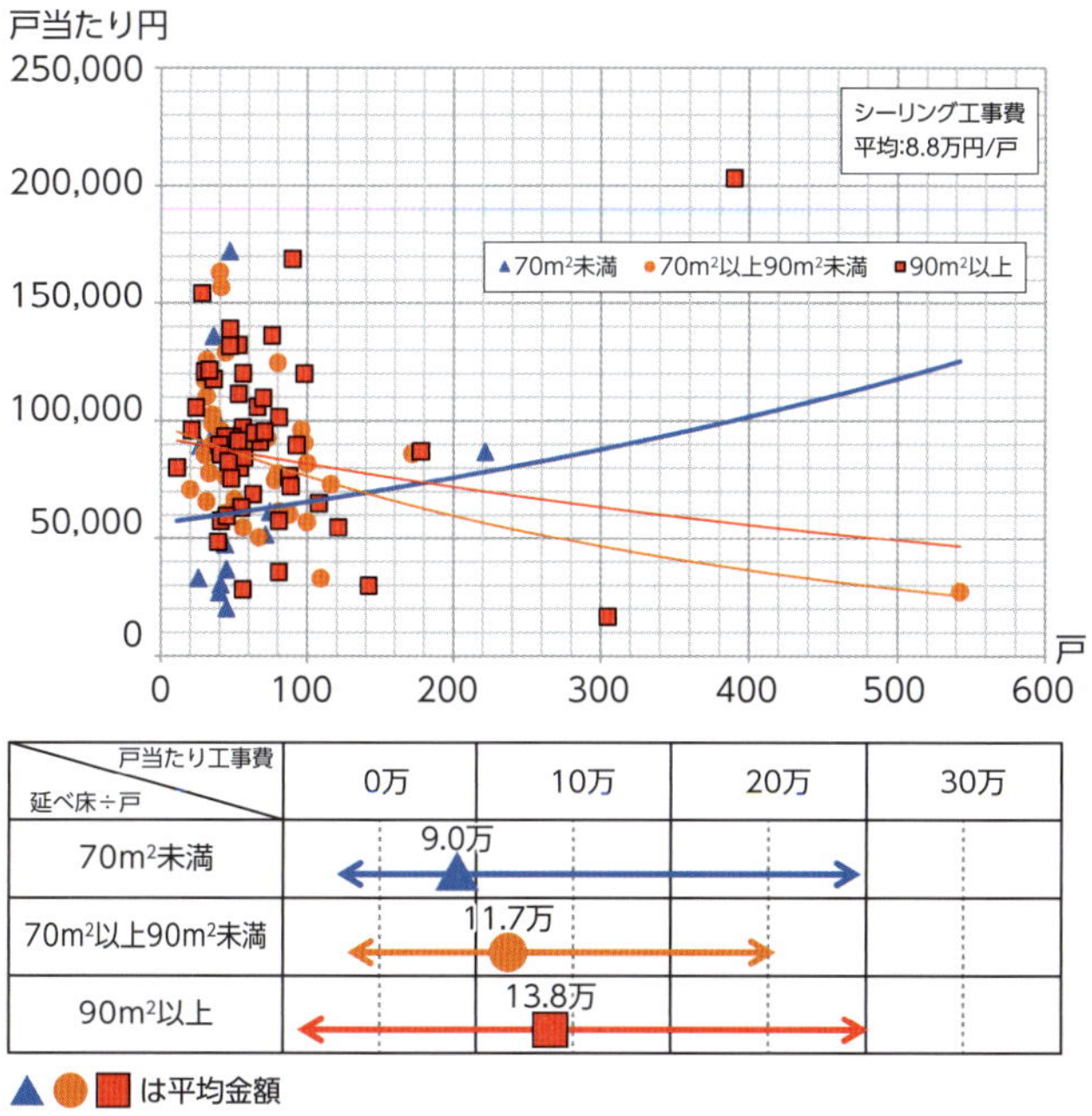

図表-27　シーリング防水の散布図と価格

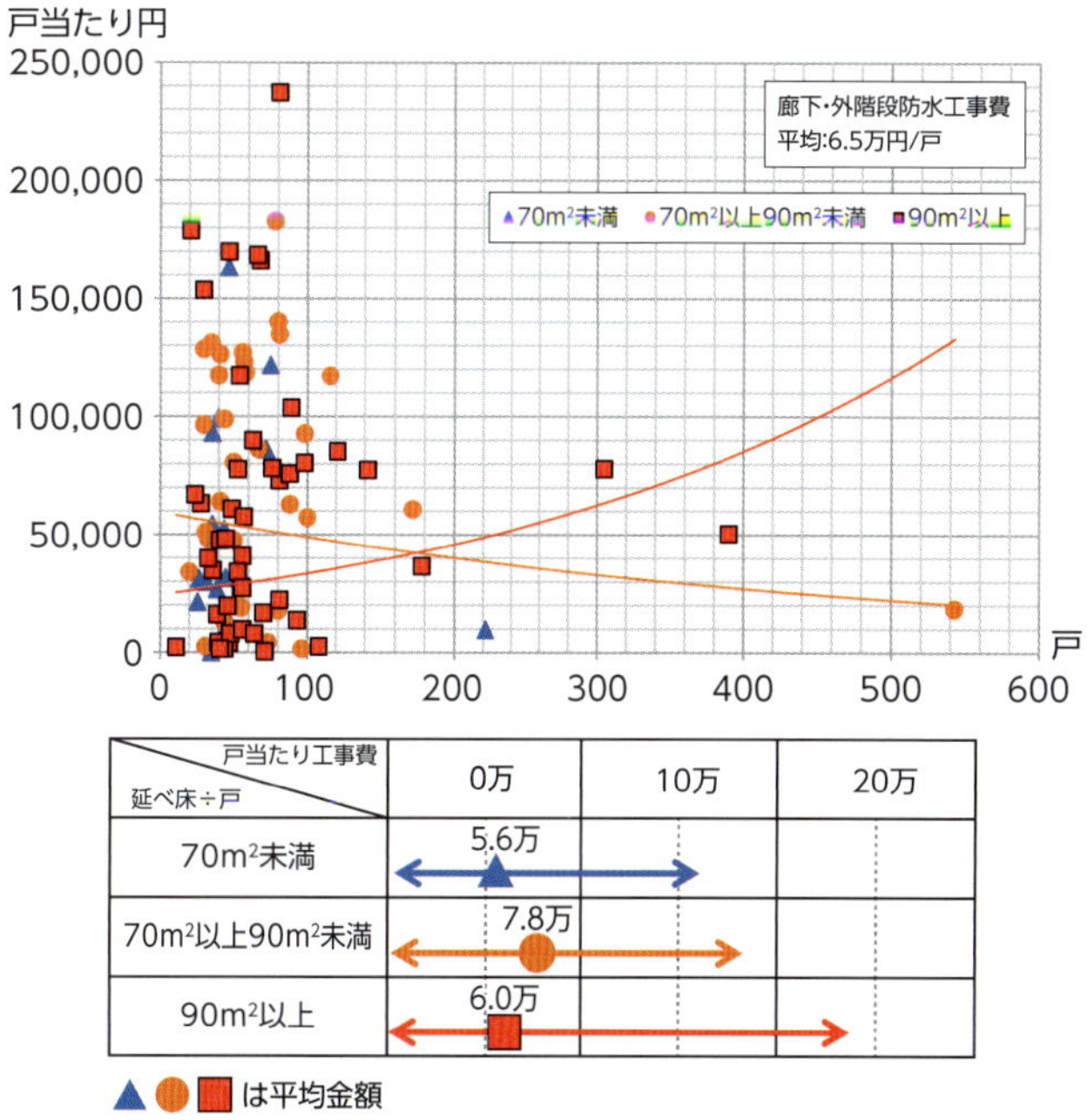

図表-26　廊下外階段防水の散布図と価格帯

屋根面積で分布を見ています（**図表-24**）。結果は、**7,394円／㎡（建築面積）**で、散布図で見ると面積規模に応じたスケールメリットが認められる結果となりましたが、規模が小さいサンプルではバラツキが大きく、防水材料や工法の多様性によるものと考えられます。また、屋根は直射日光の影響と断熱性を考慮して断熱材の付加や、遮熱塗装が施される例も増加しています。防水材料によっては、定期的な塗装改修を条件とした保証が設けられている場合もあるので、耐久性（修繕周期）や、それに関わる条件等もしっかり確認しなければなりません。

バルコニー防水工事の結果は、**7・4万円／戸**（**図表-25**）、廊下・外階段防水は**6・5万円／戸**（**図表-26**）となり、いずれも戸数規模との相関は見られません。これは、マンションの形状や階数等の構成による施工面積の差異が大きいことが要因と考えられます。バルコニー、外廊下の防水でよく採用されているのがシート防水と塗膜防水の複合工法です。歩行部は長尺塩ビシートを密着工法で施工し、端部の側溝部分をウレタン塗膜防水とするケースがよく見られます。外壁塗装と同様に改修時に色を変える事例等もあります。その材料や色の選定にあたっては、廊下・階段部については、居住者が日々使用し、日常の管理の中で清掃および点検が可能な部位である点、一方でバルコニー部は専用使用部なので、そのメンテナンスは各居住者に委ねられる点なども考慮に入れた慎重な検討が必要です。

シーリング防水については**図表-27**にまとめておりますが、**8・8万円／戸**、散布図を見ても特徴的な傾向は読み取れません。シーリング工事については、比較的軽度な劣化に対し延命措置的な「打ち増し」と、劣化した既存シーリングを完全に撤去する「打ち替え」がありますので、どの部位をどちらで施工するか、マンションの劣化状態を確認するためにも聞いておきたいところです。

諸経費

諸経費には、施工事業者の必要経費として、事務所家賃や事務人件費、各種福利厚生、保険等の一般管理費と現場ごとに掛かる人件費や法定福利費、直接経費などの現場管理費があります。

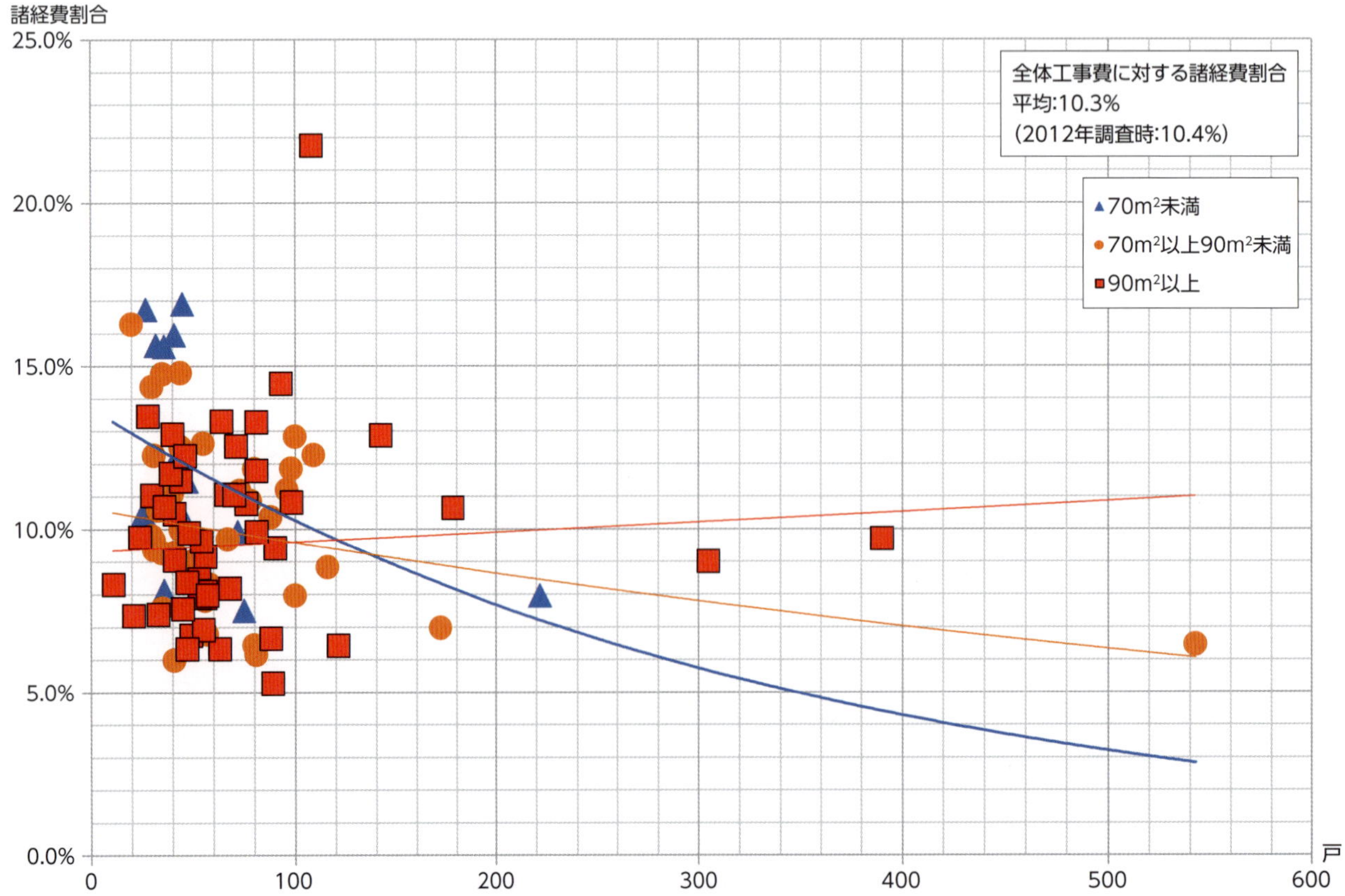

図表-28　全体工事費に対する諸経費率の散布

会社の規模や従業員数などにより掛かる経費は変わってきますが、一般的には、工事費に各事業者が設定した比率で算出されることが多いようです。よって、ここでは戸当たり単価ではなく、全体工事費に対する諸経費の比率の分布を見ることとします（**図表-28**）。

全体工事費に対する諸経費率は、約5％から15％のレンジに集中しており、平均で**約10・3％**（2012年調査時10・4％とほぼ横ばい）という結果が得られています。ただし、この結果はあくまでも今回調査の平均であり、諸経費率は前述したように事業者の規模等によって変わります。また、見積書上での記載方法や、その内訳も異なりますので、例えば諸経費として、工事費の30％相当が記載されていても、たちまち過大であるとは判断できません。

分析結果のまとめ

今回の集計結果を、**図表-29**にまとめました。また、各工事費の平均値を加算したものと全体工事費との差額分を「その他」として、全体工事費を100とした各工事費の構成比率を参考までに算出してみました。

ちなみに、各見積書の内訳を確認すると、「その他」の工事の内容としては、外構工事（植栽工事を含む）や、宅配ボックスの設置工事、共用部照明の交換などの電気工事、額が大きなものでは、耐震改修工事、給排水配管更新工事、サッシ改修工事、機械式駐車場更新・撤去工事などが挙げられ、工事内容、金額ともに多岐にわたるため、今回の集計対象からは外しています。

今回分析対象とした、仮設工事、下地補修工事、塗装工事、防水工事は、大規模修繕においては必ず行われるような工事で、構成比率でみると、仮設工事が約22～24％、躯体・外装工事（下地補修、外壁塗装・鉄部塗装の合算）で24～27％、防水工事で24～26％と、ほぼ同程度の比率という結果となっています。金額だけではなく、こういった構成比も見積書をチェックするには有用と思われます。では、分析結果を用いて実際の工事事例を検証してみましょう。

■検証事例①（図表-30）

まず、見積書の総額を戸数（81戸）で割り、戸当たり金額を算出

単位：万円／戸

工事種別		全体平均		平均戸当たり規模（延床面積÷戸数）					
				70㎡未満		70～90㎡		90㎡以上	
			構成比率（%）		構成比率（%）		構成比率（%）		構成比率（%）
全体工事費		**129.9**	100.0%	**109.0**	100.0%	**133.0**	100.0%	**134.0**	**100.0%**
仮　設		**30.3**	23.3%	**26.1**	23.9%	**29.5**	22.2%	**32.2**	**24.0%**
躯体・外装	下地補修	**17.3**	13.3%	**11.9**	10.9%	**19.7**	14.8%	**17.2**	**12.8%**
	外壁塗装	**12.3**	9.5%	**9.0**	8.3%	**11.7**	8.8%	**13.8**	**10.3%**
	鉄部塗装	**4.9**	3.8%	**4.9**	4.5%	**5.1**	3.8%	**4.8**	**3.6%**
防　水		**33.4**	25.7%	**26.2**	24.0%	**34.0**	25.6%	**35.1**	**26.2%**
	（屋根）	*7,394円/㎡（建築面積）*							
	（バルコニー）	*7.4*		*4.3*		*7.3*		***8.5***	
	（廊下・外階段）	*6.5*		*5.6*		*7.8*		***6.0***	
	（シーリング）	*8.8*		*7.4*		*8.7*		***9.3***	
その他			14.1%		18.0%		14.5%		12.8%
諸経費率			10.3%		10.3%		10.3%		10.3%

※「その他」は、全体工事費（100％）－（各工事費構成比率＋諸経費率）で算出

図表-29　見積書分析結果一覧

（104・8万円／戸）し、分析結果（129・9万円／戸）と比較すると、事例①の戸当たり金額の方が低額になっていることが確認できます。その要因を探るべく、まず見積書の大区分を抜き出し構成比率を求めました。それをさらに、分析結果に合わせて再構成した上で比較しました。赤の○を入れた部分で、まず「その他」の項目の比率がかなり低いことが見て取れます。この物件は第1回目の大規模修繕工事で、その他工事では、外構の舗装、フェンス等の一部補修工事と枯れてしまった植栽の撤去を行った程度で比率は低くなっています。次に、下地補修工事と外壁塗装が分析結果より多少乖離していたのですが、このマンションはエントランス周りがタイル張りとなっているのみで、ほとんどが塗装仕上げとなっており、事前検査でも下地（躯体）の状態は良好との報告を受けていたとのことです。ただし、外壁の色褪せや汚れについて、以前より居住者から指摘を受けていたため、今回は耐久性・耐候性に優れた上位グレードを選定したとのことから、価格水準等に問題ないと判断しました。

物件概要①　；　大規模修繕工事　一回目	
総戸数	81 戸
延床面積	6,159 ㎡
平均戸当たり規模	76.04 ㎡

名　称	金　額	構成比
共通仮設工事	13,574,000	16.0
直接仮設工事	9,816,100	11.6
躯体補修工事	6,250,462	7.4
外壁塗装工事	13,683,360	16.1
鉄部塗装工事	4,557,505	5.4
屋根防水工事	13,219,558	15.6
床防水工事	9,085,000	10.7
シーリング工事	5,369,640	6.3
その他工事	886,750	1.0
諸経費	8,506,700	10.0
総額	84,949,075	100.0

対比用に再構成				分析結果	
名　称	金　額	構成比	戸当たり金額	構成比	戸当たり金額
仮設工事	23,390,100	27.5	288,767	23.3	30.3
下地補修	6,250,462	7.4	77,166	13.3	17.3
外壁塗装	13,683,360	16.1	168,930	9.5	12.3
鉄部塗装	4,557,505	5.4	56,265	3.8	4.9
防水工事	27,674,198	32.6	341,657	25.7	33.4
その他	886,750	1.0	10,948	14.1	−
諸経費	8,506,700	10.0	105,021	10.3	−

戸当たり金額	1,048,754円/戸	分析結果：戸当たり金額	129.9 万円/戸

図表-30　検証事例①

■検証事例②（図表-31）

①と同様、戸当たり金額（総額）は若干安くなっていますが、見積書を整理したところ、その他工事の比率が4割強を占めています。内容を確認すると、金物工事として開放廊下の手すり更新工事（鉄製からアルミ製）が多額であることがわかります。大規模修繕の履歴を紐解くと、今回が第三回目で、二回目の大規模修繕の後に長期修繕計画の見直しも実施されていました。二回目と三回目の間には、鉄部塗装工事を行うとともにバルコニー手摺の更新を先んじて実施しており、給排水設備の更新工事も行うなど、段階的に改修を進めてきていることがうかがえました。防水工事においても二回目で高耐久防水材を採用しており、今回においては一部の補修と保護塗装の塗替えのみを行った程度で済み、少額となっています。躯体・外装工事においても色彩変更を行い、手すり更新工事も行いながらも、全体工事費の戸当たり金額が、抑えられたのは、14階建て、228戸と、分析対象の平均（9・4階建て、71・7戸）と比べても大規模であることから、スケールメリットも働いたと考えら

物件概要② ； 大規模修繕工事　三回目	
総戸数	228 戸
延床面積	16,350 ㎡
平均戸当たり規模	71.71 ㎡

名　称	金　額	構成比
共通仮設工事	8,480,100	4.2
直接仮設工事	22,914,223	11.3
躯体補修工事	15,645,465	7.7
塗装工事	31,446,840	15.5
防水工事	9,155,755	4.5
シーリング工事	10,083,275	5.0
金物工事	84,331,980	41.5
金属製建具調整工事	603,000	0.3
外構工事	415,530	0.2
現場管理費	11,250,000	5.5
一般管理費	8,702,000	4.3
総額	203,028,168	100.0

対比用に再構成				分析結果	
名　称	金　額	構成比	戸当たり金額	構成比	戸当たり金額
仮設工事	31,394,323	15.5	137,694	23.3	30.3
躯体・外装	47,092,305	23.2	206,545	26.6	34.5
防水工事	19,239,030	9.5	84,382	25.7	33.4
その他	85,350,510	42.0	374,344	14.1	－
諸経費	19,952,000	9.8	87,509	10.3	－

戸当たり金額	890,474円/戸	↔	分析結果：戸当たり金額	129.9万円/戸

図表-31　検証事例②

れます。

以上、分析結果を用いて検証を行ってみましたが、なかなか単純に金額の高い安いだけでは判断できないことがわかりました。しかし、分析結果から金額や構成比率で大きく乖離している部分を知ることはできます。その乖離している部位、工事について見積書を作成した事業者に確認することで、大規模修繕工事における問題点や、長期修繕計画において注意しなければならない点などが見えてくるかもしれません。

また、長期修繕計画を見直す際の概算工事費の設定の参考にしたり、今回は約12年前からの変動も示していますので、その変動値を将来の工事費上昇を見込む際の参考にもなります（但し、この期間には、コロナ禍による価格の高騰が含まれていますので、注意が必要です。冒頭に紹介しました当会公表の建設資材価格指数等も活用ください）。

おわりにかえて

今回、このような分析を行い、皆様に活用してもらうべく、紹介しましたが、当会ではマンションの大規模修繕に関する書籍として、「積算資料ポケット版マンション修繕編」を発行しております。マンション改修に関わる特集ではマンション政策の動向や最新トピックスについて取り上げ、そのほかにも実際に施工された工事実例を図面や写真で、わかりやすく紹介するとともに、詳細な見積書まで掲載する「工事見積り実例」。そして、見積書の内訳に記載されているような各工事の詳細な工事費についても約200ページにわたって掲載しています。掲載記事例を次ページにまとめていますので、確認ください。

隔年発刊の為、2025年1月現在では、「2023／2024年版（2023年7月発行）」が最新刊となっていますが、次号は2025年夏ごろに発刊する予定となっています。そちらでは、今回紹介した「見積書分析」の2023年以降のサンプルを新たに収集し、最新の「見積書分析」も掲載する予定です。

本書および「積算資料ポケット版マンション修繕編」が、皆様のマンションの修繕や維持に、参考としていただけたら幸いです。

積算資料ポケット版 マンション修繕編 掲載記事

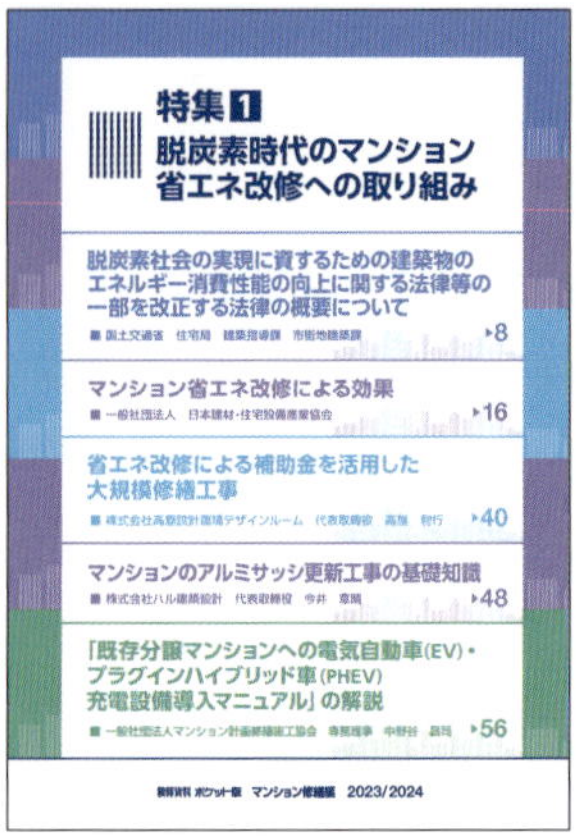
特集1
脱炭素時代のマンション省エネ改修への取り組み
脱炭素社会の実現に資するための建築物のエネルギー消費性能の向上に関する法律等の一部を改正する法律の概要について ▸8
マンション省エネ改修による効果 ▸16
省エネ改修による補助金を活用した大規模修繕工事 ▸40
マンションのアルミサッシ更新工事の基礎知識 ▸48
「既存分譲マンションへの電気自動車(EV)・プラグインハイブリッド車(PHEV)充電設備導入マニュアル」の解説 ▸56
積算資料ポケット版 マンション修繕編 2023/2024

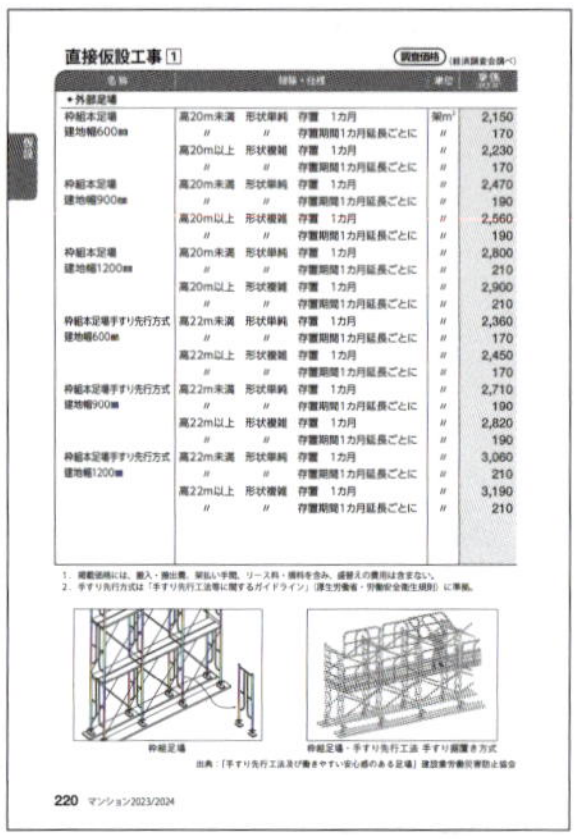
直接仮設工事

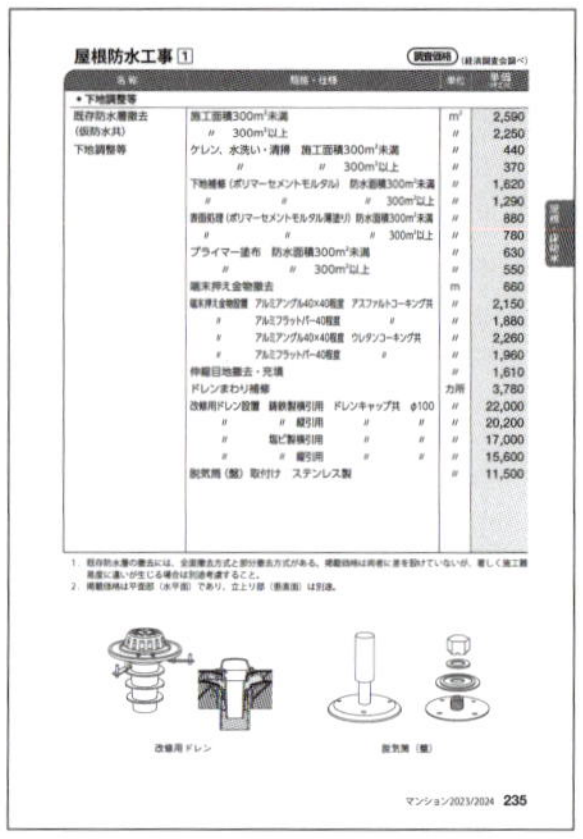
屋根防水工事

見積り実例
1 耐震改修工事・大規模修繕工事・エレベーター新設工事 ……114
2 アルミサッシ更新工事 その1 ……154
3 アルミサッシ更新工事 その2 ……162
4 多能工を活用した給水システム変更と給水管更新工事 ……169
5 給排水管劣化診断調査 ……177
コラム 修繕履歴と現状調査を踏まえた長期修繕計画の見直しとコンサルタントの継続性 ……190
参考資料 四会連合協定 マンション修繕設計・管理等業務委託契約書類の紹介 ……197

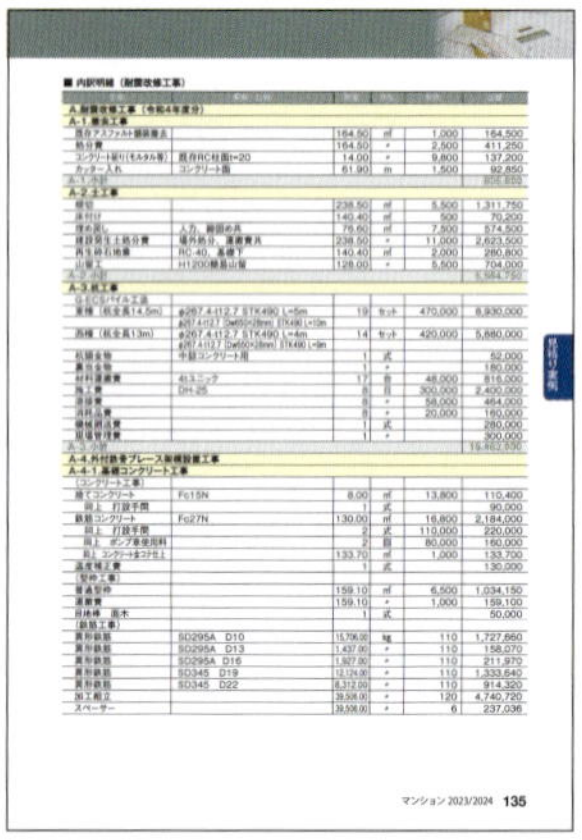

モデル事例

大規模 給排水

72 …… [CASE 01] エステート貝取—2

大規模

76 …… [CASE 02] 豊洲シエルタワー

78 …… [CASE 03] 東京フロンティアシティ パーク&パークス

80 …… [CASE 04] グレンパーク駒場

82 …… [CASE 05] 八王子セントラルマンション

84 …… [CASE 06] 大磯生沢住宅

86 …… [CASE 07] 西小中台住宅

88 …… [CASE 08] 日吉第7コーポ

給排水

90 …… [CASE 09] 入船東エステート

92 …… [CASE 10] 八王子セントラルマンション

94 …… [CASE 11] グリーンヒル鴨志田西住宅

96 …… [CASE 12] 世田谷三宿マンション

98 …… [CASE 13] シティコープ清新

※「物件DATA」の工事費用は税抜き価格です。

［CASE］01

大規模
給排水

エステート貝取―2

2つの補助金・助成金を併用したフルスペックの大規模修繕工事

所在地
東京都多摩市

本工事で活用した補助金

●国土交通省

「長期優良住宅化リフォーム推進事業」

2億9,300万円

●多摩市

「多摩市既存ストック再生型優良建築物等整備事業」

1億4,650万円

【合計】4億9,500万円　※総工事費の28％

修繕・改修DATA	
改修年月	2021年5月～2023年1月
改修実施時の経年	38年
構造・規模	RC造3～5階建て・14棟
総戸数	293戸
施工者	三和建装株式会社

物件DATA
工事費用
13億6,742万円
物件規模
大規模（200戸超）
竣工年
1983年

東京都多摩市にある、1983年竣工のエステート貝取―2。今回の工事では、屋上・外壁・1階の床下と四方を全て断熱したほか、アルミ製サッシと玄関扉を改修し、共用部分の給排水管および専有部分の給水管、外構の埋設している給水管を全て交換、照明も全てLED照明に交換しました。工事に当たっては、積立金が少ない状態でしたが、2つの補助金・助成金を利用することで、今後ないようなフルスペックの大規模修繕工事となりました。

他に例を見ない規模の工事と資金調達方法、2年に及ぶ長い工事期間とあって、合意形成は困難を極めましたが、理事会、修繕委員会が粘り強く推進。工事説明会の前段階として、理事会・修繕委員会の説明会を9回開催し、質問がなくなるまで全て対応する姿勢で説明を重ねたほか、工事説明会も11回開催しました。当初組合員の中では反対意見もあり

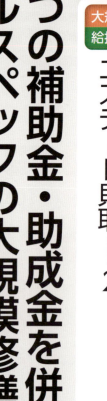

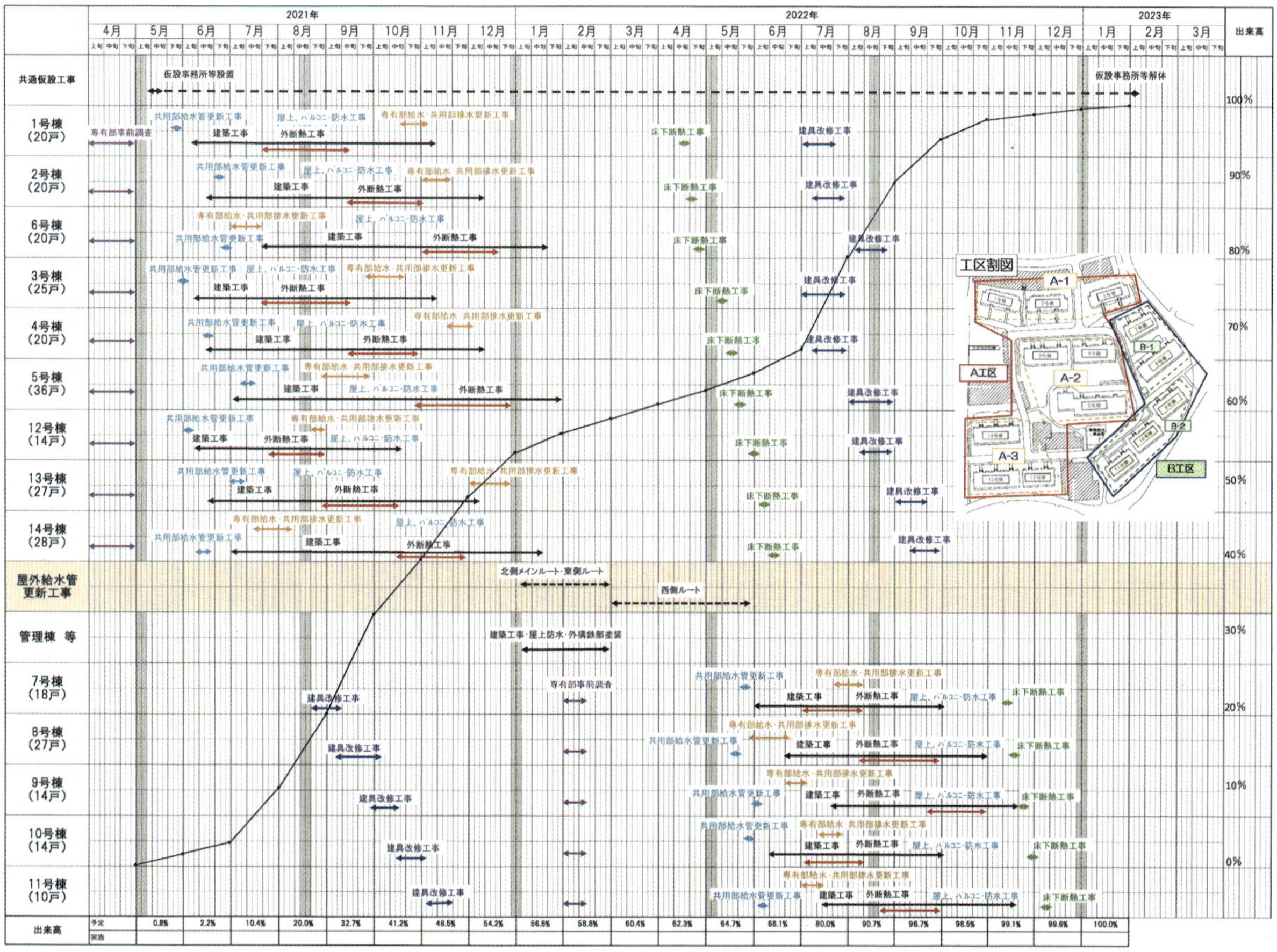

工事の工程表

ましたが、今となっては「良い買い物をしたね！」といった声が挙がっているそうです。

●工事の概要

本工事では、大規模修繕工事の長周期化を目指しました。「長周期」とは、高耐久の仕様により大規模修繕工事の周期を伸ばすことです。防水、塗装、シーリングなどを長期の耐用年数の仕様とすることで、これまで一般的とされてきた仕様に比べ工事費は高くなりますが、大規模修繕工事の周期が長期化することで工事回数が減り、トータルでは安くなります。また、大規模修繕工事の計画・施工は、管理組合には大変な労力を要し、工事期間中は居住者の生活負担が大きくなりますが、こうした負担も工事回数が減ることにより軽減されます。さらに、二酸化炭素の排出量が削減され、カーボンニュートラル実現に貢献できるといった利点もあります。

●補助金・助成金・借入について

本工事では、国土交通省による「長期優良住宅化リフォーム推進事業」による補助金、および多摩市による「多摩市既存ストック再生型優良建築物等整備事業」による助成金の2つを利用しました。

1．経緯

①当初は、「長期優良住宅化リフォーム推進事業　認定長期優良住宅型」で検討。
※工事額の3分の1かつ最大200万円／戸、1申請の限度額1億円の補助

②認定長期優良住宅型の可変性基準「居室の天井高さが2400㎜以上（居室床面積の2分の1以上）」を満たさないため、「評価基準型」の検討に変更。
※工事額の3分の1かつ最大100万円／戸、1申請の限度額1億円の補助

③管理組合の負担額を減らすため、「多摩市既存ストック再生型優良建築物等整備事業」を加えた2事業の利用を検討。
※対象工事：アルミサッシ改修
※工事額の3分の2かつ最大50万円／戸の助成

2．問題点と解決策

問題点①：両事業の同一工期は不可

屋上防水工事

施工中

施工後

給排水管更新工事

共用部分・専有部分給排水給湯管　更新後

屋外埋設給水管　更新後

（併用不可）

解決策「外断熱工事を含む大規模修繕工事」と「アルミサッシ改修工事」で契約を分け、工期は重ならないようにし、「大規模修繕工事」と「アルミサッシ改修工事」をたすき掛けとする工程とした。（73頁「工事の工程表」参照）

問題②：大規模修繕工事を先行し、アルミサッシ改修工事を後行で施工する場合、大規模修繕工事竣工時に「長期優良住宅化リフォーム推進事業（評価基準型）」の省エネルギー対策基準「断熱等性能等級4」、または「断熱等性能等級3かつ開口部の熱貫流率4・65W／㎡・K」を満たさない。

※アルミサッシ未施工のため

解決策「大規模修繕工事」竣工後、1カ月以内にアルミサッシ改修工事の施工を完了することを条件として、「アルミサッシ改修の断熱性能を加えることができる」と国交省より回答を得た。

問題点③：「多摩市既存ストック再生型優良建築物等整備事業」の2021年度予算が83戸分程度しかない。

解決策 アルミサッシ改修工事を2021年は83戸、2022年は210戸とし、210戸のアルミサッシ改修工事の助成金は2022年度予算の獲得を検討した。そのため、「長期優良住宅化リフォーム推進事業（評価基準型）」2カ年申請と通年申請で工事範囲を分けた。2カ年申請の大規模修繕工事の最後の工事となる床下断熱工事を2年目に施工し工事完了後、アルミサッシ改修工事を1カ月以内に完了する計画とした。

●外断熱工事について

温暖化による夏の気温上昇により、最上階と角の住戸の生活環境は厳しく、夏の日射がコンクリートに蓄熱され放射されるため、「エアコンをかけても室内気温が下がらず暑くて不快」という声が挙がっていました。その一方で、1階住戸においては冬の底冷えを訴える住民もいました。

そこで、省エネ工事として、屋上・外壁・1階床下の断熱工事、アルミ製サッシおよび玄関扉の改修工事（ともにカバー工法）を実施しました。

●給排水管改修工事について

給排水管においては、共用部分・

外断熱工事・1階床下断熱工事

材料搬入 → スタートトラック取り付け → 開口廻り、他部材取合部シーリングテープ → 断熱材（EPSボード）モルタル接着張り → 乾燥 → 出隅、開口部3方部 コーナー用補強メッシュ先付 → 乾燥 → 本体壁 ベースコート グラスファイバーメッシュ施工 → 乾燥 → 仕上げトップコート リット施工 → 乾燥 → 最終検査 引渡し

外断熱工事　施工フロー

断熱材（EPSボード）接着張り

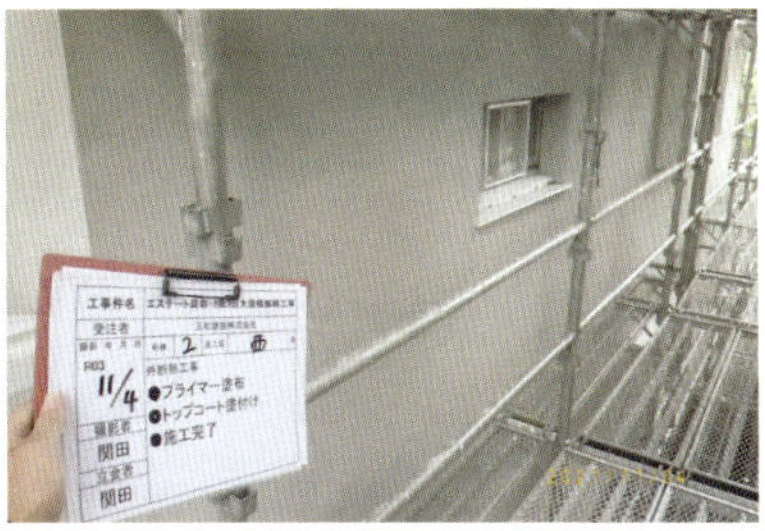

外断熱工事　施工後

外断熱工事　施工断面

Sto外断熱システム（シュトージャパン株式会社）

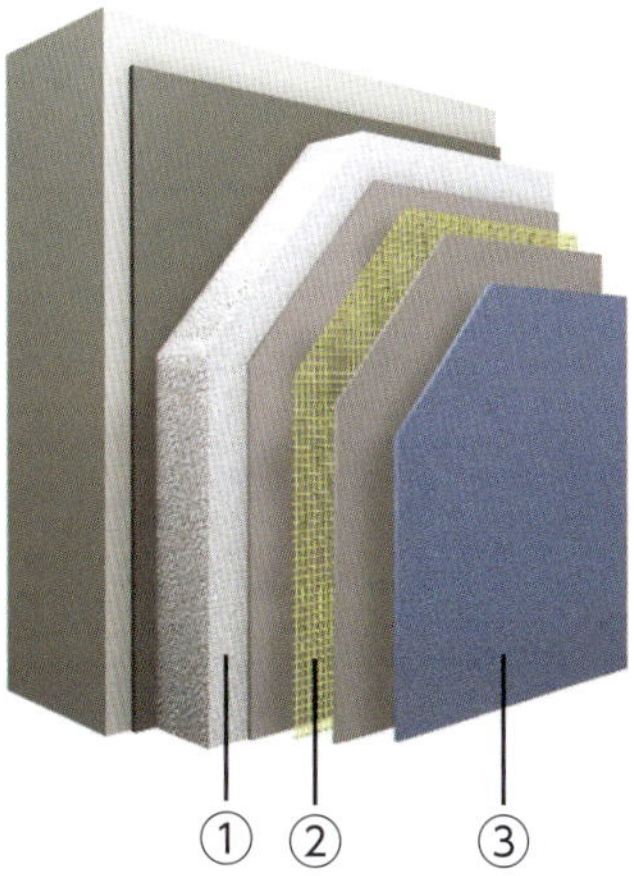

①断熱材（EPSボード）
②ベースコート・補強メッシュ
③トップコート

1階床下断熱工事　施工中

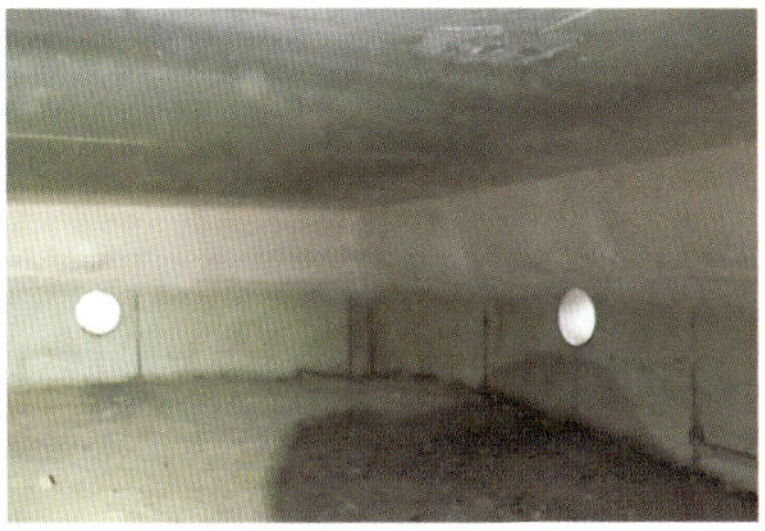

1階床下断熱工事　施工後

玄関扉改修工事（カバー工法）

施工前

施工後

アルミサッシ改修工事（カバー工法）

施工前

施工後

専有部分給排水給湯管更新工事、屋外埋設給水管更新工事を実施しました。特に、外構の埋設している給水管の交換工事は、通常の大規模修繕工事で扱うことはまずないもので、こうした点にも本工事の特殊性が表れています。

三和建装　社屋

問い合わせ先

三和建装株式会社

〒188-0011
東京都西東京市田無町1-12-6
☎042-450-5811

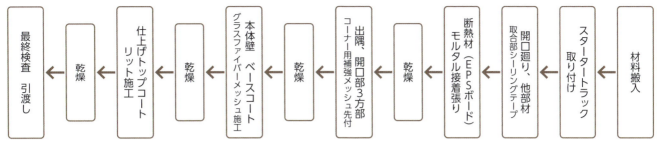

[CASE] 02

大規模

複合用途型超高層マンションの大規模修繕関係者との緊密な連携と安全対策が奏功

豊洲シエルタワー

所在地 東京都江東区

修繕・改修DATA	
改修年月	2022年3月～2023年4月
改修実施時の経年	16年
構造・規模	RC造40階(地下1階)建て・3棟(住宅棟1棟・店舗棟2棟)
総戸数	565戸（住戸）・34店舗
設計監理者	株式会社さくら事務所
施工者	建装工業株式会社

物件DATA
工事費用
6億6,095万6,000円
物件規模
大規模（200戸超）
竣工年
2006年

豊洲シエルタワーは、複合用途型の40階建ての超高層マンションです。全565戸の住宅棟1棟と、34店舗が軒を連ねる店舗棟2棟からなり、東京メトロ有楽町線と新交通ゆりかもめの豊洲駅に直結していることから、生活利便性にも優れています。

今回の工事は第1回目の大規模修繕工事で、外壁のひび割れ補修や、外壁塗装部分の耐用年数の延伸が課題となっていましたが、工事に当たっては①居住者、店舗関係者、駅利用者など不特定多数の人が行き交う交通動線の確保、②店舗営業に支障を来たさない配慮、という2点が求められていました。

店舗棟に対しては、工事着工前に工事説明会を開催し、各店舗の特性を把握した上で工事計画を立案。例えば、クリニックや塾、保育園に対しては騒音や臭気対策、飲食店に対しては足場の組み立て・解体作業（特にランチタイムは店舗入り口前で作業しない）などに特に留意しています。また、東京メトロ有楽町線の豊洲駅出入り口の一部封鎖、および新

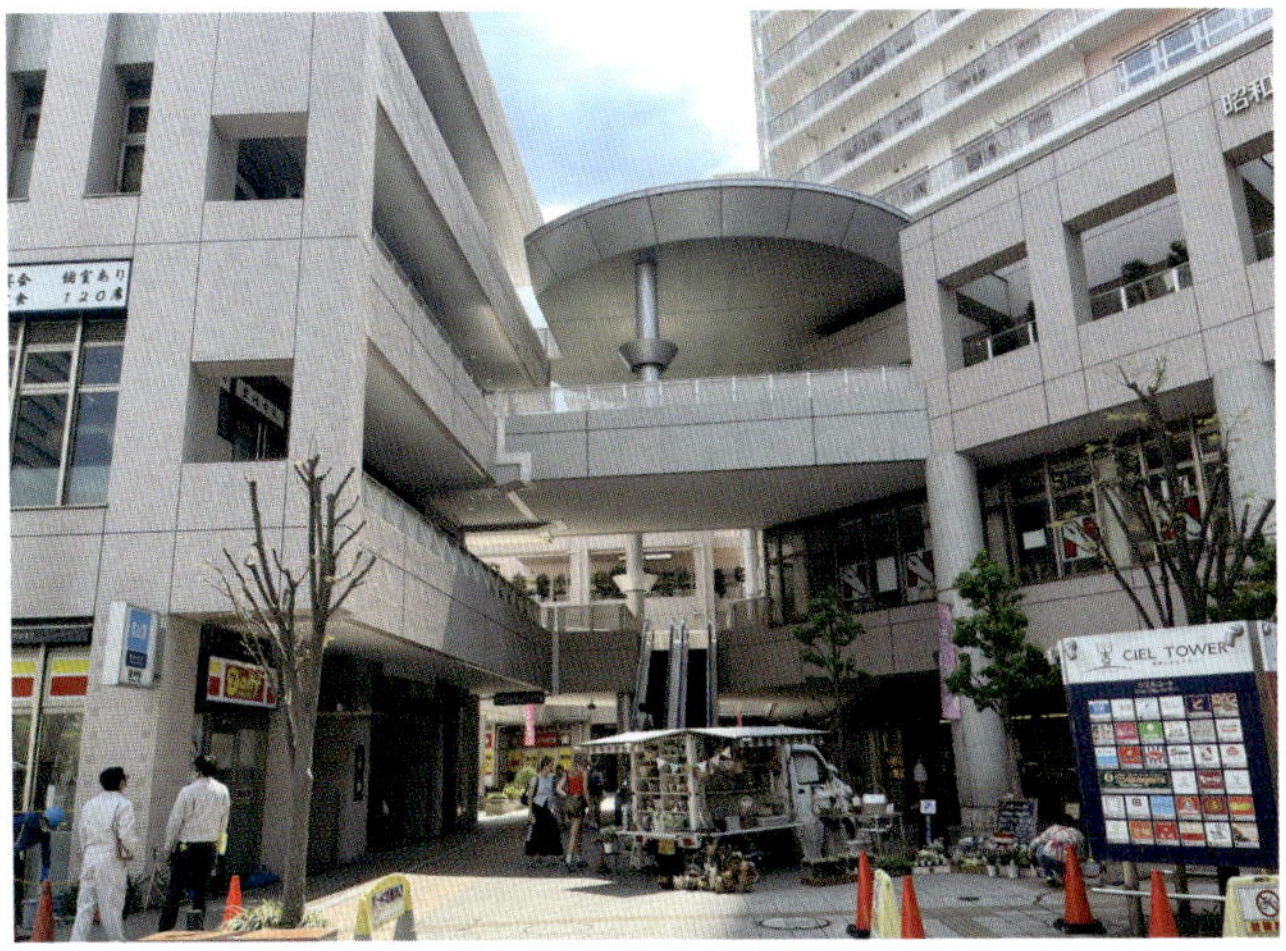

シエル広場　工事完了後

開放廊下　工事完了後

A工区　作業風景

B工区　作業風景

有楽町線豊洲駅出入り口　封鎖状況

交通ゆりかもめ豊洲駅他からの案内などにも配慮のうえ作業が進められました。

住宅棟に対しては、次回の大規模修繕工事の時期を延伸するために、外壁塗装をグレードアップして保証年数を10年間としました。

通行者の安全確保、多様な関係者や店舗の営業時間等への配慮、通行動線を確認したうえでの工区分割、工期設定、工事時間帯の設定、仮設計画など、工程計画の工夫が発揮された本事例。人が密集する場所での14カ月に及ぶ工事を、徹底した安全管理のもとで実現されたことが評価され、次頁の「東京フロンティアシティ・パーク＆パークス」とともに「第14回マンションクリエイティブリフォーム賞」を受賞しています。

エントランスには「マンションクリエイティブリフォーム賞」の表彰盾が飾られている。

店舗周りの足場は、作業時の落下物があっても第三者災害を起こさないために、2階から外壁部の足場は通常通り外壁より200㎜程度隙間を設け設置した上で、1階周りの足場を外壁より内側に設置した。

問い合わせ先

建装工業株式会社

〒105-0003
東京都港区西新橋3-11-1
☎03-3433-0501

[CASE] 03

大規模

東京フロンティアシティ パーク&パークス

大規模修繕工事の周期20年を目指し 関係者が一丸となって実行体制を構築

所在地 東京都荒川区

物件DATA
工事費用
9億2,796万円
物件規模
大規模（200戸超）
竣工年
2008年

修繕・改修DATA	
改修年月	2022年1月～2023年1月
改修実施時の経年	14年
構造・規模	SRC造20階（地下1階）建て・6棟（一部RC造15階建て）
総戸数	635戸
設計監理者	株式会社T.D.S
施工者	建装工業株式会社

東京フロンティアシティ パーク&パークスは、2008年に白鬚西地区市街地再開発事業の一環で建てられたマンションで、SRC造20階（一部RC造15階）地下1階、全6棟、635戸を抱える大型物件です。

竣工から14年が経った2022年に第1回目の大規模修繕工事が行われましたが、大きな特徴は「大規模修繕工事の周期を、12年ではなく20年想定で実施してほしい」という強い要望が管理組合からあったことです。このため、高耐久性能を有する材料を使用するほか、耐久性を著しく低減していると思われる一般的な修繕工事の要因を検討・排除しながら工事を進め、大規模修繕工事の周期延長を目指しました。以下に、その具体的な取り組みを紹介します。

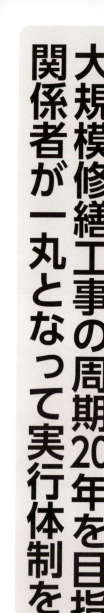

●屋上防水

屋上防水は、民間の改修工事では関東で初めてとなる標準耐用年数45年のアスファルト防水高耐侯仕様を採用。また熱劣化対策として、防水

開放廊下の工事完了後の写真。長尺塩ビシートのジョイント部分にウレタン塗膜防水の線防水を施工した。

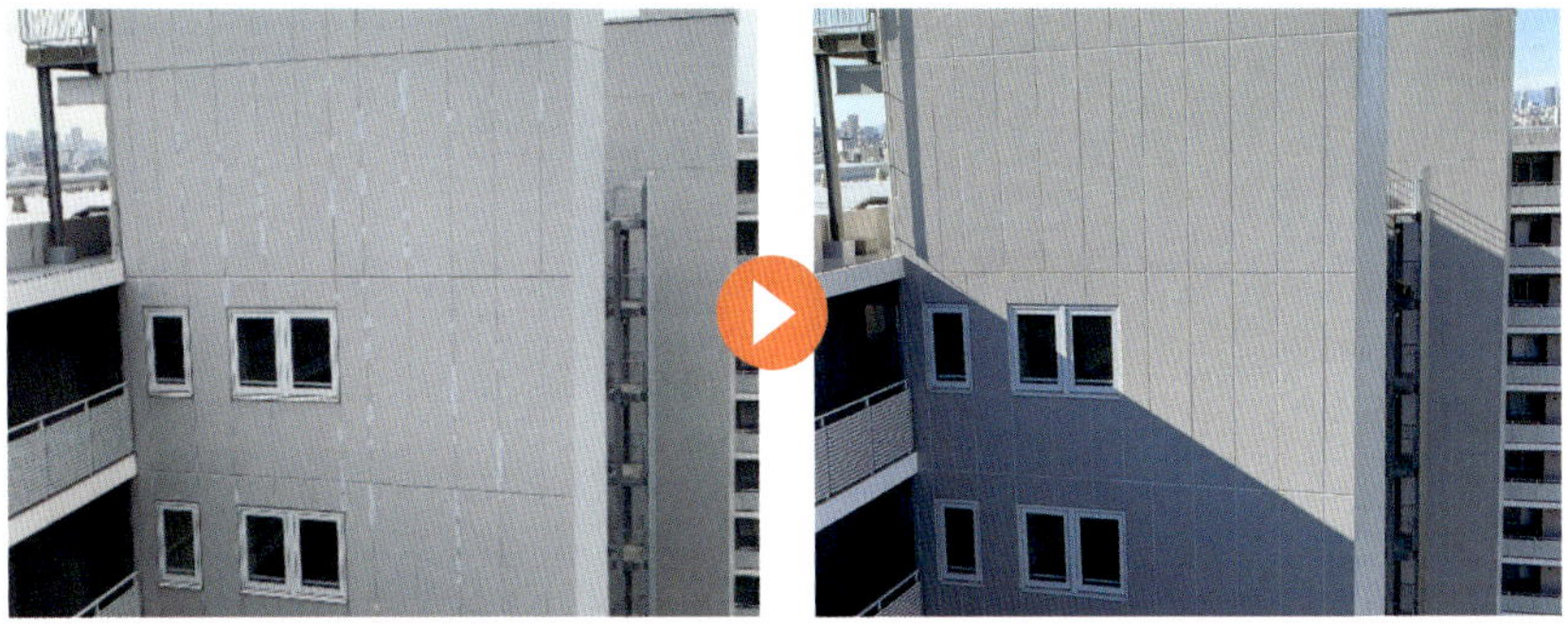

外壁目地のシール工事完了後の写真（右）。劣化補修を部分的に行ったために色の違いが目立っていたが、外壁色に合わせて露出シーリングとし、色合わせをして打ち替えた。

屋上の防水工事では、熱劣化後も高い強度と伸びを保持するアスファルトコンパウンドを採用。臭いや煙の発生が少ない製品のため、居住者の理解も得て現地にアスファルト溶融窯を設置のうえ施工した。

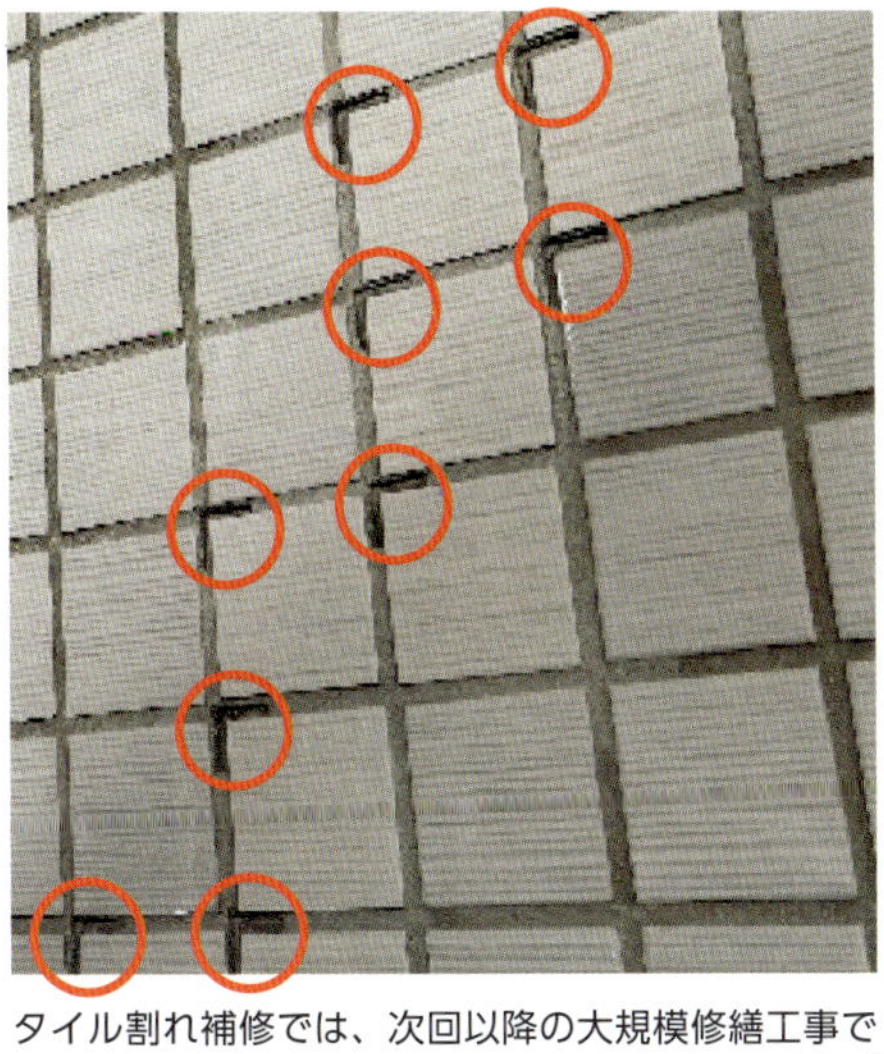

タイル割れ補修では、次回以降の大規模修繕工事で打診による外壁調査時の異音（タイル浮きか弾性ボンド張りの箇所か）を把握できるよう、タイルの左上部の目地にL型の目印を付けた。

仕様を通常の工法よりも1層多い保護塗装3層塗りを実施しました。さらに防水面の水溜まりによる劣化への対策として、可能な限り床面に水が溜まらないように下地調整が行われています。

●外壁タイルの補修

一般的なセメントフィーラーの摺り込み工法ではなく、クラック箇所では下地にも止水処理を施し、再発防止を目的に弾性ボンド張りとしました。

●シーリング工事

タイル目地シーリング等の露出部分には、高耐久、高耐候、非汚染に優れたシリル化アクリレート系シーリングを使用。また一部のシーリングに関しては、経年劣化による塗装面の変色を軽減することを目的に、通常よりも保証年数が長い、仕上げ塗装を施さない露出仕上げとしました。

●外壁塗装

外壁の塗装には、超耐候性超低汚染ハルスハイリッチ無機有機ハイブリッド塗料を使用。当初、塗装メーカーの保証年数は7年でしたが、試験施工による塗布量の確認、実際の施工状況の確認や施工指導、既存塗膜の付着強度、施工後の塗膜付着強度の確認等を、設計監理者とメーカー立ち会いのもと行い、保証年数10年が実現しました。

本事例では、前例が少ない大規模修繕工事の長周期化の実現に向けて、工事に関わる全ての会社、作業員が一丸となって意識を共有し、作業を実行する体制を構築したことが高く評価され、（一社）マンション計画修繕施工協会が主催する「第14回マンションクリエイティブリフォーム賞」を受賞しています。

問い合わせ先

建装工業株式会社

〒105-0003
東京都港区西新橋3-11-1
☎03-3433-0501

［CASE］04

大規模

修繕積立金不足の元賃貸マンションの安全性を重視した大規模修繕工事

グレンパーク駒場

所在地 東京都世田谷区

修繕・改修DATA	
改修年月	2022年8月～2023年4月
改修実施時の経年	15年
構造・規模	RC造9階（地下2階）建て・2棟
総戸数	198戸
設計監理者	株式会社小野富雄建築設計室
施工者	リノ・ハピア株式会社

グレンパーク駒場は2007年に竣工したマンションです。建物はEast棟とWest棟に分かれており、建物中央に通路が設けられ、近隣住民も通り抜けできる構造になっています。

セキュリティやプライバシーにも配慮されており、7台のエレベーターが設置され、それぞれがオートロックで管理されています。

本物件は、もともと投資型の賃貸マンションとして運営されていましたが、その後分譲された経緯があり、修繕積立金が不足している状態でした。廊下やコミュニティルームなどの改修も計画されていましたが、室内部分の劣化は比較的遅く、足場が不要であることから、今回は工事が見送られました。

また、当マンションは数棟の建物がエキスパンションジョイントで連結されているため、連結部分における漏水対策も実施しました。さらに、通り抜け通路は近隣住民が多く利用するため、安全性を確保するために外壁タイルの剥落防止改修を優先的に行いました。

物件DATA
工事費用
2億4,670万円
物件規模
中規模（50戸超200戸未満）
竣工年
2007年

設計監理者より

今回の工事で最優先したのは、タイルの剥落防止の改修でした。新築の際にデザイン性を重視して、耐震スリットをまたいでタイルが張られていた箇所には、新たに目地を設けました。

また、セキュリティ設備は設置されているものの、廊下の一部から侵入できる箇所があり、その部分へ防護スクリーンの設置も行いました。梁型などの汚れやすい場所も各所にあるため、笠木や水切りなどを設けて、塗装面の汚れ防止と塗膜の耐用年数延命の処置もしました。

株式会社小野富雄建築設計室

施工中

施工後　建物全景

侵入防止スクリーンの設置

水切りを設置したドライエリア

斜壁の色の打ち合わせ状況

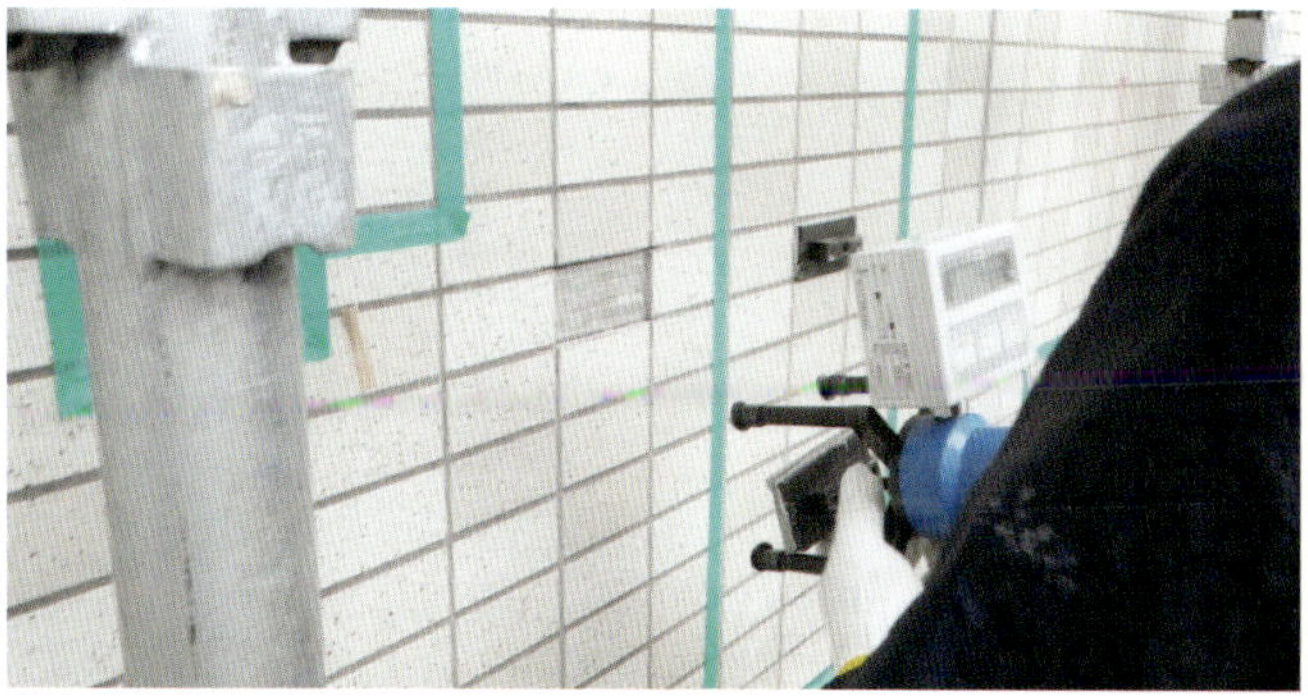

タイル接着力試験

管理組合より

当マンションは、セキュリティを重視した関係で、ブロックごとにオートロックの自動ドアが設置されています。また、ホールやラウンジ、パーティールームとしても使用できる集会室などもあり、ゆとりのある設計になっています。

竣工当初は投資型の賃貸専用マンションとしてスタートし、その後個別に分譲されたため、修繕積立金も途中からの積立となり、大規模修繕工事を行うには大幅に不足していました。そこで、不足分は住宅金融支援機構からの借り入れで賄うこととし、管理費と修繕積立金の見直しも行いました。

今後も機械式駐車場をはじめとする設備の更新工事が予想されますが、計画的な維持保全のためにバリューアップ委員会を設置し、検討を進めています。

問い合わせ先

リノ・ハピア株式会社

〒145-0062
東京都大田区北千束3-1-3
☎0120-270451

[CASE]
05

大規模

八王子セントラルマンション

問題が懸念される箇所を先送りせず工事することで建物をバリューアップ

所在地
東京都
八王子市

修繕・改修DATA	
改修年月	2021年1月〜6月
改修実施時の経年	46年
構造・規模	SRC造11階（地下１階）建て
総戸数	100戸
設計監理者	株式会社小野富雄建築設計室
施工者	シンヨー株式会社 （外壁改修工事・屋上防水工事）

八王子セントラルマンションは、大手ゼネコンの施工によって1975年に竣工したマンションです。屋上防水を含めた大規模修繕工事を予定しているということで、建物の健康診断の依頼が設計者（小野富雄建築設計室）にありました。

本マンションは、屋上の高架水槽の周囲を鉄骨で囲い、さらにルーバーを設置して正面に大きな建物の看板が設置されていました。事前調査の結果、これらの塗装には仮設足場の設置が必要で、今回、錆が進んでいるルーバーの間の塗装を行うことができました。さらに、屋上防水やバルコニー手すりの劣化も進行しており、特に鉄骨階段は雨ざらしで錆が進んでいました。またバルコニー防水も改修が必要な状態だったため、足場を組んだ上での大規模修繕工事を行うことになりました。

工事では郵便受けの更新、宅配ボックスの新設、駐輪場の整備も行い、建物のバリューアップも目指しました。なお、建物診断の結果、設備配管等の調査も行い、本工事（大規模修繕工事）の後には給排水管の更新工事（92頁参照）も実施されています。

物件DATA
工事費用
1億737万円
物件規模
中規模（50戸超200戸未満）
竣工年
1975年

設計監理者より

屋上防水は、断熱と遮熱を組み合わせた防水を採用し、防水材の延命を図りました。鉄骨階段は4年ほど前に塗装したとのことでしたが、塗装の刷毛の届かない部分から浸入した雨水が錆水となって染み出ていました。鉄骨階段では、最上階に降った雨水が1階の地面まで階段を滝のようになって流れ落ちてしまうため、最上階に屋根をかけることとしました。

株式会社小野富雄建築設計室

屋上防水　施工前

屋上防水　施工後

駐輪場　塗装前

駐輪場　塗装後

外壁塗装　施工後

バルコニー防水　施工前

バルコニー防水　施工後

軒天
施工後

管理組合より

今回の大規模修繕工事に際して、修繕委員会を立ち上げ、建物調査から工事まで委員会が窓口となり、理事会と連携しながら進めました。調査結果で建物の不具合と同時に給排水設備等の改修の必要もあるということが分かりました。また、駐車場の改修も必要な時期という課題もありました。委員会としては、これらの工事について、先延ばしにするのではなく、できるだけ一気に進めて安心して住み続けられる建物にしたいという意見でした。そこで、これらの全ての工事について借入れをしないで行うためにはどうすればいいか、委員会で検討することになりました。修繕積立金の残高や年度ごとの積立額などを精査し、それぞれの工事の時期や施工会社への支払い条件なども検討した結果、これら全ての工事を計画的に行うことができました。

問い合わせ先

シンヨー株式会社
第二リニューアル部

〒210-0858
神奈川県川崎市川崎区
大川町8-6
☎044-366-4795

[CASE]
06

大規模

補助金活用によるバリューアップ大規模修繕より魅力的なマンションづくりの実現

大磯生沢住宅

所在地
神奈川県中郡大磯町

施工前

修繕・改修DATA	
改修年月	2023年8月～2024年1月
改修実施時の経年	48年
構造・規模	RC造4階建て・4棟
総戸数	88戸
設計監理者	有限会社八生設計事務所
施工者	ヤシマ工業株式会社

大磯生沢住宅は、大磯町にある1975年竣工のマンションで、今回の工事は3回目の大規模修繕工事です。管理組合と設計会社で打ち合わせを重ね、工事内容や改修仕様を決定し、その後見積・ヒアリングを経て、ヤシマ工業が施工業者に選ばれました。

本工事では、建物の維持保全を図るための通常の大規模修繕工事メニューに加え、アルミサッシ取替工事、バルコニー手すり改修工事など、建物の使い勝手とイメージを刷新するためのさまざまな工事メニューが計画・実行されました。

その中でも特筆すべきは、アルミサッシの取替工事です。全居住者の在宅が伴う工事であり、日程調整や施工当日に臨むに当たって、施工業者と管理組合の密なコミュニケーションが重要となりました。

加えて本工事では、経済産業省と環境省による「先進的窓リノベ事業」と、国土交通省による「こどもエコすまい支援事業」の補助金を活用。この2つの補助金は、申請する箇所が異なれば併用することが可能であったため、その特性を生かして申請

物件DATA
工事費用
2億3,600万円
物件規模
中規模（50戸超200戸未満）
竣工年
1975年

アルミサッシ取替工事
（施工前）

アルミサッシ取替工事
（施工後）

屋上防水改修工事
（施工後）

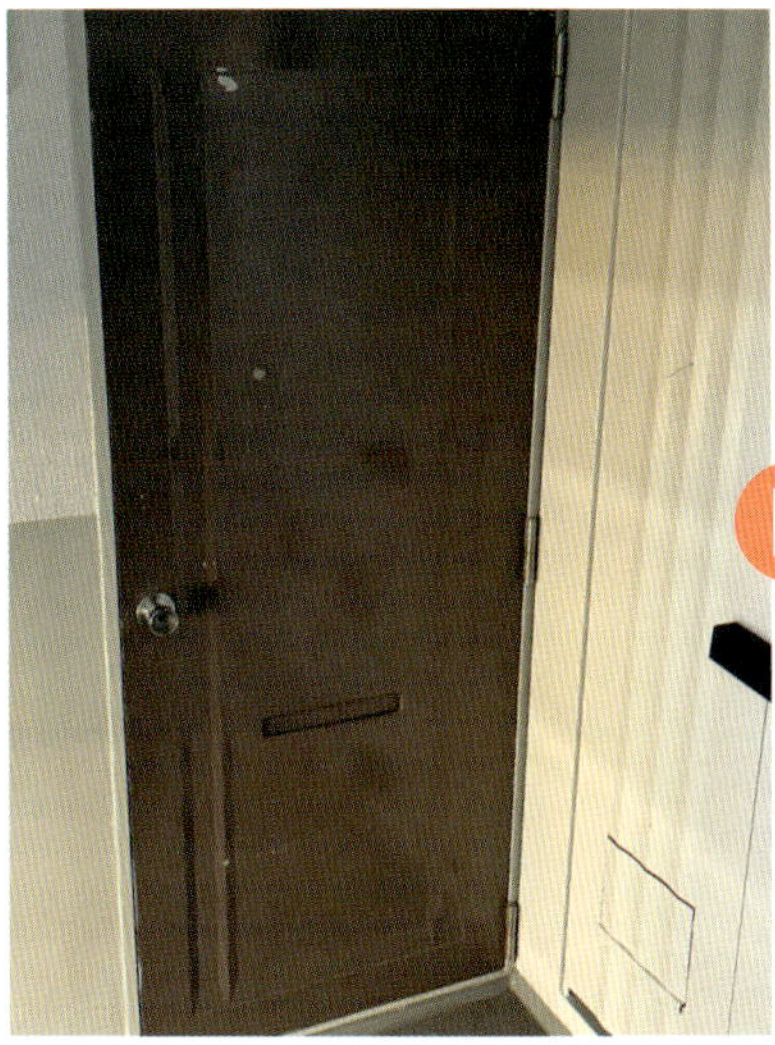

玄関扉取替工事
（施工前）

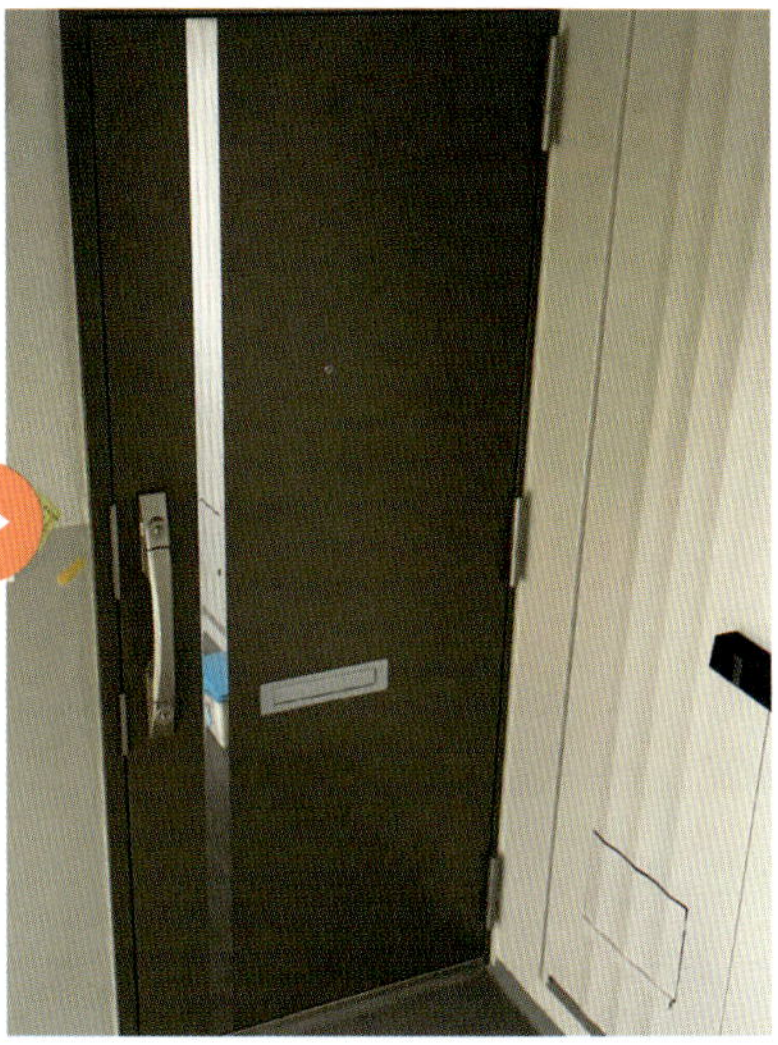

玄関扉取替工事
（施工後）

集合郵便受け箱
（施工後）

を実施しました。「先進的窓リノベ事業」の対象外となる仕様のサッシを、「こどもエコすまい支援事業」でカバーするといった補助金の使い分けで、全体として補助金額が最大になるよう工夫がなされました。

　設計会社と施工会社の連携により補助金の申請作業も円滑に進み、その結果、先進的窓リノベ事業から2，471万7，000円、こどもエコすまい支援事業から264万円の補助金を受給。ここで得られた補助金を活用することで、大規模修繕工事の竣工後に、かねてから検討していた全住戸の玄関扉取替工事（1，640万円）も実施することができました。

　足場を立ててからの躯体改修・止水工事の全数調査の際には、ヤシマ工業がこまめな経過・結果の報告を行い、最終的には下地補修工事を中心に約200万円の減額要素が発生。このため、かねてからの管理組合の懸念事項と、ヤシマ工業からの提案内容、管理組合の予算を考慮して、より魅力的なマンションづくりのための追加工事（住戸室名札の交換、各棟階段室1階の床面段差解消、屋根防水改修工事の塩ビ樹脂系防水シートを高反射仕様に変更等）も実現しました。

本工事で活用した補助金

● 経済産業省・環境省

「先進的窓リノベ事業」

2,471万7,000円

● 国土交通省

「こどもエコすまい支援事業」

264万円

【合計】2,735万7,000円

問い合わせ先

ヤシマ工業株式会社

〒165-0026
東京都中野区新井2-10-11
☎03-6365-1818

[CASE] 07

大規模

管理組合・設計事務所・施工業者の協力により手すりを全面改修

西小中台住宅

所在地 千葉県千葉市

建物外観

修繕・改修DATA	
改修年月	2023年8月～2024年6月
改修実施時の経年	51年
構造・規模	PC・RC造５階建て・37棟
総戸数	990戸
設計監理者	株式会社協和建築設計事務所
施工者	A工区：ヤシマ工業株式会社・B工区：株式会社富士防

西小中台住宅は、千葉県の緑豊かで閑静な環境に建つ、総戸数９９０戸の大型団地です。管理組合が自主管理を行っていますが、築51年が経過したため、第４回目の大規模修繕工事を行うこととなりました。当初は２０２１年に着工予定でしたが、コロナ禍の影響もあり、２０２３年の着工となりました。大規模修繕委員会では、塗り重ねた外壁塗装を全面剥離・全面塗装をする大規模修繕工事と併せ、手すりの更新工事も同時に行うことが決まりました。

今回、手すりの工事を施工業者から請け負った三協リフォームメイトは、過去には本住宅のサッシ改修工事も施工しており、その際に既存のスチール手すりを支持している足元の腐食と劣化について相談を受けていました。これに対して、長期積立となる費用面も踏まえ、設計事務所（協和建築設計事務所）と協議の上、許容応力を基にしたＢＬ基準で設定した改修用アルミ手すりを提案しました。既存のスチール製の手すりから腐食の進行の少ないアルミ製に変えることにより、手すり全体の長期補修や経年劣化による再塗装工事も

物件DATA
工事費用
22億円
物件規模
大規模（200戸超）
竣工年
1972年

不要になります。また、美観が大きく向上するため建物のイメージも変わり、資産価値向上につながることが期待されました。
躯体の劣化が想定よりも進行していたため、施工業者（ヤシマ工業、富士防）との連携も密にしながら、試験施工を含め丁寧に作業が進められました。

設計監理者より

窓サッシのアルミ化と玄関ドアの更新はすでに完了していたため、本工事では外壁塗装の全面剥離と、住戸ベランダおよび窓の手すりのアルミ化が大きなポイントとなりました。手すりは、美観もさることながら安全性を重視し、肉厚で強固な製品を選択しました。

37棟990戸の大規模団地であるため、理事会および大規模修繕委員会と綿密に協議し、居住者の理解が得られるよう努めました。工事は工種も多く、工期短縮や居住者への影響抑制のためにA・Bの2工区に分けて実施しました。

理事会、大規模修繕委員会、居住者、施工者が一致協力し、事故もなく無事工期内に工事を完了することができました。

株式会社協和建築設計事務所

管理組合より

当住宅は自主管理を行っています。今回は第4回目の大規模改修工事で、外壁塗装、ベランダ手すりのアルミ化をメインに行いました。特にベランダ手すりは、足元の腐食箇所が全体の約55%に上るとの調査結果があり、アルミ化工事を決定しました。

三協リフォームメイト社には、9年前のサッシ更新工事に続き今回もお世話になりました。工事着工前には施工業者と試験施工を行い、手順や施工スケジュールの確認、騒音対策等を快く進めていただくなど、安心してお任せすることができました。サッシ・アルミ手すりともに良い製品を使用でき、大変満足しています。

A工区・B工区 外観

更新後のベランダ手すり。アルミ製を採用したことで長期補修・再塗装工事等が不要となる

窓手すりもスチール製からアルミ製に更新

問い合わせ先

株式会社三協リフォームメイト

〒103-0007
東京都中央区日本橋浜町2-9-5
タテヤマアドバンスビル5階
☎03-5962-3191

［CASE］08

大規模

大規模修繕工事と同時に手すりを更新 計画的な改修工事で修繕積立金を軽減

日吉第7コーポ

所在地 神奈川県横浜市

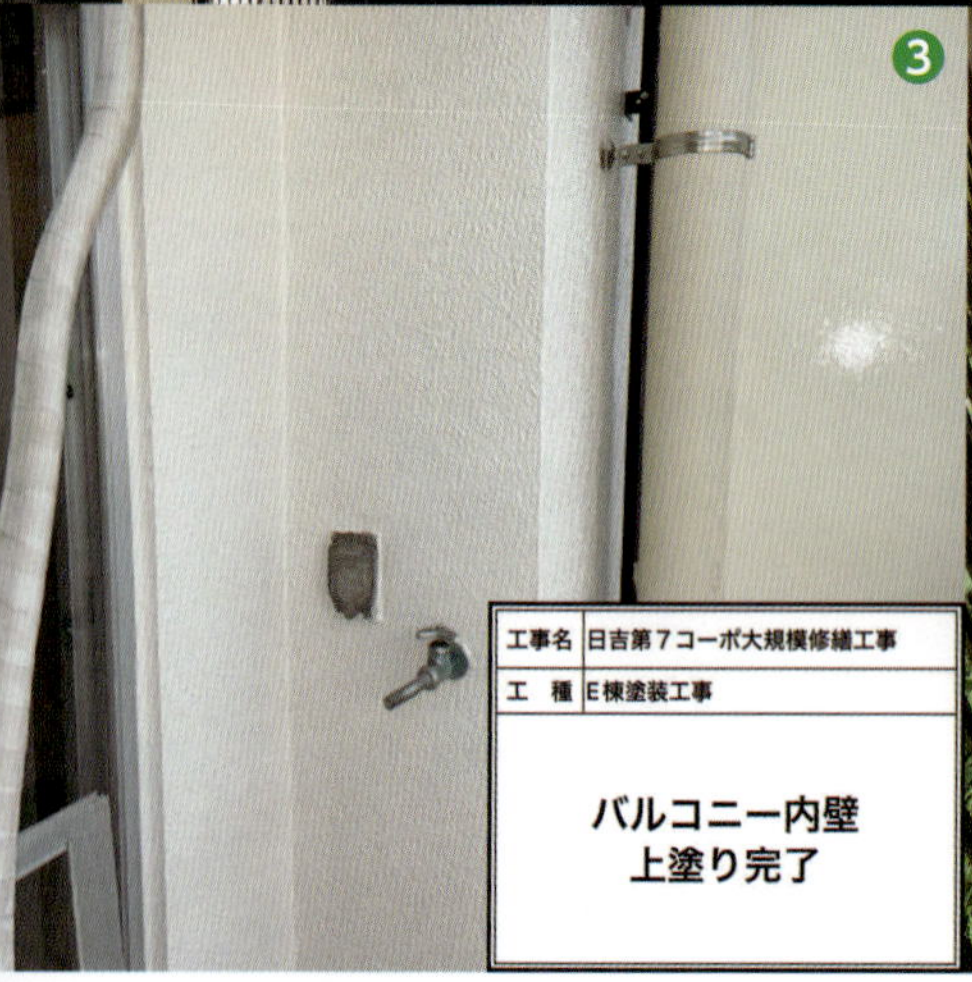

❶ 建物全景（施工前）　❷ 建物全景（施工後）　❸ バルコニー壁塗装（施工後）　❹ バルコニー防水（施工後）

修繕・改修DATA	
改修年月	2024年3月〜7月
改修実施時の経年	57年
構造・規模	RC造5・6階建て・8棟
総戸数	320戸
設計監理者	株式会社小野富雄建築設計室
施工者	株式会社アール・エヌ・ゴトー

日吉第7コーポは、高度経済成長の真っただ中に建てられた団地型の集合住宅です。竣工当初から、建物の管理運営は組合員による自主管理が行われています。建物にはスチールのサッシや手すりなどが使われており、定期的なメンテナンスが必要でしたが、8棟に対して工事部分を分割して計画的に修繕を実施。このため、竣工から57年が経過した現在でも良好な生活環境が維持されています。

しかし、ベランダの手すり壁に埋め込まれたスチール手すりに、孔食による爆裂落下の危険性が生じていたことに加え、鉄部塗装も頻繁に塗り替えを行う必要があったことから、大規模修繕工事に合わせて、手すりをアルミ製に交換する工事も実施されることになりました。3年前の大規模修繕工事（第1期）の際に4棟に対して工事が行われ、今回（第2期）は残り4棟の工事が行われました。

なお、ベランダに設置された隔板の取り替え工事も同時に実施されています。

物件DATA
工事費用
8,877万円
物件規模
大規模（200戸超）
竣工年
1967年〜1969年

設計監理者より

当マンションから最初に大規模修繕工事の相談を受けたのは、25年以上前のことです。その後、建物の不具合が生じたときや、修繕工事等について、管理組合から継続して相談を受けてきました。

自主管理をされているため、住民の皆さんが毎日の生活の中で肌で感じた不都合に対して、計画的に修繕や改良工事を実施しています。

今回の工事は2期工事で、3年前の１期工事では4棟の大規模修繕と手すり更新工事を行いました。それ以前には、足場組みが不要の廊下のみの改修工事を行うなど、劣化状況に応じて適切に工事を実施してきました。このため、今回は廊下側の工事は不要となり、修繕積立金の軽減につながりました。

株式会社小野富雄建築設計室

手すりの更新状況

既存の手すりはスチール製で塗り替えを頻繁に行う必要があった

古い手すりの撤去作業

手すりと壁の接続部分は一部腐食が確認できた

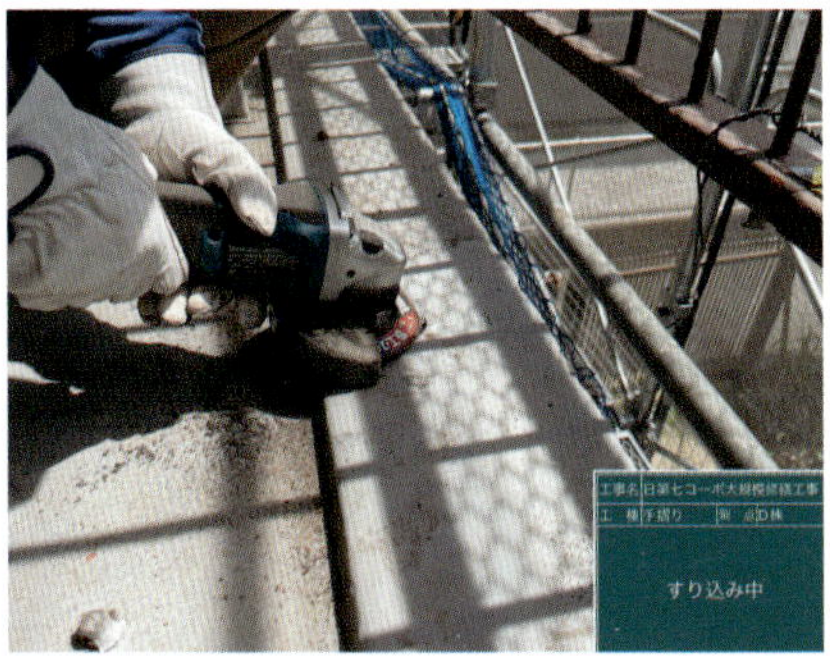

古い手すりの支柱部分の汚れや錆を取り除く

メンテナンスの手間が軽減されるアルミ製の手すりに交換

隔板の更新状況

施工中

取り替え完了

管理組合より

当マンションは築年数を経ていますが、当初から住民自らが管理組合の運営に携わる「自主管理」の体制で臨んできました。全体的なことは、組合で契約している管理人さんにお願いし、技術的なことは、専門家の小野富雄建築設計室の助言を得ながら、建物の維持管理を行っています。また、経理関係も組合員が自ら管理しており、無駄な支出をしないよう心がけています。

建物が8棟あるため、一度に大規模な工事を行うのではなく、建物調査を行った上で、必要と思われる箇所を部分的に修繕するという方法をとっています。これにより本当に必要な部分のみ工事が可能となり、結果的に修繕積立金を軽減できています。

問い合わせ先

株式会社アール・エヌ・ゴトー

〒211-0043
神奈川県川崎市中原区
新城中町16-10
☎044-777-5158

[CASE]
09

給排水

スラブ下配管の解消と専有部分給排水管の全面更新

入船東エステート

所在地 千葉県浦安市

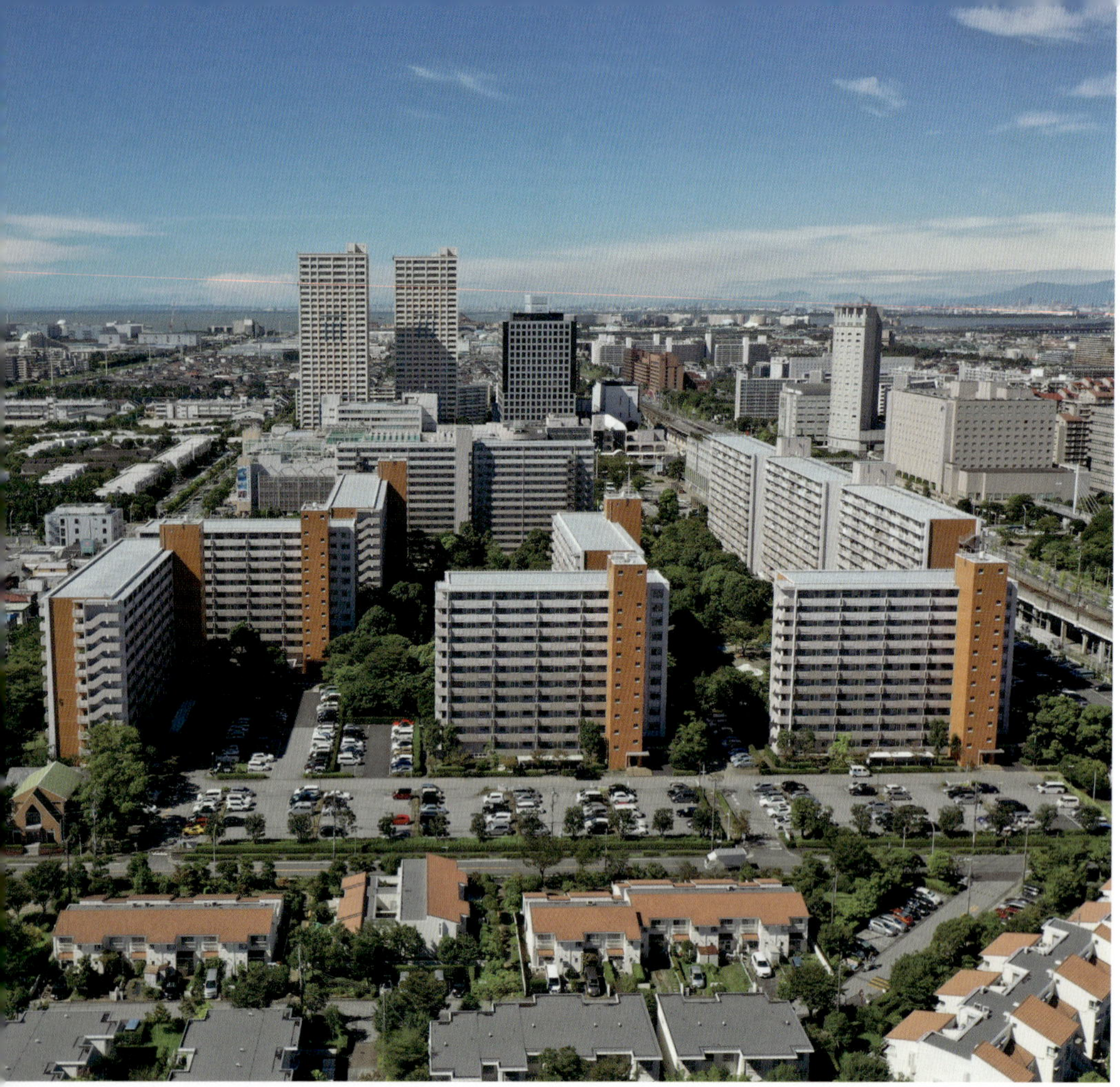

修繕・改修DATA	
改修年月	2022年1月～2024年2月
改修実施時の経年	40年
構造・規模	SRC造11階・14階建て・8棟
総戸数	807戸
設計監理者	株式会社ジェス診断設計（監修者）
施工者	日本設備工業株式会社

入船東エステートは、新浦安駅から徒歩3分の好立地に建つ全8棟・807戸のマンションで、1982年に竣工し、築42年が経過しています。

数年前から長期ビジョンの具体化、住宅再生に向けた情報発信、修繕積立金の値上げ幅を最小限にすることを目標とし、給排水管改修工事計画は2020年度より検討されていました。今回の工事では、経年劣化による給排水配管の改修にとどまらず、全住宅の排水システム統一を第一の目的としました。また、更新が進んでいない住戸内専有部分給水・給湯配管の更新、将来的なリフォームの容易性や可変性、維持管理性に配慮し、快適に暮らせる居住環境の整備を目標としました。今後40年間水漏れが発生しない安心安全なマンションを目指し、以下のような計画を実施しました。

①スラブ下にある排水管のスラブ上化を行い、維持管理性を向上

・在来浴室からユニットバスへの移行を促進するために、スラブ上にユニットバス用の排水管を設置す

物件DATA
工事費用
約14億円
物件規模
大規模（200戸超）
竣工年
1982年

スラブ下排水管のスラブ上化および樹脂管への更新

樹脂管への更新

洗面室排水管

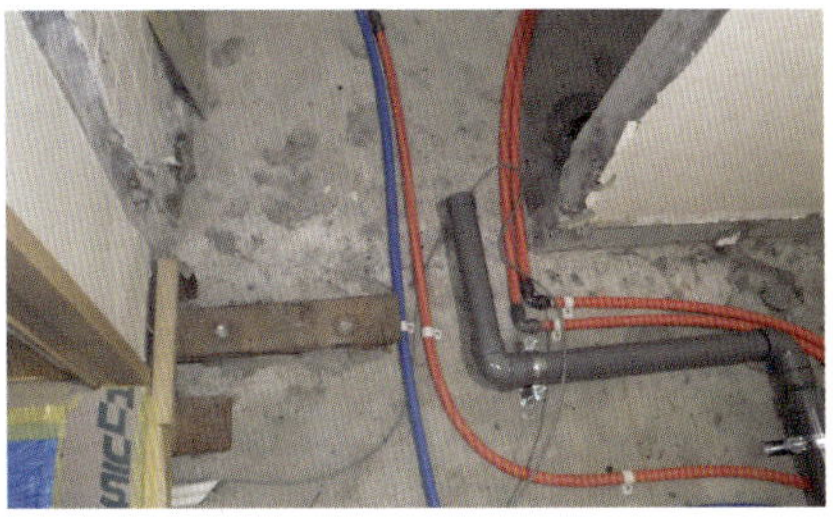

スラブ上ユニットバスへの接続配管

る。このため、個人負担でのユニットバス更新を管理組合にて推奨し、浴室排水のスラブ上化を1件でも多く行えるようにした。

・浴室以外の洗面台・洗濯機の排水管は今回の工事で全戸スラブ上化をした。

・区分所有を明確にし、今後の専有部分の維持管理の向上を図る。

②専有部分給水・給湯・追炊き管コンクリート内配管の解消および樹脂管への更新

・既存コンクリート内ルートを解消するため、配管ルートを変更してコンクリート内配管を解消。

・給水・給湯・追焚き配管を、鉄管および銅管から樹脂管へ更新。

③専有部分カルテを作成し今後のメンテナンスを容易に

今回工事の各住戸のデータを蓄積し、今後の各住戸のメンテナンスを容易にするために、全戸の工事カルテを作成。また、管理組合や居住者と情報共有できるツールの活用を推進。工事内容の理解度を深めてもらい、工事に対する不安を取り除くため、以下を実施した。

・3D画像による事前説明

・デジタルサイネージによる工事の最新情報の共有

・WEB発信による工事情報の共有

こうした取り組みにより、居住者との情報共有は円滑に進められた。

本工事は無事故無災害で完了することができました。管理組合の運営状況、排水システムの統一化、工事の静音化等が評価され、令和3年度第2回の「マンションストック長寿命化等モデル事業」に採択されました。

専有部分のコンクリート内配管の解消

給水給湯管の天井配管

管理組合より

当住宅では、1・8号棟はスラブ上排水枝管、2～7号棟はスラブ下排水枝管と、2タイプの異なる排水システムが混在していました。

管理組合では、住宅全体の排水システムの統一と、区分所有および維持管理区分の明確化を重要課題として位置付け検討を行いました。また、給水・給湯・追炊き管においては、コンクリート埋設箇所が存在し個人リフォームによる更新が進んでおらず、住宅全体の漏水件数も増加していたことから、これらの問題解消を目指しました。

問い合わせ先

日本設備工業株式会社

〒103-0015
東京都中央区日本橋箱崎町36-2
Daiwaリバーゲート19階
☎03-4213-4900

［CASE］10

給排水

大規模修繕工事と足並みを揃えた効率的な給排水管更新工事

八王子セントラルマンション

所在地　東京都八王子市

修繕・改修DATA	
改修年月	2021年8月～2022年3月
改修実施時の経年	46年
構造・規模	SRC造11階（地下1階）建て
総戸数	100戸
設計監理者	株式会社小野富雄建築設計室
施工者	株式会社スターテック

八王子セントラルマンションは、1975年竣工のマンションです。築年数を経てはいますが、美しい外観からはそれが感じられず、全体的な管理も行き届いており良好な状態が保たれていました。

しかし竣工から46年が経過し、給水管や排水管などの設備の劣化も懸念されたため、建物全体の調査を実施した結果、給水管の劣化が進んでいることが判明。また、外壁塗装や鉄部塗装、屋上およびバルコニー、北側廊下の防水の劣化なども進んでいたため、外壁改修を含む大規模修繕工事（82頁参照）を行った上で、共用給水管と排水管の改修を実施することになりました。

改修にはメーター周りの改良が必要でしたが、高架水槽の架台等の維持管理に多額の費用を要していたこともあり、給水システムを直結増圧給水方式に変更。また大規模修繕工事後には設備改修の予定があったため、設計は設備改修部分と同時に行い、工事の効率化を図りました。先行実施した、外壁等の大規模修繕工事で改修した箇所を再施工することがないよう留意されています。

物件DATA
工事費用
9,477万4,090円
物件規模
中規模（50戸超200戸未満）
竣工年
1975年

設計監理者より

大規模修繕工事と給排水管設備工事の施工会社が異なることから、屋上に設置してある高架水槽の撤去については、大規模修繕工事の施工会社と調整をして、給水工事の接続完了時に撤去するなど、それぞれの関連工事が無駄にならないような設計を心がけました。

また、これまでは１本のパイプスペースに設置された立管を各階で2住戸に分岐する形で埋設されていましたが、今後の監理のことも考慮して埋設せずに済むようにしました。

株式会社小野富雄建築設計室

11Fエレベーターホールの天井内給水管（更新後）

各戸メーターボックス内の給水管（更新後）

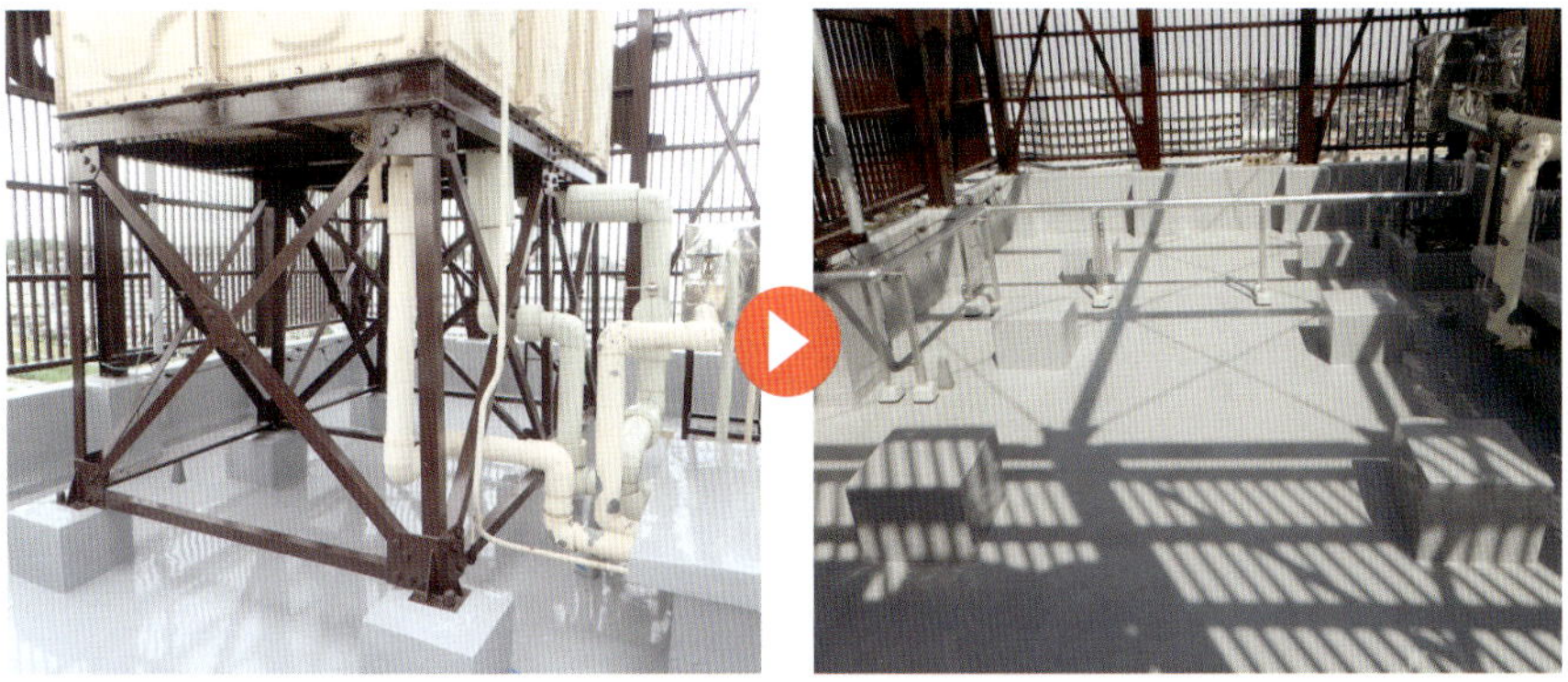

維持管理のコスト抑制のため、給水システムを直結増圧給水方式に変更。屋上の高架水槽は撤去された。

メータバイパスユニットの設置により、断水することなく親メータの交換が可能に。

更新後の埋設給水主管

専有部分（トイレ内）の排水管の更新

既設管

更新後

管理組合より

当マンションは、大手ゼネコンが施工したということもあり、デザインや使い勝手も良く組合員自慢の建物です。ただ、築年数を経ていることもあり、不具合箇所も見受けられるようになりました。そこで、外壁や屋上防水などの大規模修繕工事を行いましたが、生活に直接影響する設備関係に不安が残ったため、共用部分の給水管を含む直結増圧方式へのシステム変更と、共用排水管の改修工事も引き続いて行うこととしました。その際、専有部分の床や壁の一部を撤去することから「専有部分の配管も改修したい」という希望が多数あったため、オプション工事として対応してもらうこととしました。

問い合わせ先

株式会社スターテック

〒144-0052
東京都大田区蒲田3-23-8
蒲田ビル9階
☎03-3739-8851

[CASE]
11

給排水

工事費高騰により更生工事へ計画変更 耐久性向上とコスト削減を両立

グリーンヒル鴨志田西住宅

所在地
神奈川県 横浜市

物件DATA
工事費用
5億3,500万円
物件規模
大規模（200戸超）
竣工年
1983年

修繕・改修DATA	
改修年月	2024年5月～11月
改修実施時の経年	41年
構造・規模	RC造4・5階建て・16棟／PC造5階建て・10棟
総戸数	678戸
コンサルタント	有限会社トム設備設計
施工者	株式会社マルナカ

横浜市にあるグリーンヒル鴨志田西住宅は、合計26棟からなる大規模物件です。竣工から40年以上が経過し、長期修繕計画では排水管を取り替える更新工事が予定されていましたが、昨今の人件費や工事資材の高騰により、工事金額が想定よりも大幅に値上がりすることが分かり、修繕積立金での対応が難しくなっていました。

更新工事と耐久性能が変わらない方法を再検討した結果、住民の負担軽減と工期短縮を実現し、更新工事に比べて費用も安く、ほぼ同等の耐久性が期待できる更生工事に多くの実績を持つ株式会社マルナカが施工者に選定されました。

建物の形状、配管の劣化状況などを考慮した最適な方法として、共用立管にはエポキシ樹脂を含んだ芯材で排水管の内側に新たなパイプを形成する「マルライナー工法」、在来の浴室にはマルライナー工法を応用した排水トラップ再生工法「トラップライナー工法」を採用し、さらに下階天井配管は新しい配管に交換するハイブリット工事を提案。住民の負担軽減と、品質・安全性の確保を

マルライナー工法による排水管の更生工事

1 管内の錆を除去し洗浄する（錆は最下部で回収）

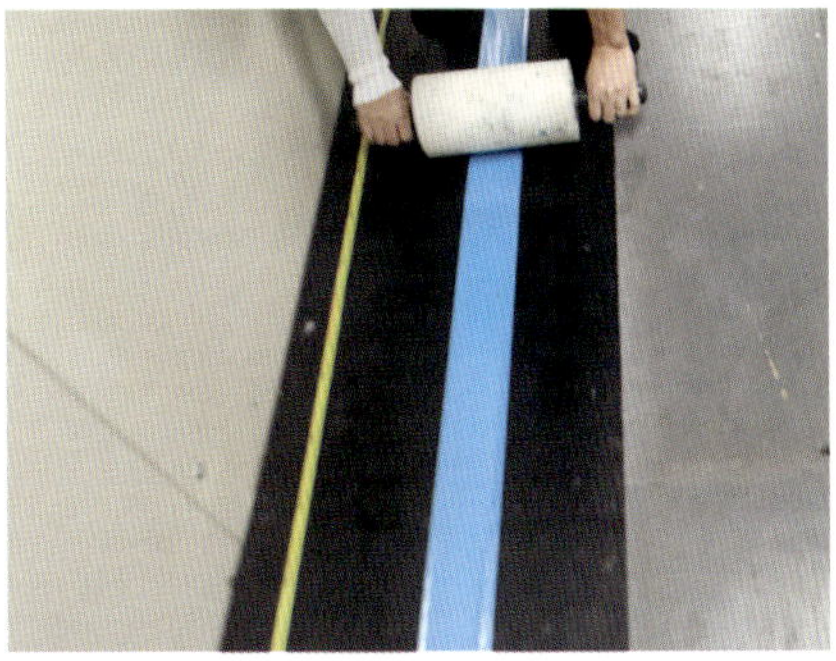

2 クロスチューブ（芯材）にエポキシ樹脂を浸透させる

3 反転機に装填されたクロスチューブ

4 クロスチューブを排水管内に反転させ挿入する

5 既設の横枝管は撤去し新管に交換する

施工前

施工後

工事中は居住者用の休憩スペースが設けられた

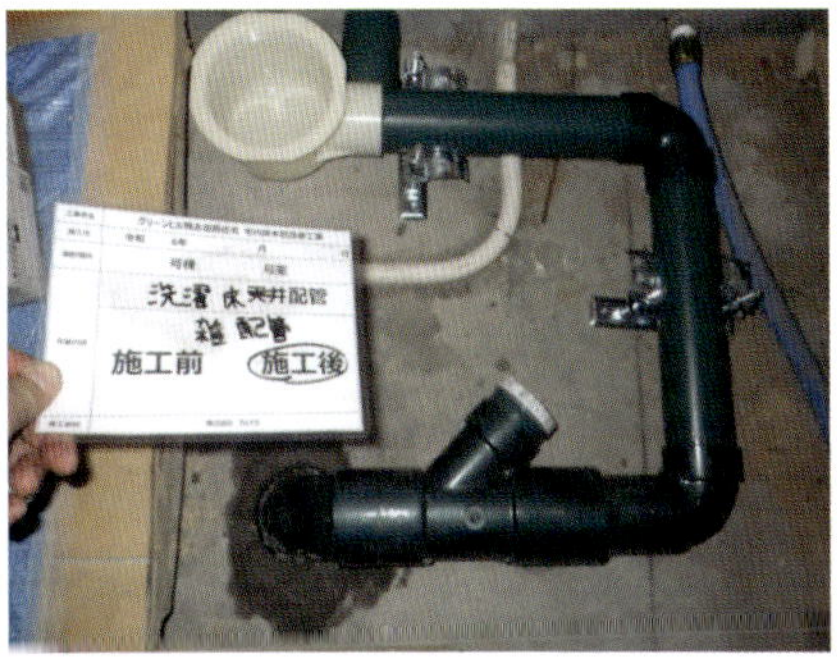

脱衣所の床下に新設された「未来配管」

トラップライナー工法により浴室の排水トラップも再生

両立する点が決め手となり、2024年5月に工事が着工しました。

なお今回の改修工事では、在来の風呂でタイル目地の劣化による漏水が起きた場合や、老朽化によるユニットバスへのリフォームを想定し、ユニットバスに接続できる「未来配管」を脱衣場床に作成するなど、新しい取り組みも行われました。

[CASE] 12

給排水

世田谷三宿マンション

優れた技術力で短工期かつ高品質な施工
長寿命化に向け一歩前進

所在地 東京都世田谷区

修繕・改修DATA	
改修年月	2024年6月～7月
改修実施時の経年	49年
構造・規模	RC造5階建て
総戸数	27戸
施工者	株式会社P・C・Gテクニカ

世田谷三宿マンションは、1975年に竣工した5階建て、27世帯、自然を生かした「三宿の森緑地」に隣接する閑静な地域にあります。築年数が45年を超えていることから、2022年に排水管の老朽度調査を実施し、共用部分の排水立管に著しい腐食が確認されました。部分的には管の半分近くが減肉しており、早急な改修が必要と判断されたため、改修工事の検討がなされました。

排水管の健全な維持は生活の安心に直結するため、技術の信頼性や耐久性、費用、工事期間中の居住者の負担軽減を総合的に検討した結果、株式会社P・C・Gテクニカが開発した更生工法「FRPサポーター工法」にたどり着きました。パイプインパイプとも呼ばれるこの工法は、既存のパイプにネット状の特殊繊維を加えたFRPで「内側に新たなパイプを成型する」もので、枝管接合部まで広くカバーすることができます。技術審査証明と特許を有しており、20年の保証を可能にしました。更新工事に伴う〝はつり〟が不要なため、居住者の騒音負担も少なくな

物件DATA
工事費用
2,570万円
物件規模
小規模（50戸以下）
竣工年
1975年

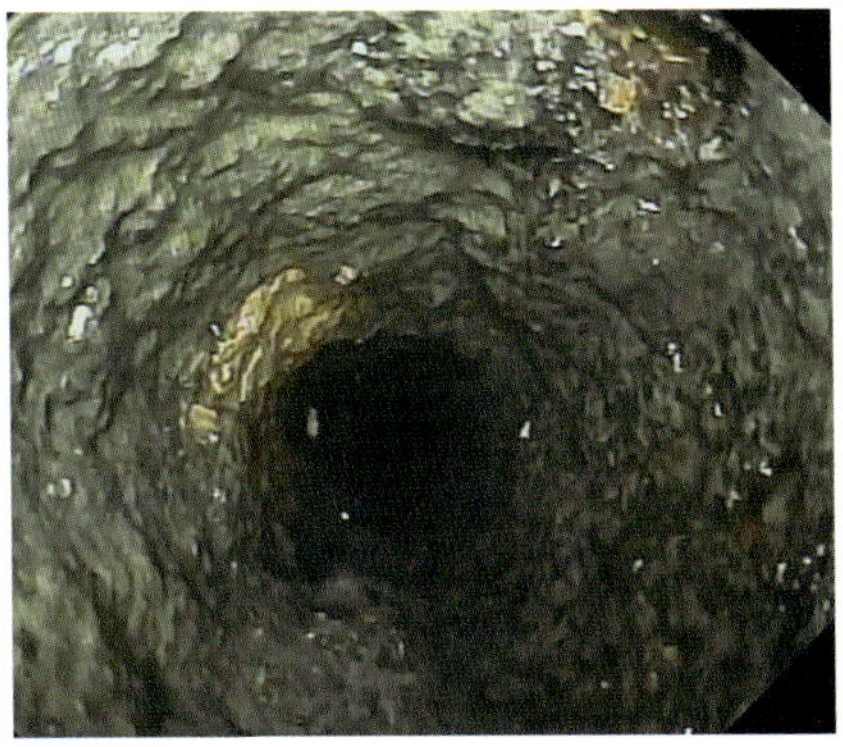
立管内 施工前状況

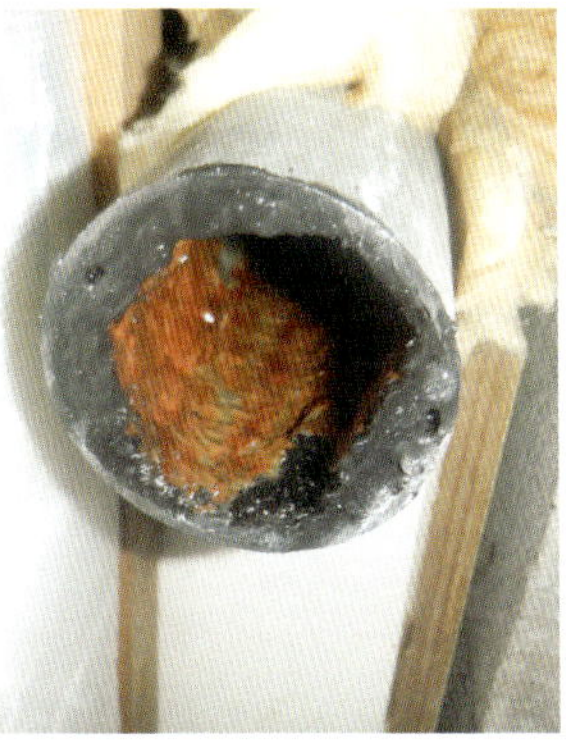
管切断部の上側端部（施工前）

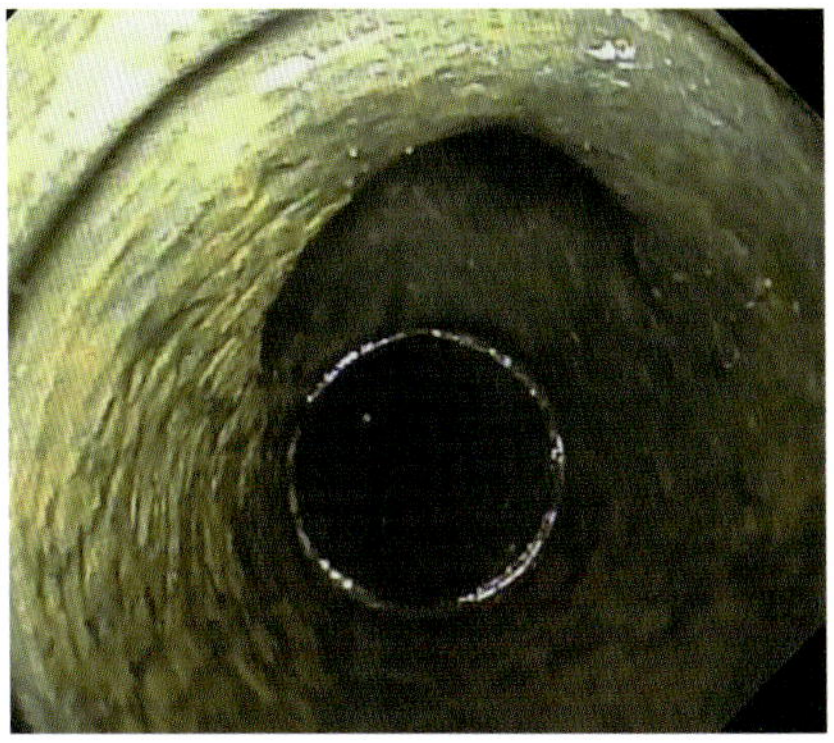
立管内洗浄・研磨後（枝管合流部）

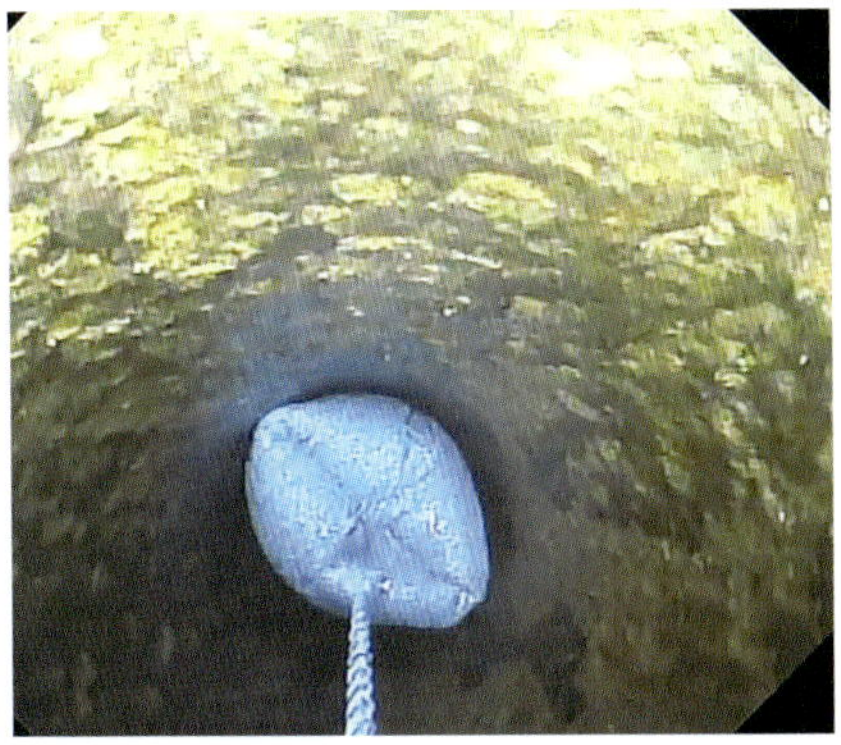
立管内のFRP材形成工事中

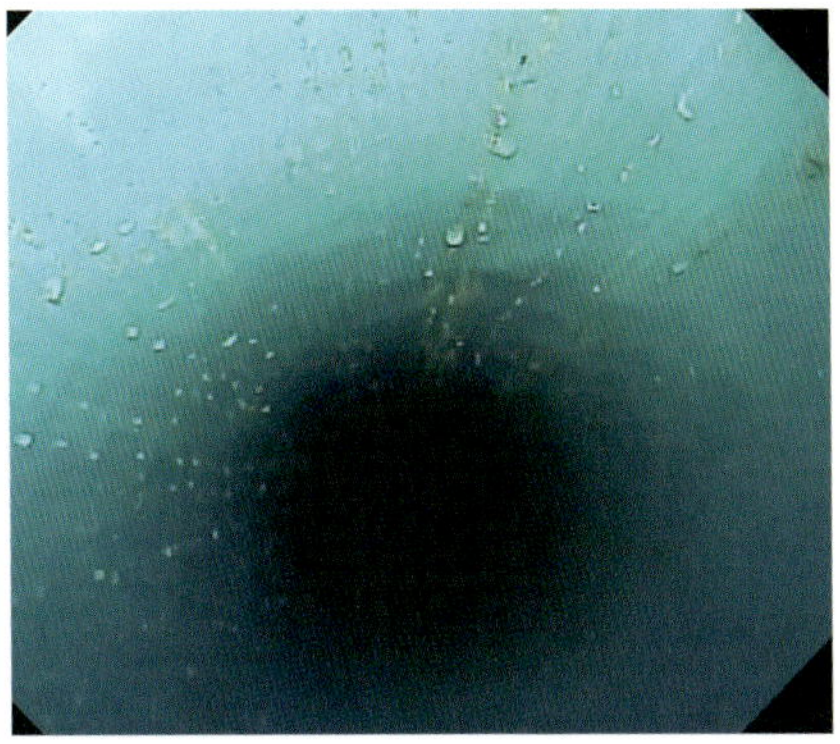
立管内のFRP材形成後（ライニング後）

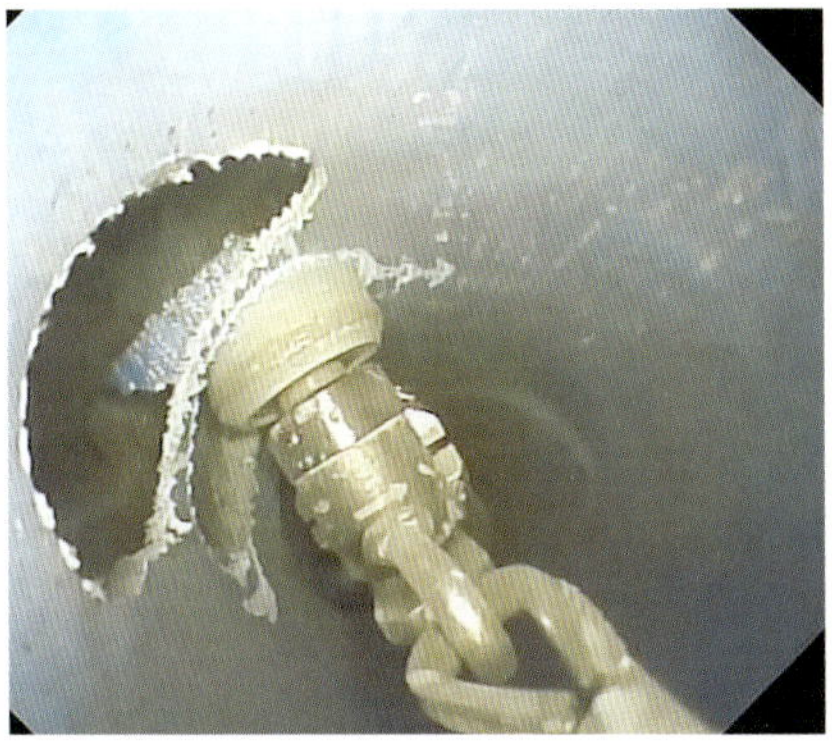
立管内より枝管合流部穴あけ状況

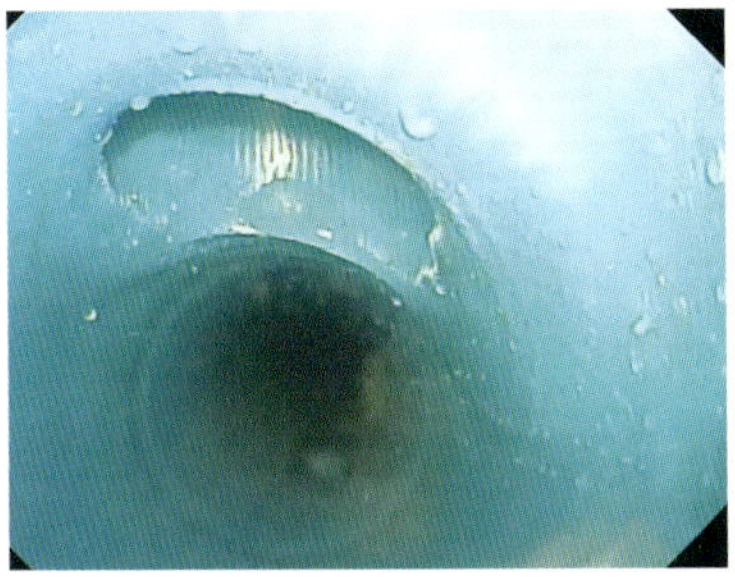
立管内 枝管合流部
FRP材形成後

管切断部の
FRP材形成後

ります。マンション管理組合も「パイプの内側に風船を張り付けるようにして樹脂のパイプを作る本工法を最も評価した」としています。

本マンションは、1住戸に3本の立管があり、かつ一部は室内の壁の中に敷設されていますが、この工法であれば更新工事で必要となる壁の解体や入室作業等が一部の住戸のみで済むため、マンション全体としてみると大幅な負担減となりました。

大きな事故もなく工事が完了できたことは、本マンションの管理組合および居住者、全ての関係者の協力の賜物です。今回の工事により、老朽化の著しい金属排水管部分の全ての改修が行われ、安心した暮らしの提供につながりました。

管理組合より

工事前の居住者への説明会や、工事期間中の各戸への案内がとても丁寧でしたので、トラブルや苦情がなく、スムーズに高品質な工事が進みました。施工後の対応にも誠意があり、排水管清掃など今後も良い関係が続きそうです。

問い合わせ先

**株式会社P・C・Gテクニカ
首都圏本部**

〒141-0001
東京都品川区北品川5-7-14
☎03-3440-6401

［CASE］13

給排水

シティコープ清新

経年劣化していた専有部分給湯管を建設技術審査証明工法での更生工事

所在地 東京都江戸川区

修繕・改修DATA	
改修年月	2024年2月〜6月
改修実施時の経年	41年
構造・規模	SRC造５階・14階建て・４棟
総戸数	399戸
施工者	株式会社タイコー

物件DATA
工事費用
6,457万円
物件規模
大規模（200戸超）
竣工年
1983年

シティコープ清新は江戸川区の南に位置し、閑静な住宅地に建つ４棟からなる大型集合住宅です。近年は、特に経年劣化による専有部分給湯管（銅管）からの漏水が懸案事項となっていました。築30〜40年程度のマンションの給湯管には銅管が多く使用されてますが、経年により銅管特有の孔食・潰食といった現象が起き、継手部にピンホールが生じ漏水につながる事例も多く、マンション全体の給湯設備改修工事実施に向け検討が重ねられてきました。

給湯管改修工事には専有部分内作業が必須となりますが、本マンションは大型住宅のため、入室日の在宅確認・長期連絡不通住戸へのアポイント等の懸念がありました。また、給湯配管が床下シンダーコンクリート内に埋設されていたため、取り替える際は居室内床を広く解体する必要があり、給湯管改修工法は比較検討を経て、株式会社タイコーが開発した「ＨＳＣ（ホットスーパーコート）工法」が採用されました。

この工法は、業界で初めて日本建築センターの厳正な審査を得た建設技術審査証明工法です。ブラストお

屋外に配置されたコンプレッサー

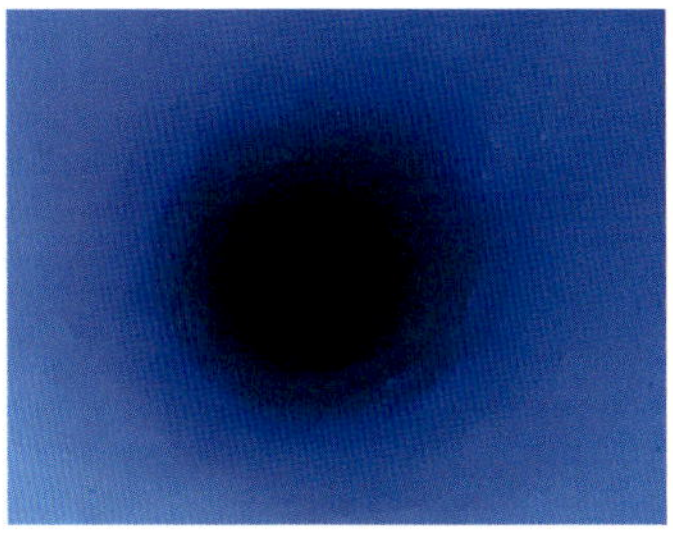

エポキシ樹脂塗布後の配管内部

施工範囲イメージ図

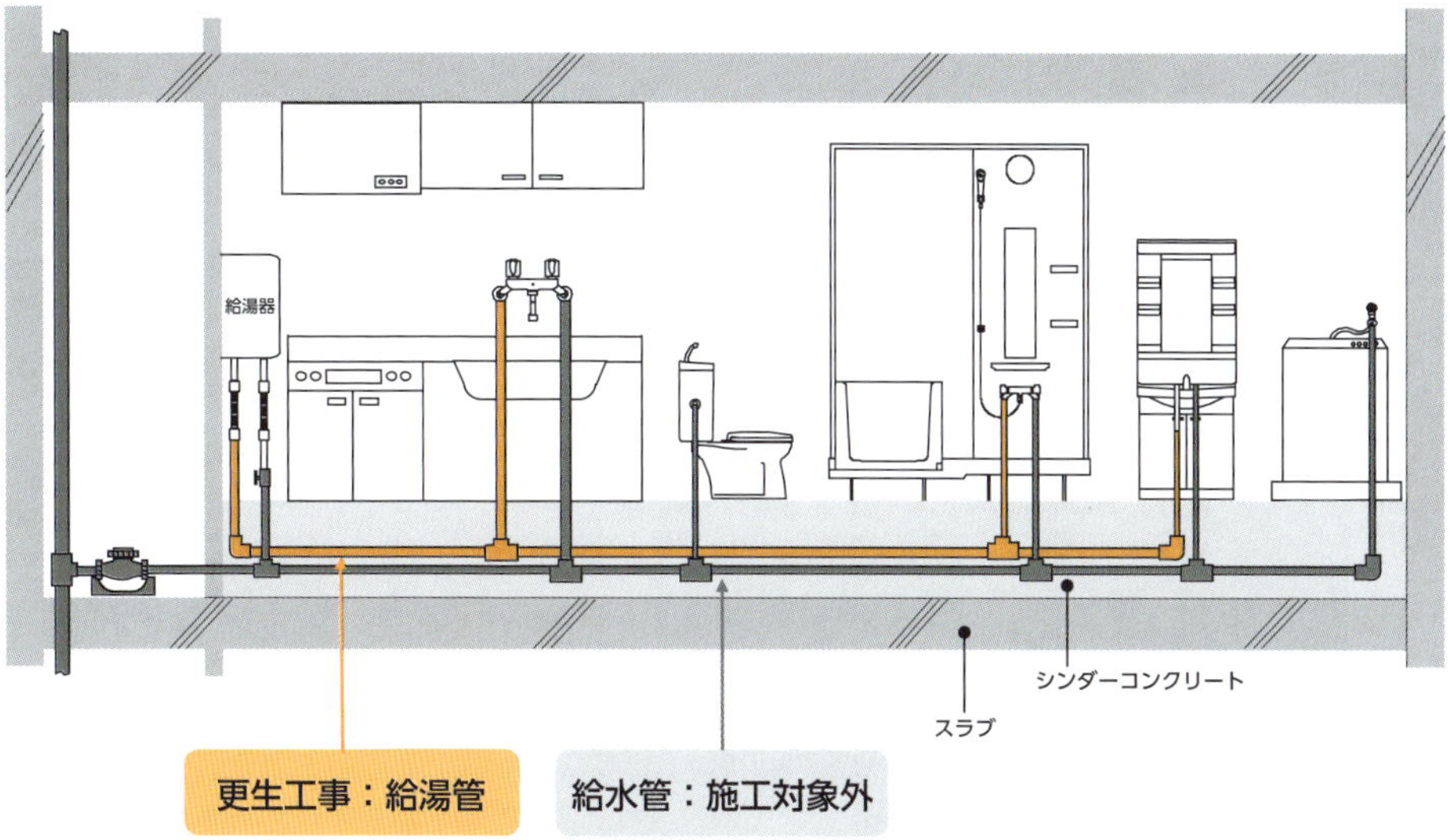

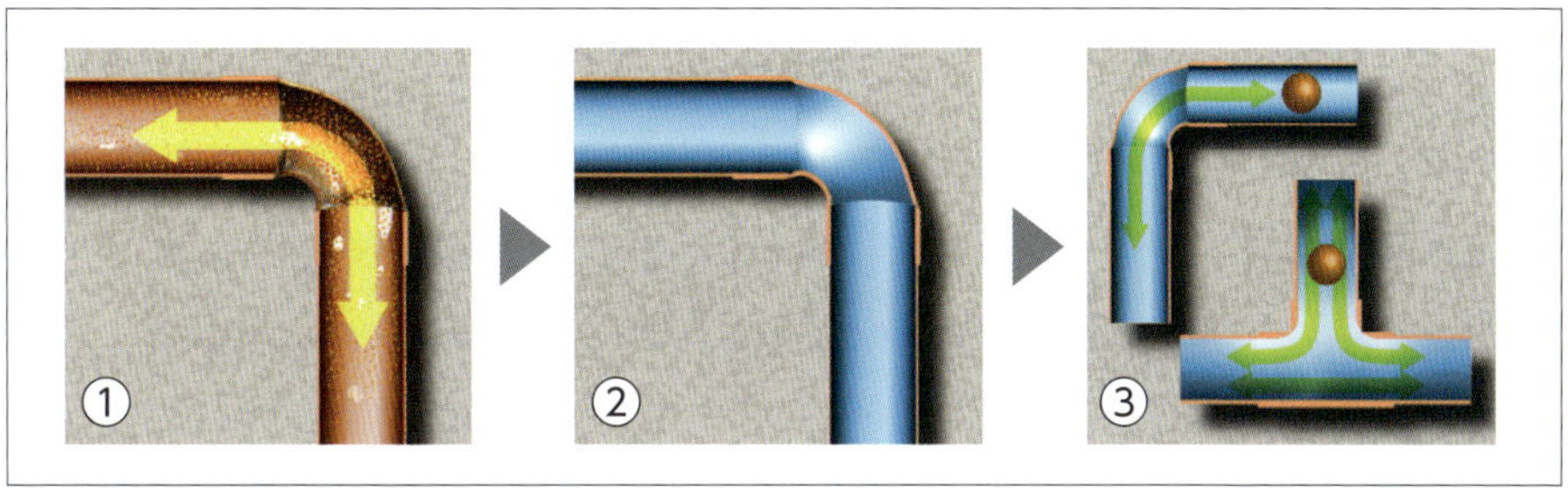

施工の流れ

①２方向研磨（圧送気流により研磨剤を２方向から往復研磨）
②ライニング（管内全般に２液性エポキシ樹脂を塗布）
③２方向ピグライニング（ピグを投入し、塗膜を平滑にし均一な膜厚に調整）

よび塗布作業は圧送気流にて行い、独自の温水養生工程によって耐熱性を向上させた塗膜を管内に形成します。

また、従来のエポキシ樹脂では、銅管が本来持っている銅イオンの抗菌効力が塗布後に失われてしまうため、銀イオンを配合した独自開発の抗菌塗料（抗菌エポキシ樹脂）を採用しています。銀イオンの効果により高い抗菌性を維持しながら、配管内部に付着する汚れを抑制する効果が見込めます。

施工は１住戸２日間、１日基本10件で、約５カ月で工事を実施しました。また、部分リフォームにより一部分を樹脂管に交換していた住戸（99戸）を徹底した事前調査により判別し、樹脂管と既設銅管を切り分けて、既設銅管に対して更生工事を行いました。

今回の施工により、ピンホールが生じやすい継手部を塗膜により補強し、将来起こりうる漏水を未然に防ぐことができます。住民の皆さんに安心した暮らしを提供する一助となりました。

HSC工法　パンフレット

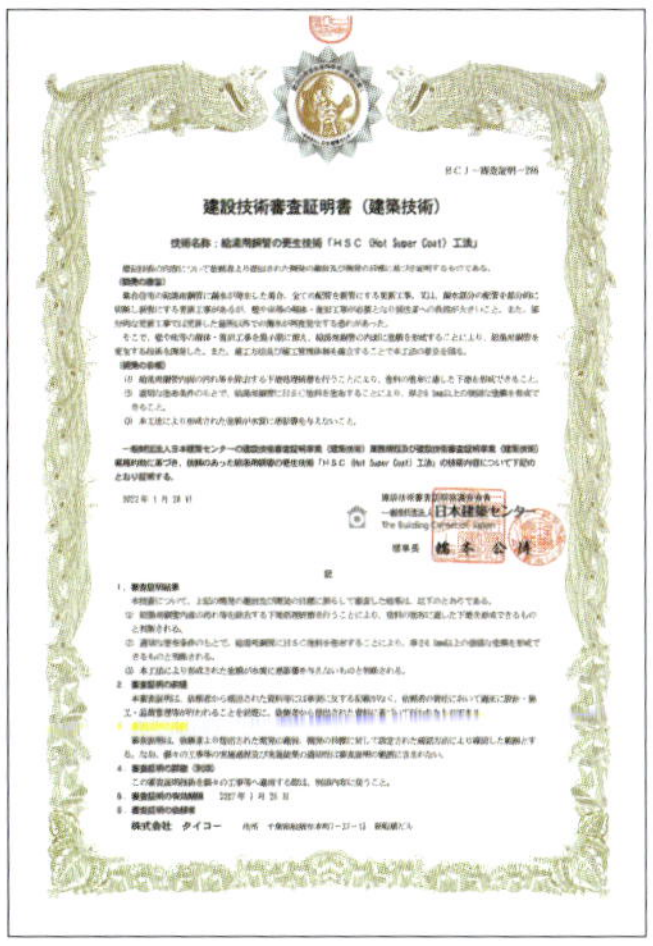
建設技術審査証明書（建築技術）

建設技術審査証明書

問い合わせ先

株式会社タイコー 東京支店

〒104-0045
東京都中央区築地1-9-2
イセツネビル2階
☎03-3546-3700

“積算資料ポケット版 マンション修繕編〈別冊〉シリーズ”

マンション管理組合・居住者のためのモデル事例集!

積算資料 ポケット版 マンション修繕編〈別冊〉 2024年2月発刊

マンション長寿命化モデル事例集

経済調査会 編集
■A4判変型 120頁
■定価 1,210円(本体1,100円+税)

現在のマンションストック総数は約700万戸で、そのうち築40年超の高経年マンションは約137万戸ある。これが20年後には3.4倍の約464万戸になると推計され、老朽化や管理組合の担い手不足問題が顕著になると見込まれる。
本書では高経年マンションの長寿命化に資する改修手法や建替えについて、国の政策や補助事業をふまえ、成功に導くための進め方とポイントをわかりやすく紹介。

主要目次 ・巻頭企画 ・トピックス ・モデル事業/企業紹介

積算資料 ポケット版 マンション修繕編〈別冊〉 2022年11月発刊

マンション建替えモデル事例集Ⅲ

経済調査会 編集
■A4判変型 112頁
■定価 1,210円(本体1,100円+税)

築40年超の高経年マンションは、20年後には約464万戸に急増すると推計され、その再生が喫緊の課題。
本書では、高経年マンションを再生させるための“建替え”について検討を行っている管理組合向けに、成功に導くための進め方とポイントを最新の事例を交えてわかりやすく紹介。

主要目次 ・巻頭企画 ・基礎知識 ・モデル事例
・建替えに取り組む企業紹介

積算資料 ポケット版 マンション修繕編〈別冊〉 2021年11月発刊

マンション改修モデル事例集Ⅲ

経済調査会 編集
■A4判変型 72頁
■定価 1,210円(本体1,100円+税)

高経年マンションを再生させるための“改修”について検討を行っている管理組合向けに、進め方とポイントをこれまでに実施された事例を交えてわかりやすく紹介。

主要目次 ・巻頭企画 ・災害特集 ・改修事例

● お申し込み・お問い合わせは ●

経済調査会出版物管理事務委託先
KSC・ジャパン(株) TEL 0120-217-106 FAX 03-6868-0901

詳細・無料体験版・ご購入はこちら!
Bookけんせつ Plaza 検索

マンション大規模修繕に役立つ
製品・工法紹介

102……オンダ製作所
104……マルナカ

樹脂管、大流量の樹脂管継手で快適な暮らしを

配管資材の総合メーカー
株式会社オンダ製作所

オンダ製作所は、配管資材の総合メーカーです。1998年に外径シール構造ワンタッチ継手「ダブルロックジョイント」を発売し、25年以上ご愛顧いただいております。そして、さらなる進化を求め、2018年に「ダブルロックジョイントRevos」を発売。これからも皆さまが満足する製品を開発していきます。

マンション専有部分の配管

1990年より前に建設されたマンションでは、給水・給湯配管は金属管が使用されていました。金属管の寿命は一般的に30年とされ、経年劣化による腐食から赤水や漏水事故が発生する可能性があります。近年では、配管材に新築住宅でも使用される架橋ポリエチレン管などの可撓性を有する樹脂管を使用する配管リフォームが増えています。

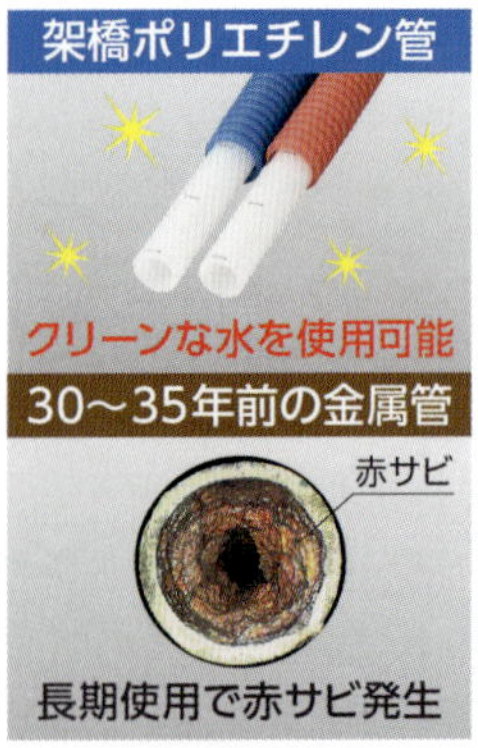

図1　金属管と樹脂管の比較

流量不足が起こりやすい配管リフォーム

配管リフォームを行う施主様は、錆や漏水等の問題を抱えた既存の配管を樹脂管へ変更することで、生活環境が向上することを期待していますが、「工事後にシャワーの勢いが弱くなった」という意見をよく耳にします。その要因の一つとして挙げられるのが、リフォーム配管にはエルボ継手を多用することです。**図2**は構造物を迂回するためにエルボ継手を多用するリフォーム配管のイメージです。このようにエルボ継手を多用すると、なぜシャワーの勢いが弱くなるのでしょうか。以下で説明します。

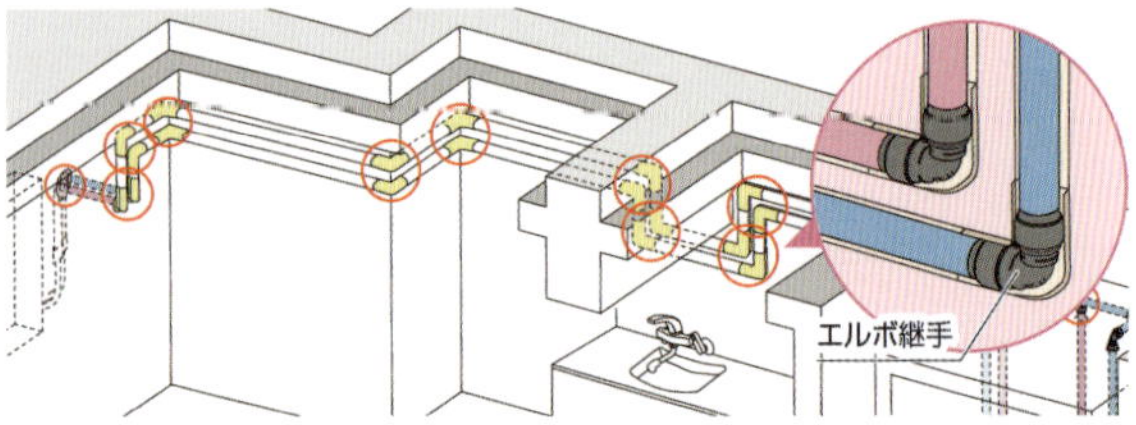

図2　リフォーム配管のイメージ

継手の圧力損失

蛇口からホースを接続して水を出す場合、ホースが短いか長いかによって水の勢いに差がある経験があるかもしれません。これはホース内面と水との間に摩擦が生じ、それによって圧力が失われ、ホースが長いほど勢いは弱くなります。この現象を「圧力損失」といいます。継手でも圧力損失は同様に生じ、継手が増えるたびに圧力損失も増えます。これがシャワーの勢いが弱くなる原因です。

継手の構造には**図3**に示すように「外径シール」と「内径シール」がありますが、一般的に内径シール継手は継手内部の流路径が樹脂管の内径と比較して狭くなり、大きな圧力損失を生じます。一方、外径シール継手は継手内部の流路径が樹脂管の内径とほぼ同等となり、圧力損失は低くなります。

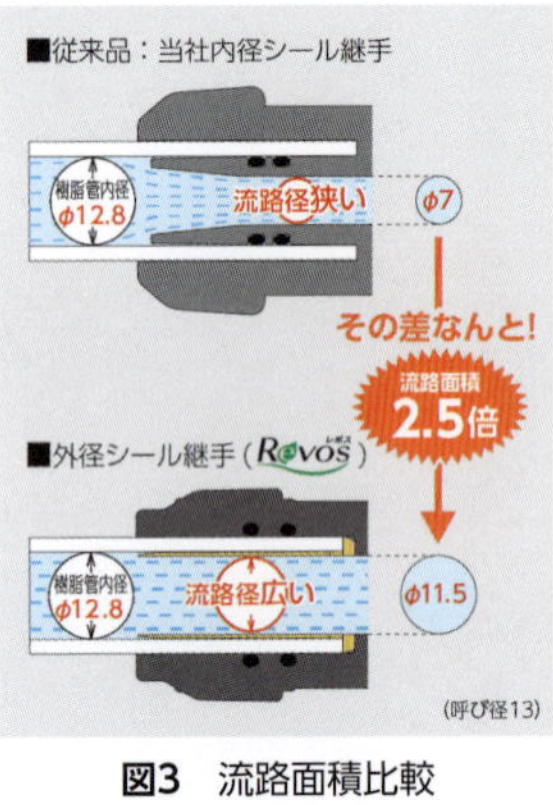

図3　流路面積比較

低圧損型継手Revos なめらかエルボ

外径シール継手を使用した場合でも、エルボ継手においては継手内の曲がり部で発生する乱流によって圧力損失が生じます。そこで「Revosなめらかエルボ」は継手を製造する金型に特殊技術を採用し、曲がり部をより〝なめらか〟な流路形状としており、その圧力損失を表す相当管長※の値は従来の当社外径シールエルボ継手と比較して3分の1以下、当社内径シールエルボ継手と比較して10分の1以下です。従来の当社外径シールエルボ継手よりもさらにスムーズな水の流れを実現し、従来品にはない圧倒的な大流量を実現する継手です。

※相当管長：管継手などの圧力損失を、管経路と同じ直管の長さに置き換えた数値。

さらに圧力損失の低い継手はエネルギーロスも少ないため、省エネにも寄与します。なめらかエルボを含むRevosシリーズ9製品は2019年度省エネ大賞（製品・ビジネスモデル部門）において、最高賞である経済産業大臣賞を受賞しました。

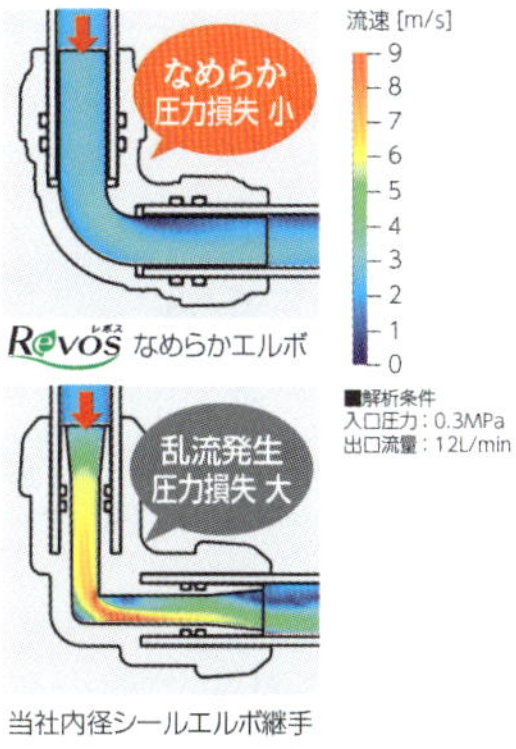

図4 流体解析結果

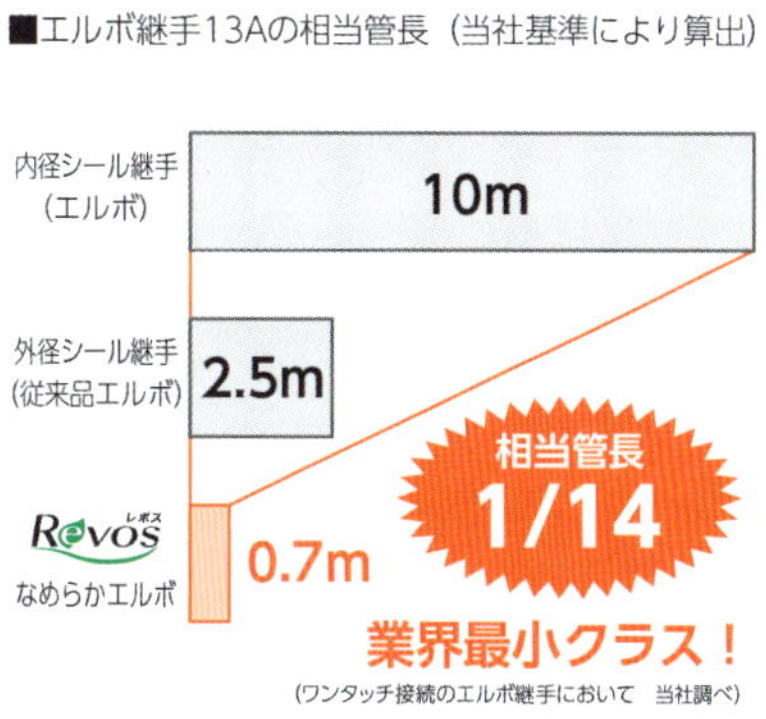

図5 相当管長比較（13A）

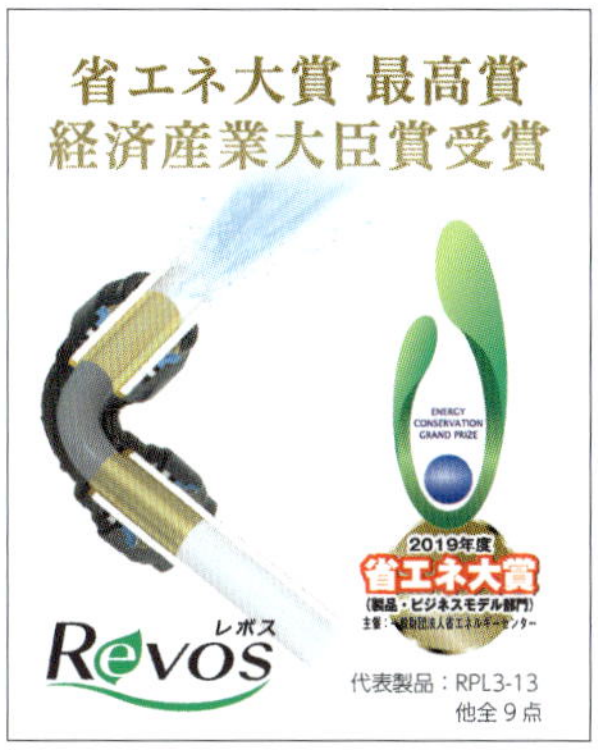

図6 省エネ大賞受賞

流量不足解決の実例

都内某所においてトイレをタンクレス仕様へ取り替えたのち、しばらくしてから給水配管からの漏れが発生しました。修理をするため漏れ発生箇所を調査しましたが特定ができなかったため、樹脂管による配管更新工事が行われました。更新配管は宅内の壁面に沿って設置され工事は完了しました。

しかしこの工事により流量が不足し、トイレが流れなくなり、シャワーの勢いは弱くなり、お住まいの方は大変お困りになられていました。そこで工事後の配管を確認すると、更新配管には内径シール構造のエルボ継手が水道メーターからトイレまでの配管で16個使用されていたほか、シャワー配管では12個と多く使用されており、これが流量不足を引き起こしていることが分かりました。

そこで内径シール構造のエルボ継手をRevosなめらかエルボに取り替えたところトイレは流れるように、シャワーの勢いも元通り強くなりお住まいの方は大変お喜びになられました。

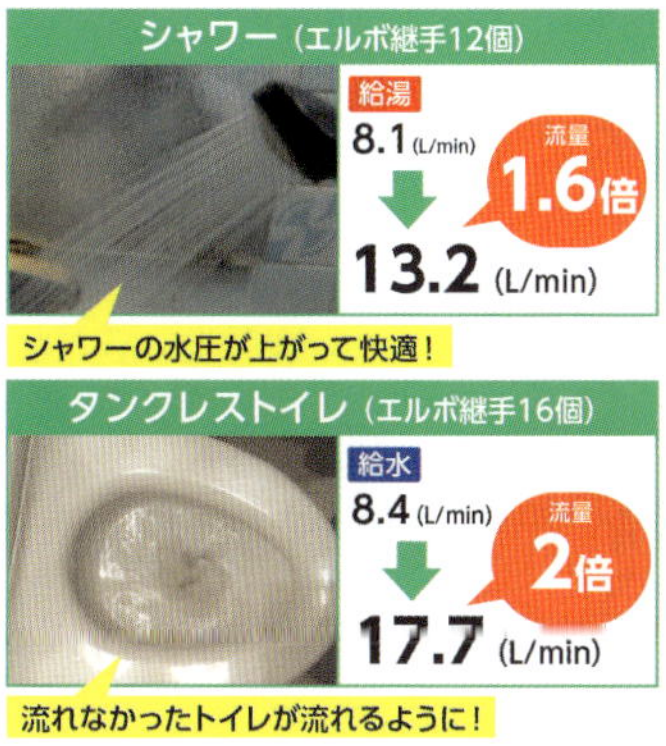

図7 流量不足解決事例

継手選びで見逃せないポイント

配管に使用される各継手に圧力損失が発生するため、リフォーム配管において継手の選定は非常に重要です。リフォーム配管では、内径シール構造の継手よりも外径シール構造の継手を選定されることを推奨します。また、流量不足の解決実例で取り上げましたが、外径シール構造の継手の中でもより圧力損失の少ないRevosなめらかエルボを使用することが快適な生活を維持するために効果的といえます。

問い合わせ先
株式会社オンダ製作所
リニューアルグループ
〒101-0032
東京都千代田区岩本町1-10-5
TMMビル3階
☎03-5822-2061

排水管“再生”工事のパイオニア「マルライナー工法」で業界をリード

排水管更生技術の革命! マルライナー工法特許取得会社

株式会社マルナカ

マルナカは、創業から54年の歴史を持つ排水管工事の専門企業です。弊社が独自開発した特許技術「マルライナー工法」は、排水管の再生を大きく変革しました。この技術は、排水管の耐用年数を大幅に延ばし、工期を短縮し、コストを削減するという3つの大きなメリットをご提供しています。

また、2024年7月には、株式会社タイセイ・ハウジーのグループの一員としてM&Aを経て、業界におけるリーダー的役割を担って進展しています。

弊社の工法は、環境に配慮しながらも、高い品質と効率性を実現することで、お客様から高い評価を受けています。神奈川県平塚市を拠点に、東京、千葉、埼玉を含む関東一円でサービスを提供し、排水管工事に関するあらゆるニーズに応えることができます。

また、弊社は持続可能な開発目標（SDGs）を支援し、社会的責任を果たす企業としても認識され、排水管の問題を解決するだけでなく、より良い社会に貢献していく企業になるよう努めています。さらに、管理組合、顧客とのコミュニケーションを重視し、デモ施工等を通じてその技術を直接見て実感していただくことで、信頼と理解を深めています。

今後は、一般的な工事業者にとどまらず、顧客と社会のニーズに応えるパートナー企業となることを目指しています。

排水管を「再生」するマルライナー工法

マルライナー工法とは、老朽化した排水管を取り替えることなく、耐久性の高い排水管へと再生する工事法。古い排水管の内側にエポキシ樹脂を含んだ芯材で新たなパイプを形成する（パイプインパイプ）という、マルナカが開発した特許技術です。施工実績はこれまでに3万件を超えています。

「建築物等の施工技術及び保全技術・建設技術審査証明書(BCJ-審査証明-57)」を取得

「更新」「更生」と一線を画す第三の工法

マルライナー工法が登場する以前の排水管工事には、基本的に排水管を取り替える「更新」と、塗料で延命措置を行う「更生」の2つの工法しかありませんでした。そこで弊社が開発したのが、「再生」という第三の工法（マルライナー工法）です。耐久性や工期、コストなどをトータルで見たときに、従来の2つの工法を上回るメリットを持っています。

マルライナー工法が選ばれる5つの理由

神奈川や東京、千葉、埼玉のマンションなどで、おかげさまで数多くの施工実績を誇るマルライナー工法。これまで多くのお客様に選ばれ、信頼していただいてきた背景には、マルライナー工法ならではのメリットがあります。

その1 耐久性

▼高い耐久性を持つ排水管を形成

マルライナー工法で形成されるのは、継ぎ目のない高耐久の排水管。老朽化によりできた穴や亀裂も漏れなくふさぎ、排水管全体を長期間守ります。弊社ではその耐久性をお約束するため、10年間の施工保証をお付けしています。

マルライナー工法の施工の流れ

マルライナー工法に必要な工期は3日間。できる限りマンション住民の方々のご迷惑にならないよう、スタッフが迅速に作業を行います。弊社ホームページに詳しい工程を掲載していますので、参考にしてください。なお、実際の作業風景のビデオ映像もご用意していますので、ぜひご覧ください。

1日目

9時～17時

1. 室内養生
2. 流し台や洗面台などの取り外し
3. 壁などの開口
4. 立て管と枝管の切り離し工事
5. 排水管内研磨・洗浄
6. 配管の接続（仮復旧）

2日目

9時～17時

1. 室内養生・準備作業
2. 配管切り離し
3. 芯材にエポキシ樹脂を含浸
4. チューブを反転機に巻取り
5. ライナー反転挿入
6. 保温・硬化養生
7. 反転機取り離し
8. 分岐部膜開口・樹脂刷毛塗り
9. ライニング状態検査・記録
10. 配管接続
11. 通水検査・清掃

※作業終了後は排水可能

3日目

約3時間

1. 室内養生
2. 壁などの開口部仕上げ作業
3. 清掃

※排水制限なし

マルライナー工法
紹介動画

その2 工期

▼短い工期で工事を完了

必要な工期は3日間。そのうち排水制限を行うのは、1日目と2日目の9時から17時の間のみと、生活への負担をできる限り抑えられるように配慮しています。

その3 コスト

▼低コストで排水管を一新

工期が短く済むことに加え、大規模な工事を伴わず、人手や手間もかからないため低コストで施工できます。排水管を丸ごと交換する工事と比較すると、大幅なコスト削減が期待できます。

その4 スペースと音

▼省スペース・小音で施工

新しく排水管を用意する必要がないため、省スペースでの施工が可能。また、コンクリートなどを壊す必要がないため作業中の騒音なども最小限に抑えられ、住民の方のご迷惑になることはほとんどありません。

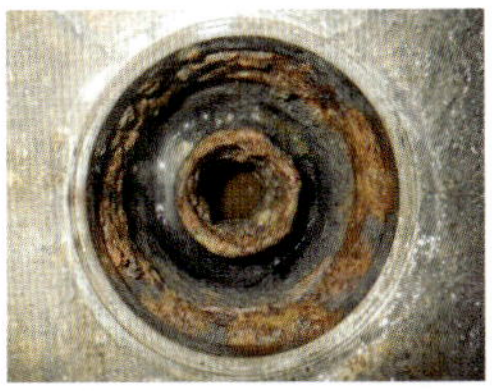

施工前

施工後

その5 環境への配慮

▼廃材を極力出さずに施工

マルライナー工法は廃材の排出を極力抑えたエコ工法。老朽化した排水管をそのまま利用し、再生させることで、地球環境にもやさしい排水管工事を実現しています。

問い合わせ先

株式会社マルナカ

〒254-0014
神奈川県平塚市四之宮7-1-27
☎0463-79-6161

積算資料 ポケット版 マンション修繕編〈別冊〉

マンション大規模修繕モデル事例集

知っておきたい基礎知識とお金の話

2025年1月10日
初版発行

編集発行
一般財団法人 経済調査会
〒105-0004 東京都港区新橋6-17-15 菱進御成門ビル

印刷・製本　株式会社ローヤル企画

●書籍購入に関するお問い合わせ
販売　0120-217-106　FAX03-6868-0901
（経済調査会出版物管理事務代行　KSCジャパン㈱）
書店　☎　03-5777-8225　FAX 03-5777-8240

●内容に関するお問い合わせ
出版事業部 調査企画室
☎ 03-5777-8221　FAX 03-5777-8236

●広告に関するお問い合わせ
メディア事業部
☎ 03-5777-8223　FAX 03-5777-8238

ISBN978-4-86374-364-9

編集協力
国土交通省 住宅局参事官（マンション・賃貸住宅担当）付
齊藤 広子　（横浜市立大学 国際教養学部 教授）
山口 実　（建物診断設計事業協同組合 理事長）
今井 章晴　（株式会社ハル建築設計）
奥澤 健一　（株式会社スペースユニオン）
岸崎 孝弘　（有限会社日欧設計事務所）
宮城 秋治　（宮城設計一級建築士事務所）
柳下 雅孝　（有限会社マンションライフパートナーズ）